프로그램 새내기를 위한

C 언어 프로그래밍

채현석 · 김형민 · 이종대 공저

프로그래밍 언어를 처음 공부하는 학생들을 배워야 할 프로그래밍 언어가 무척 많아 혼란스러웠던 경험이 있을 것이다. C 언어, 자바 언어, JSP 및 기타 여러 가지 형태의 프로그래밍 언어들이 기술의 발전에 따라 유행처럼 화려하게 등장하기도 하고 그 중요도가 증가 혹은 감소하기도 하여 어떠한 프로그래밍 언어를 공부해야 하는지, 또 각 언어들이 어떠한 차이점이 있는지 판단하기가 어려울 것이다. 또한 최근에는 파이썬이나 스크레치와 같이 일반인들도 쉽게 코딩 교육을 받을 수 있는 언어들이 등장하여 많은 각광을 받고 있다.

현재 사용되고 있는 프로그래밍 언어들은 약속된 구문이나 개발 환경이 서로 다르지만 일련의 정확한 수행문들을 이용하여 논리적으로 컴퓨터에게 특정 작업을 수행시킨다는 개념은 동일하다. 여러 가지 프로그래밍 언어 중 C 언어는 가장 기본이 되는 언어이며, 현재에도 가장 많이 사용되는 중요한 언어이다. 또한 C 언어를 습득하게 되면 프로그래밍 언어의 기본을 다지게 되는 것이며, 다른 언어를 습득하는 것도 쉬워진다. 따라서 프로그래밍 언어를 배울 때 C 언어를 가장 먼저 기본적인 언어로 배우게 되며, 이후 다른 언어를 학습할 때에도 C 언어에서 배운 내용들이 그 기본이 된다.

그러나 대부분의 학생들이 C 언어를 처음 배울 때에는 무척 어렵다는 느낌을 많이 받는다고 한다. 이는 C 언어 자체가 어렵다기 보다는 프로그래밍 언어 자체의 개념을 익히기가 어렵다고 봐야 할 것이다. 프로그래밍 언어의 개념은 단순히 문법만을 익힌다고 되는 것이 아니라 컴퓨터의 구조, 운영 체제, 프로그램의 실행 과정 등 여러 가지 개념을 익혀야만 한다. 따라서 대부분의 C 언어 교재에서는 이러한 개념을 설명하기 위한 이론적인 설명이 많이 포함된다. 이론적인 설명이 중요하지 않은 것은 아니지만 처음 프로그램을 접하는 학생들의 입장에서는 C 언어와 친해지는 것이 우선 되어야 한다고 필자는 생각한다.

본 교재는 C 언어를 습득하기 위한 방법으로 프로그래밍의 개념을 이론적으로 해설해나가기 보다는 실제 C 언어를 이용하여 만들 수 있는 기능을 코딩함으로써 자연히 프로그래밍 언어의 개념을 익힐 수 있도록 구성하였다. 이를 위하여 프로그램으로 구현하고자 하는 문제 위주로 설명하고자 하는 개념들을 예제 프로그램을 통하여 설명하였으며, C 언어의 초보자도 쉽게 이해하고 코딩할 수 있도록 프로그램의 난이도를 조절하였다. 따라서 본 교재를 이용하여 C 언어를 배우게 되면 C 언어와 쉽게 친해지고 C 언어의 기본을 습득할 수 있다고 확신한다. 본 교재는 대학에서 프로그램을 전공하는 학생이 배울 수 있는 내용 및 수준으로 구성하였다.

본 교재가 C 언어를 처음 공부하는 학생이나 C 언어가 어려워 포기했던 학생들에게 프로그램의 친절한 길잡이가 되길 바란다.

제1장 언어의 개요_9

제2장 C 언어의 기본_29

제3장 연산자_51

제4장 제어문_71

제5장 함수_121

제6장 배열_155

제7장 구조체_185

제8장 전처리기_209

제1장 언어의 개요

컴퓨터가 발명된 이후로 수많은 프로그램 언어들이 등장하였다가 사라졌으며, 지금도 새로운 언어가 생겨나기도 하고 사라지기도 한다. C 언어는 개발된 지 40년이 넘은 매우 오래된 프로그래밍 언어이지만 아직까지도 가장 많이 사용되고 있는 프로그래밍 언어 중 하나이다. 또한 현재 사용되고 있는 대부분의 프로그래밍 언어의 기본이 되고 있으며, 앞으로도 C 언어는 소프트웨어 분야에서 널리 사용될 전망이다. 이러한 이유로 인하여 컴퓨터 프로그래밍 언어를 공부하는 대부분의 학생들이 처음 접하게 되는 언어가 바로 C 언어이다. 이번 장에서는 C 언어의 개요에 대하여 설명하고, C 언어를 개발하기 위하여 필요한 개발 도구인 마이크로소프트 비주얼 스튜디오의 사용방법에 대하여 설명한다.

1.1 C 언어의 역사

C 언어는 1960년대 Martin Richards에 의하여 개발된 “BCPL”이라는 언어로부터 유래가 시작되었다. BCPL 이전의 프로그래밍 언어인 ALGOL 60이나 CPL 등의 프로그래밍 언어는 배우기가 어려울 뿐더러 사용하기가 불편하여 그 기능을 충분히 발휘하지 못하였다. 이러한 문제를 해결하기 위하여 개발된 언어가 BCPL이다. 이 BCPL을 기반으로 하여 1970년 Kenneth Thomson에 의하여 "B" 언어가 발표되었다. B 언어는 DEC 사의 미니 컴퓨터인 PDP-7의 운영 체제를 기술하기 위하여 고안된 언어이다. B 언어는 자료형이 제한된 시스템 프로그램용 언어이지만 서로 다른 컴퓨터 기종 간의 호환성과 하드웨어 기능까지 제어할 수 있는 새로운 고급 프로그래밍 언어로서 호평을 받았다.

이 후 B 언어를 근간으로 하여 1972년 DEC 사의 PDP-11 미니 컴퓨터의 UNIX 운영 체제를 위한 시스템 프로그래밍 언어로 사용하기 위하여 C 언어가 개발되었다. 오늘날 C 언어는 UNIX 운영체제에서뿐 아니라 개인용 컴퓨터 운영체제를 비롯하여 많은 분야에서 사용되고 있으며 모바일 기기를 비롯하여 산업용 기기에서부터 일반 가전제품까지 그 응용 분야가 날로 확산되고 있다.

C 언어의 발전 과정

개발 년도	언어 명	개발 주체
1960년	ALGOL60	IFIP
1963년	CPL	캐임브리지 대학교
1967년	BCPL	캐임브리지 대학의 Martin Richards
1970년	B	Bell 연구소의 Ken Thomson
1972년	C	Bell 연구소의 Dennis M. Ritchie

이 후 C 언어는 1983년 미국 국립 표준 연구소(ANSI)에 의하여 C 언어의 표준을 정의하기 위한 위원회가 결성되어, 1989년 12월 ANSI C가 발표되었다. 현재 사용되고 있는 C 컴파일러의 대부분은 이 ANSI C 표준을 준수하고 있다. 이후에도 C 언어는 계속 발전하여 객체지향(Object-Oriented) 개념을 도입한 C++ 언어가 개발되었고, JAVA 언어는 이 C++ 언어를 기반으로 하여 개발된 프로그래밍 언어이다.

1.2 C 언어의 특징

BCPL이나 B 언어의 경우, 사용 가능한 자료형이 정수형으로 제한되어 있지만 C 언어는 일반 언어들이 갖는 기본 자료형과 복합 자료형을 모두 사용할 수 있다. 또한 C 언어는 고급 언어들과 같이 구조화 프로그래밍이 가능한 동시에 어셈블리 언어와 같은 저급 언어에서 가능한 하드웨어 제어가 용이하다. 이러한 C 언어가 갖는 특징은 다음과 같다.

▸ **저급 언어와 고급 언어의 특징 동시 보유**

일반적으로 고급 언어는 인간이 사용하는 언어와 가장 유사한 구조를 갖고 있으며, 사용하기가 편리하고 기능을 확장하기가 용이한 특징을 갖고 있다. 그러나 하드웨어를 직접 제어하기 어려운 단점이 있다.

반면 어셈블리와 같은 저급 언어는 하드웨어를 직접 제어할 수 있으나 인간의 언어와는 매우 달라 배우기 어려운 단점이 있다. C 언어는 구조적으로는 고급 언어의 특징을 갖고 있으면서 저급 언어에서 가능한 하드웨어의 제어 기능이 일부 가능하여 그 활용도가 매우 높다.

▸ **포인터와 주소의 계산 가능**

C 언어에는 포인터 자료형을 제공하여 프로그래머가 메모리를 동적으로 운영하여 데이터를 관리할 수 있으며, 메모리 주소를 계산할 수 있어 하드웨어 메모리를 직접 접근할 수 있는 기능이 일부 제공된다.

▸ **다양한 유형의 자료형 제공**

C 언어는 기본적으로 정수형, 실수형, 문자형과 같은 기본 자료형과 더불어 배열형, 유니온형, 구조체형, 열거형 등의 프로그래머가 정의할 수 있는 복합 자료형을 제공하고 있다.

▸ **구조화 프로그래밍 언어**

C 언어는 반복문, 조건문과 같은 제어 구조들을 가지고 있어 구조화된 프로그램을 작성할 수 있다. 구조적 프로그래밍의 장점은 프로그램 작성, 디버깅, 수정, 검증이 용이한 특징을 갖는다.

▸ **뛰어난 이식성 제공**

C 언어를 이용하여 구현된 프로그램은 다른 종류의 컴퓨터, 혹은 다른 종류의 운영 체제에서도 적은 노력으로 재 구현이 용이하여 뛰어난 이식성을 제공한다.

▸ **다양한 연산 기능 제공**

C 언어는 산술연산, 관계연산, 논리연산뿐만 아니라 다양한 형태의 연산자를 제공하므로 비트연산, 시프트연산, 번지 및 포인터 연산 등으로 시스템 프로그래밍을 수행하기가 용이하다.

▸ **프로그램의 모듈화 가능**

C 언어를 이용하여 구현된 프로그램은 모듈화가 가능하며, 분할 프로그래밍과 분할 컴파일을 할 수 있다.

▸ **함수로 구성됨**

C 언어는 함수라는 프로그램 단위로 구성되고, 반드시 하나 이상의 함수가 존재한다.

▸ **대소문자 구분**

C 언어는 대문자와 소문자를 엄격하게 구분하여 사용된다.

1.3 C 언어의 개발 환경

1.3.1 C 언어의 개발 과정

C 언어를 이용하여 프로그램을 개발하는 과정은 다음과 같은 단계를 거쳐 수행된다.

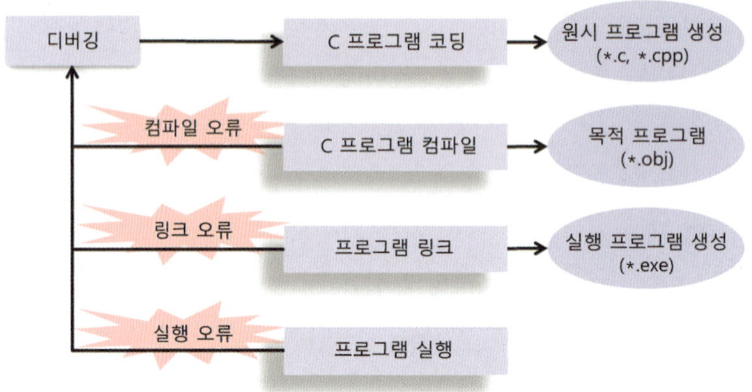

<그림 1-1> C 언어의 개발 과정

▸ C 프로그램 코딩(Coding)

C 언어 문법을 이용하여 텍스트(Text) 형태의 원시 프로그램(Source program)을 구성하는 단계이다. 이 과정의 결과물로 생성되는 원시 프로그램은 C 프로그램인 경우 "***.c", C++ 프로그램의 경우에는 "***.cpp"의 확장자를 갖는다.

▸ C 프로그램 컴파일(Compile)

코딩 과정을 통하여 작성된 원시 프로그램을 컴파일러(Compiler)라는 일종의 번역기를 이용하여 컴퓨터가 이해할 수 있는 기계 코드로 변환하는 과정이다. 컴파일이 성공적으로 완료되면 목적 프로그램(Object Program)이 생성된다. 원시 코드 내에 C 언어 문법의 오류가 있는 경우 이 과정에서 컴파일 오류가 발생하게 되며 이를 프로그래머에게 알려준다.

▸ 프로그램 링크(Link)

컴파일 과정을 통하여 생성된 목적 프로그램들을 컴퓨터에서 실행할 수 있는 형태의 프로그램으로 만드는 과정이다. 링크 과정에서 오류가 발생하면 이를 즉시 프로그래머에게 알려준다.

▸ 디버깅(Debugging)

프로그램의 개발 과정에서 오류가 발생한 경우 이를 수정하기 위하여 프로그램의 코딩, 컴파일, 링크의 동작을 다시 수행함으로써 오류를 제거하는 과정을 말한다. 프로그램의 개발 과정에서 발생할 수 있는 오류의 종류는 다음과 같다.

- 컴파일 오류 : 프로그램의 컴파일 과정에서 발생하는 오류로서 코딩된 원시 프로그램 내에 문법상의 오류가 존재하면 컴파일러가 이를 인지하여 알려준다.
- 링크 오류 : 프로그램의 링크 과정에서 발생하는 오류로서 존재하지 않는 함수나 라이브러리 등을 사용하고자 할 때 발생하며, 프로그래머에게 알려준다.
- 실행 오류 : 프로그램의 문법이나 링크 오류가 발생하지 않아 프로그램이 실행은 되나, 프로그램이 원래 의도한대로 동작하지 않고 다르게 동작하는 오류를 말한다.

1.3.2 C 언어의 개발 도구 : 비주얼 스튜디오 2015/2017

C 언어를 개발하기 위한 도구는 여러 가지가 존재하고 있으나 본 교재에서는 비주얼 스튜디오를 기준으로 하여 설명하고자 한다. 비주얼 스튜디오는 마이크로소프트사에서 개발한 프로그램 개발도구로서 다양한 언어를 사용하여 프로그램의 코딩과 컴파일, 디버깅, 실행 등의 프로그램의 개발에 필요한 모든 과정을 통합적으로 수행할 수 있는 통합 개발 도구이다.

비주얼 스튜디오의 버전은 1997년 2월에 출시된 비주얼 스튜디오 97 버전을 시작으로 하여 비주얼 스튜디오 6.0을 비롯하여 지속적으로 버전이 업그레이드되었으며 이후 비주얼 스튜디오 2010, 2012, 2013, 2015 및 2017 등 여러 가지가 존재하는데, C 언어를 공부하기 위해서는 어느 버전을 사용해도 무방하다. 다만 설치 방법 및 프로젝트 구성 방법에 대해서는 비주얼 스튜디오 2015 버전을 기준으로 하여 설명하였다.

비주얼 스튜디오는 윈도우 환경에서 실행할 수 있으며, 키보드나 마우스를 이용하여 사용할 수 있어 매우 편리하게 프로그램을 개발할 수 있는 환경을 제공하고 있다. 또한 비주얼 C++을 비롯하여 비주얼 베이직, 비주얼 J++, C#을 비롯한 다양한 프로그래밍 언어의 기능을 포함하고 있다.

이번 절에서는 마이크로소프트사의 비주얼 스튜디오의 설치 과정에 대하여 설명하며, C 언어를 공부하기 위한 최소한의 기능만을 선택하여 설치하는 방법을 설명하기로 한다.

▸ 비주얼 스튜디오 2015의 설치

현재 가장 많이 사용되고 있는 비주얼 스튜디오 버전 중 하나인 비주얼 스튜디오 2015 버전의 설치 방법은 다음과 같다. 우선 비주얼 스튜디오 설치 파일을 클릭하면 다음과 같은 설치 화면이 표시된다.

설정 초기 화면이 지나면 비주얼 스튜디오의 설치 유형을 선택하는 화면이 다음과 같이 나타난다. 이 화면에서는 비주얼 스튜디오를 설치하는 홀더를 변경하거나 설치 유형을 선택하는 기능을 제공한다.

비주얼 스튜디오의 기능은 매우 다양하여 모든 기능을 설치하게 되면 매우 많은 양의 디스크를 차지하게 되므로 C 언어만을 사용할 경우에는 [사용자 지정 설치] 옵션을 선택하여 C 언어 관련 기능만 설치하는 것이 효율적이다.

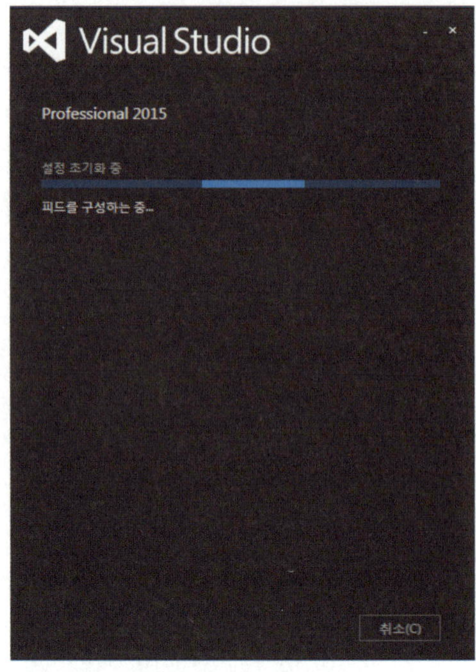

<그림 1-2> 비주얼 스튜디오 2015 설치 초기 화면

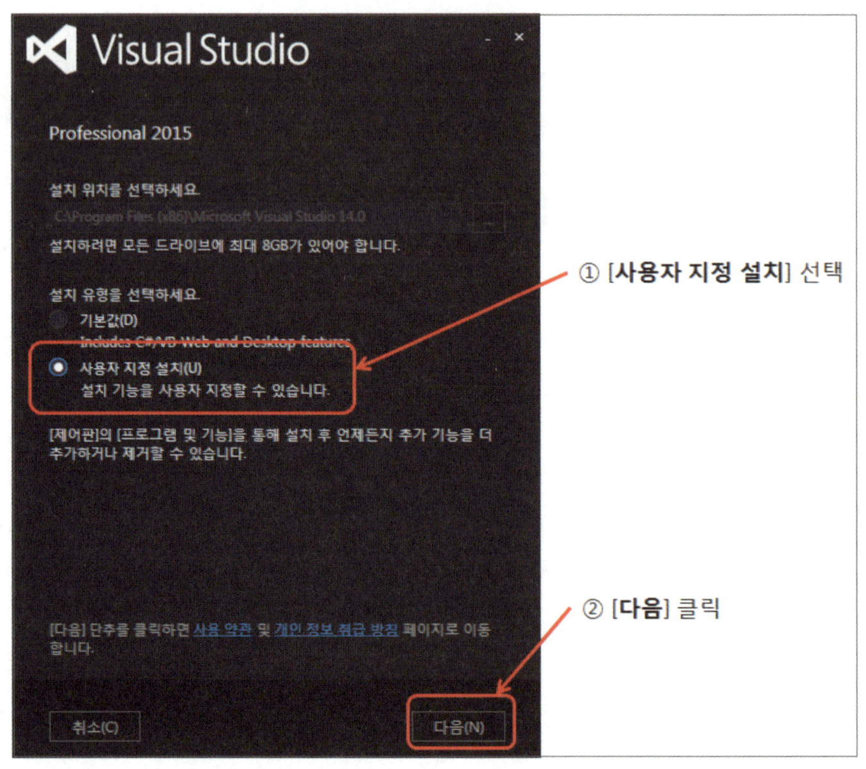

<그림 1-3> 비주얼 스튜디오 2015 설치 유형 선택 화면

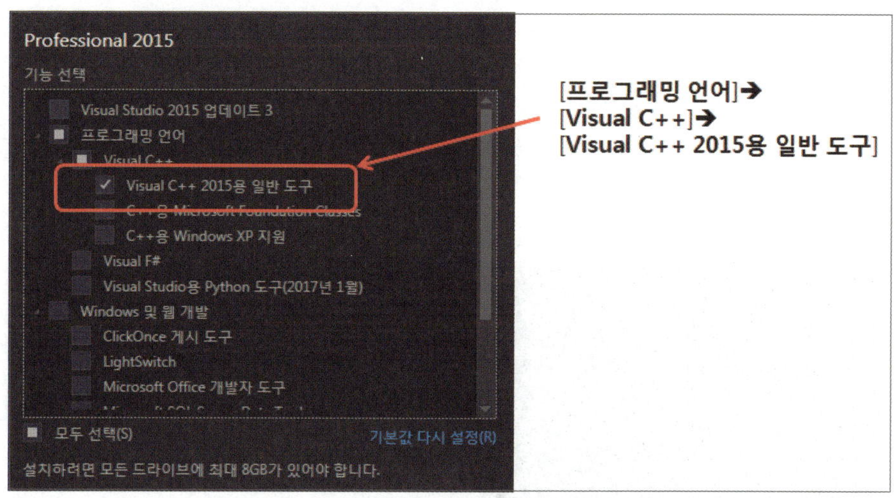

<그림 1-4> Visual C++ 기능 선택 화면

기능 화면에서 [사용자 지정 설치] 옵션을 선택한 후 [다음] 버튼을 클릭하면 비주얼 스튜디오에서 설치할 기능을 선택하는 화면이 나타난다. 이 화면에서 기본으로 선택되어 있는 모든 기능을 선택 해제한 후 [프로그래밍 언어]→[Visual C++]→[Visual C++ 2015용 일반도구] 기능만을 선택한다. 선택한 기능이 다음의 화면과 같이 Visual C++ 관련 기능만 선택된 것을 확인한 후 [설치] 버튼을 클릭한다.

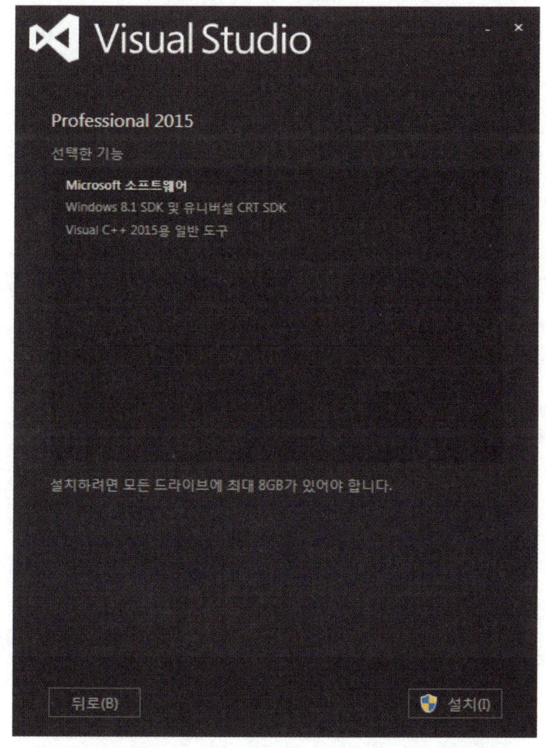

<그림 1-5> 비주얼 스튜디오 기능 선택 및 설치 시작 화면

이후 비주얼 스튜디오의 설치 과정이 진행되며 사용하는 컴퓨터의 사양에 따라 달라질 수는 있지만 대략 수 십분 정도의 시간이 소요된다. 모든 설치가 종료되면 다음의 그림과 같은 설치 완료 화면이 나오고, 여기서 [시작] 버튼을 클릭하면 Visual Studio 로그인 화면이 나타난다. Visual Studio 로그인 기능은 [나중에 로그인]을 선택하여 넘어가도 무방하다. [나중에 로그인]을 선택하여 비주얼 스튜디오 2015가 처음 구동된다.

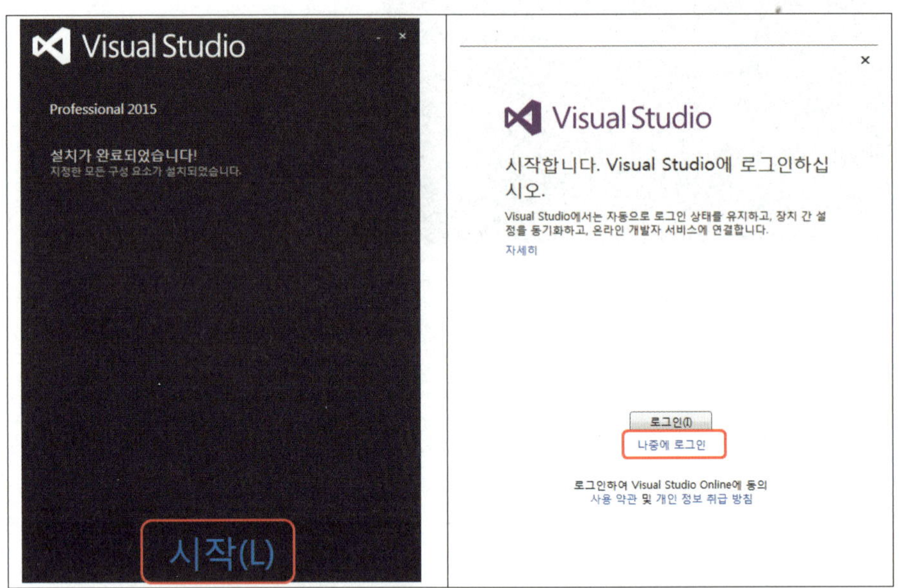

<그림 1-6> 비주얼 스튜디오 설치 완료 화면

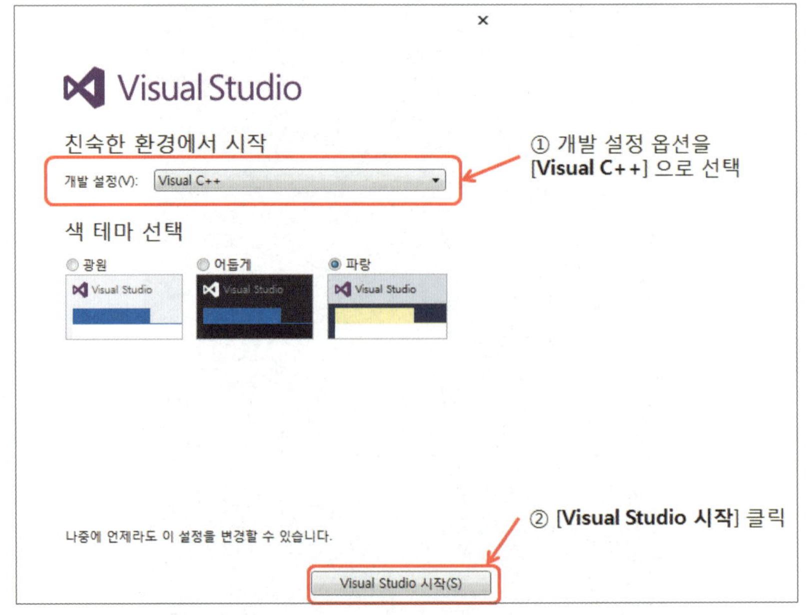

<그림 1-7> 비주얼 스튜디오 개발 환경 설정 화면

비주얼 스튜디오가 처음 구동되면 개발 환경 설정 및 색 테마를 선택하는 화면이 나타난다. 이 화면에서 개발 설정 옵션을 위의 그림과 같이 [Visual C++]로 변경하여 설정하고 [Visual Studio 시작] 버튼을 클릭하면 비주얼 스튜디오 2015가 시작된다. 다음의 화면은 처음으로 시작된 비주얼 스튜디오의 실행 화면이다.

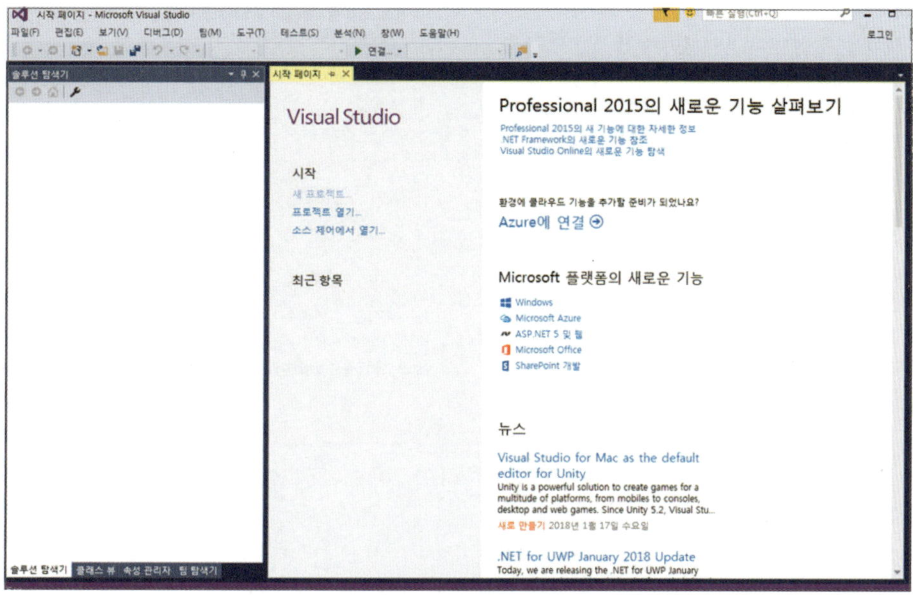

<그림 1-8> 비주얼 스튜디오 2015 실행 화면

▸ **비주얼 스튜디오 2015의 계정 설정**

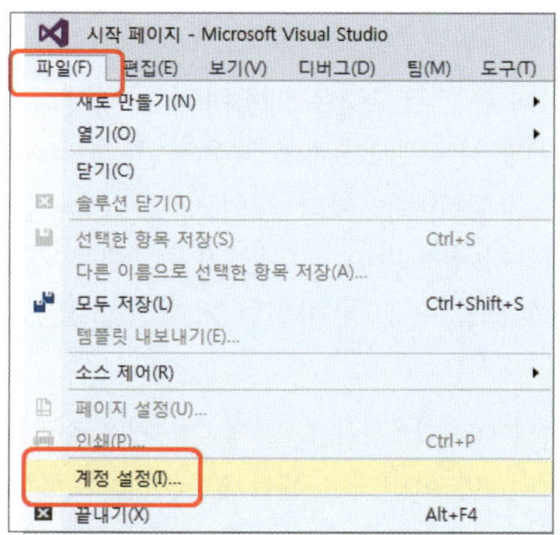

<그림 1-9> 비주얼 스튜디오 2015 계정 설정 메뉴 실행

비주얼 스튜디오 2015를 설치한 이후에도 로그인 계정을 설정하거나 제품 키를 등록하기 위해서는 [계정 설정] 메뉴를 실행하여야 한다. 계정 설정 메뉴의 실행 화면은 다음의 그림과 같으며 이 화면

에서 필요한 작업을 수행할 수 있다.

<그림 1-10> 비주얼 스튜디오 2015 계정 설정 화면

1.4 비주얼 스튜디오를 이용한 C 프로그램의 개발

1.4.1 새로운 프로젝트 생성

비주얼 스튜디오 2015를 이용하여 C 프로그램을 개발하기 위해서는 우선 최소 1개의 프로젝트를 생성하여야 한다. 비주얼 스튜디오에서는 프로그램의 효율적인 개발을 위해서 프로젝트를 이용하여 C 프로그램 파일들을 관리한다. 프로젝트에는 여러 개의 C 소스 파일과 헤더파일, 리소스 파일 등이 저장되며 프로그래머는 이를 이용하여 하나의 커다란 프로그램을 개발하게 된다. C 언어를 처음 공부하는 학생들의 경우에는 프로젝트를 C 소스 파일들을 저장하고 관리하는 기능으로 활용하는 것이 좋다.

하나의 프로젝트를 만들기 위해서 [파일]→[새로 만들기]→[프로젝트]를 선택하면 새로운 프로젝트를 생성하기 위한 화면이 나타난다. 이 화면에서 새롭게 생성할 프로젝트의 템플릿을 [Visual C++]→[Win32 콘솔 응용 프로그램] 으로 선택한다. 다음으로 프로젝트가 저장되는 홀더를 변경할 수 있는데, 프로그램과 관련된 파일들을 별도의 홀더로 지정하여 관리하기 위해서는 [찾아보기]버튼을 클릭하여 프로그램들을 저장할 홀더를 지정한다. 다음으로 프로젝트의 이름을 기입한다. 본 교재에서는 "Chap1"이라는 이름으로 프로젝트를 생성하였다.

마지막으로 [솔루션용 디렉터리 만들기] 옵션은 C 언어를 공부하는 학생의 경우에는 큰 의미가 없으므로 해제하는 것이 바람직하다.

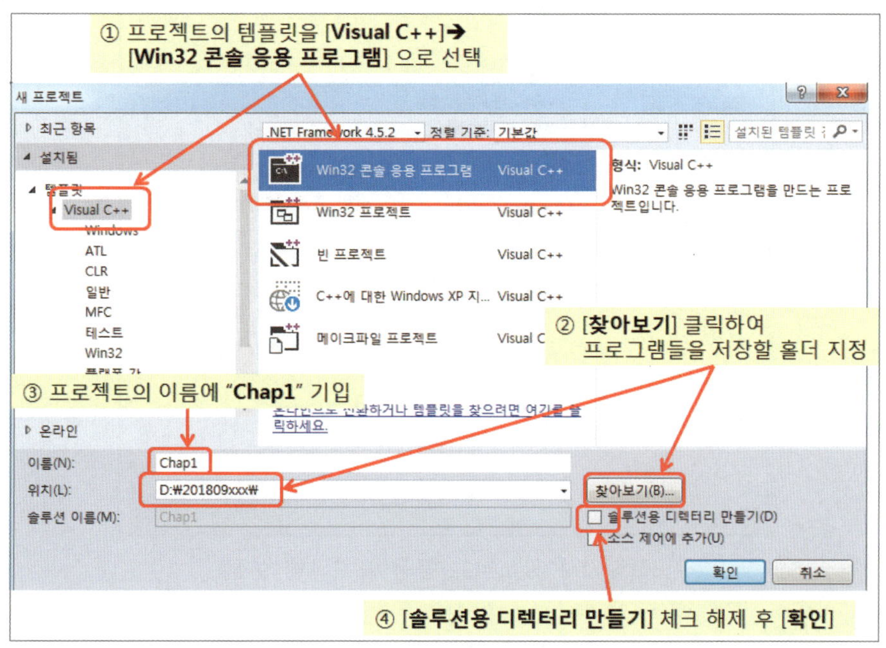

<그림 1-11> 새로운 프로젝트의 생성

위의 화면에서 [확인] 버튼을 클릭하면 [Win32 응용 프로그램 마법사]가 다음의 그림과 같이 실행되며, [다음] 버튼을 클릭하여 넘어간다.

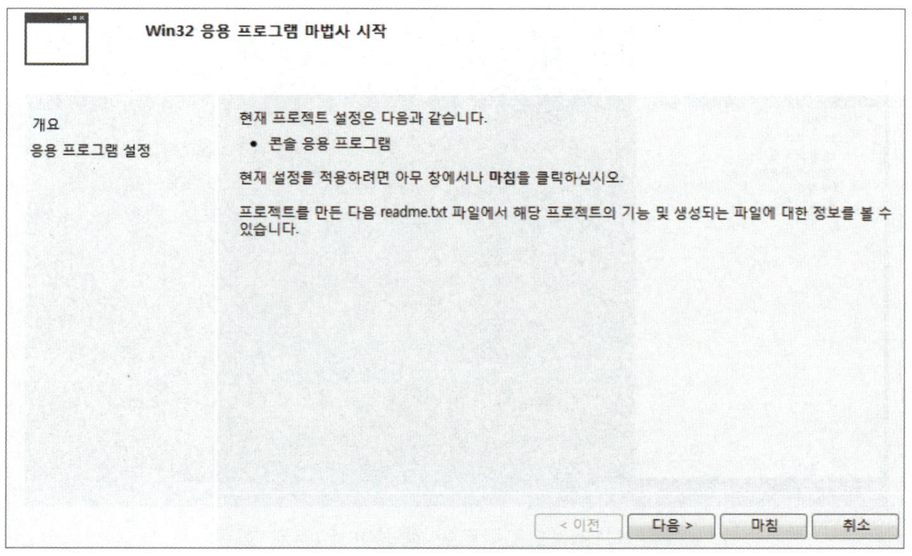

<그림 1-12> Win32 응용 프로그램 마법사 시작

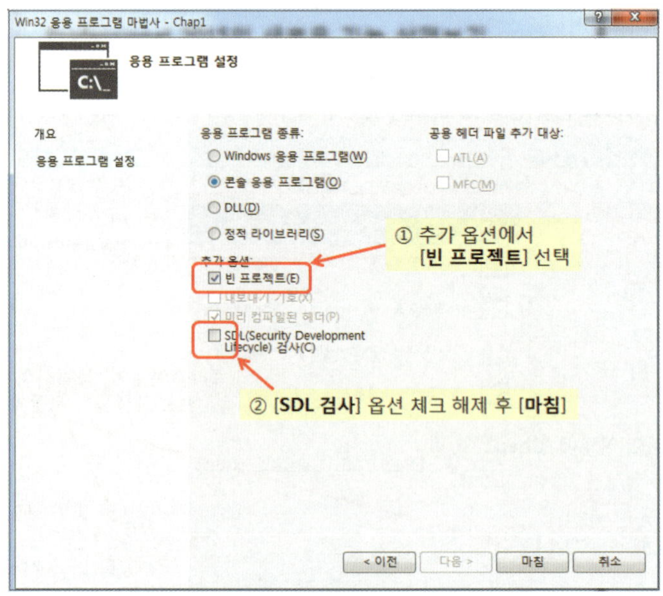

<그림 1-12> Win32 응용 프로그램 설정

<그림 1-12>과 같이 Win32 응용 프로그램 설정 화면이 나타나면 추가 옵션에 [빈 프로젝트]를 선택한 후 [SDL 검사] 옵션은 체크 해제한 후 [마침] 버튼을 클릭하면 "Chap1" 이름의 새로운 프로젝트가 생성되며 다음의 그림과 같은 화면이 나타난다.

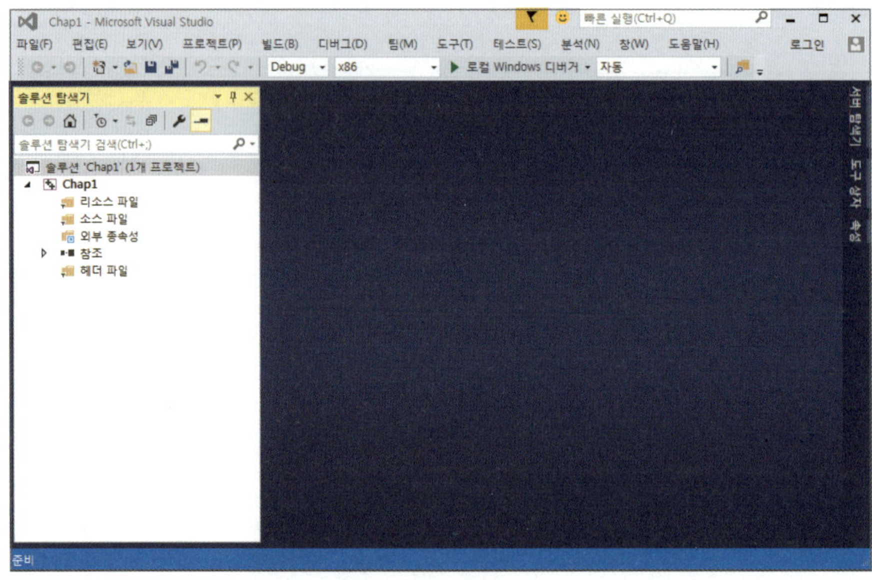

<그림 1-13> 프로젝트의 생성이 완료된 화면

1.4.2 C 소스 파일 생성

프로젝트를 생성한 이후에는 C 프로그램을 코딩하기 위하여 C 소스 파일을 생성하여야 한다. C 소스 파일을 생성할 때 주의할 점은 생성할 파일의 확장자이다. 비주얼 스튜디오에서 기본으로 생성되는 C 소스 파일의 확장자는 ***.cpp인데, 이는 C++ 프로그램의 확장자이다. C 언어를 사용하는 프로그램의 확장자는 ***.c로 하여야 한다.

C 프로그램을 코딩하기 위한 소스 파일을 생성하기 위해서는 해당 프로젝트의 [소스 파일] 메뉴 위에 마우스를 가져가서 오른쪽 마우스 버튼을 클릭한 후 [추가]→[새 항목] 메뉴를 선택한다.

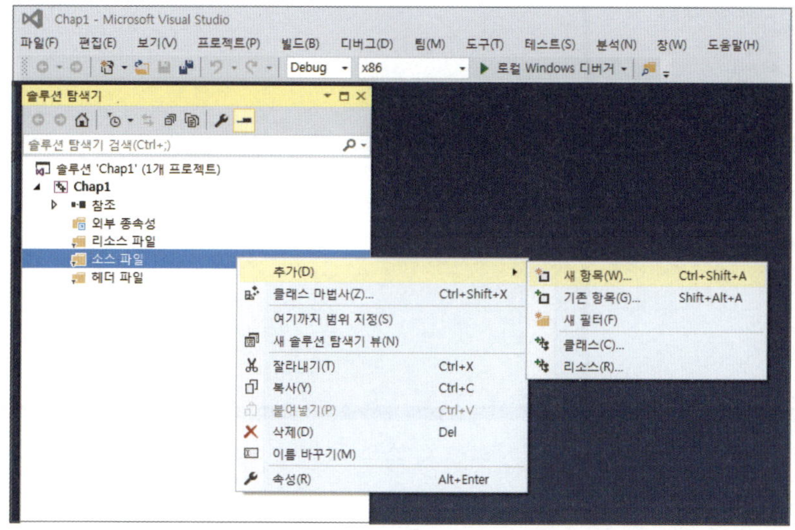

<그림 1-14> C 소스 파일 추가: 새 항목 생성

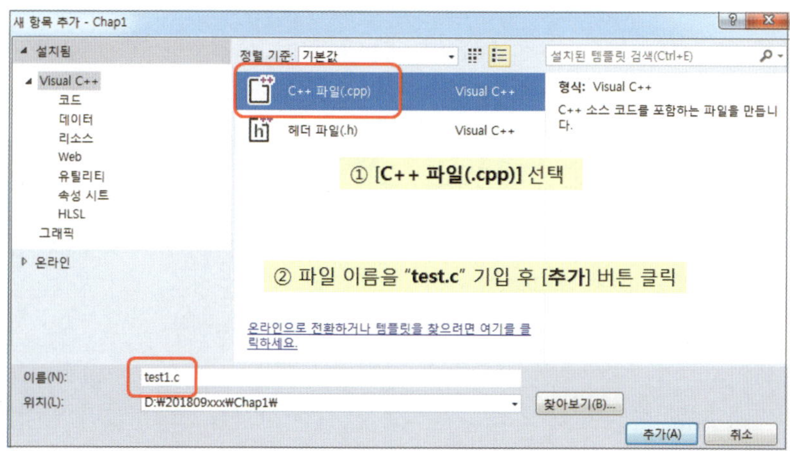

<그림 1-15> C 소스 파일 추가: 파일의 형식 및 이름 지정

<그림 1-15>에서 형식은 [C++ 파일(.cpp)]로 지정하고 이름에는 새로 만들 C 소스 파일의 이름을 기입한다. 이때 파일 이름의 확장자는 ***.c로 하여야 한다. 첫 번째로 만들 C 소스 파일의 이름으로 "test1.c"를 기입하고 [추가] 버튼을 클릭하면 C 언어로 프로그래밍을 코딩할 수 있는 화면이 다음의 그림과 같이 나타난다.

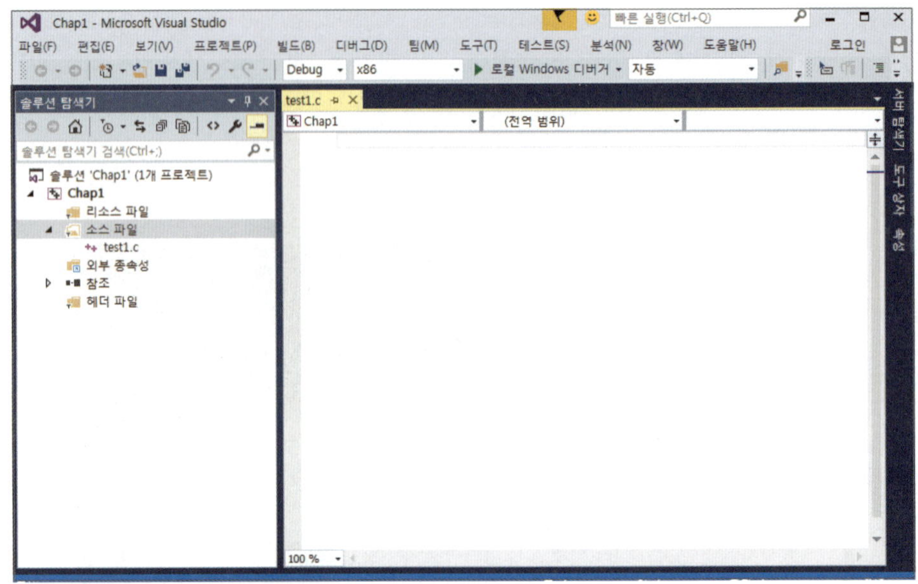

<그림 1-16> 새로운 C 소스 파일이 생성된 화면

이제 이 화면에서 새로 생성한 C 소스 파일인 "test1.c"의 내용을 입력하여 코딩할 수 있다.

1.4.3 C 소스 프로그램 코딩

이제 C 프로그램을 코딩하여 보자. 우선 다음의 내용을 프로그램 코딩 창에 입력한다.

프로그램 1-1 : test1.c

```
#include <stdio.h>
void main()
{
   printf("안녕하세요, 반갑습니다.\n");
}
```

아직까지는 C 언어에 대한 설명이 없으므로 우선은 제시된 내용을 오타 없이 입력을 해보자.

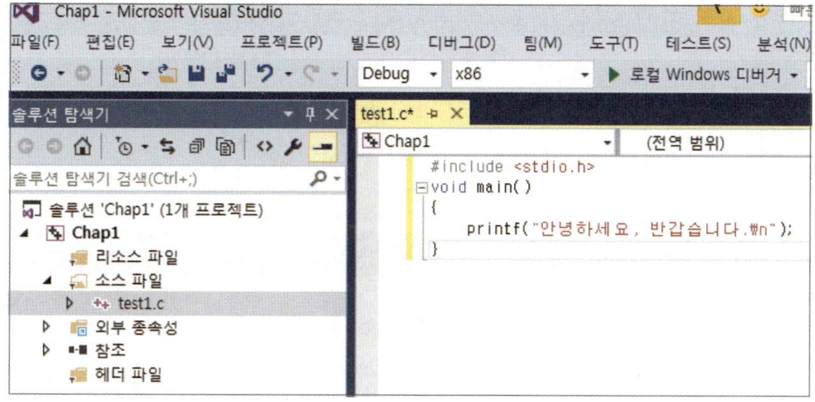

<그림 1-17> C 소스 프로그램 입력

1.4.4 C 프로그램의 컴파일(F7)과 실행(Ctrl+F5)

이제 위에서 입력한 C 프로그램을 컴파일하고 실행하여 보자.

▸ C 프로그램의 컴파일(F7)

컴파일이란 코딩 과정을 통하여 작성된 소스 프로그램을 컴퓨터가 이해할 수 있는 기계 코드로 변환하는 과정이다. 비주얼 스튜디오에서 프로그램을 컴파일하기 위해서는 [F7] 키를 입력하면 된다. [F7] 키를 누르면 컴파일이 진행되며 아무런 오류 없이 정상적으로 컴파일이 종료되면 다음과 같이 출력 창에 컴파일 성공 메시지가 표시된다.

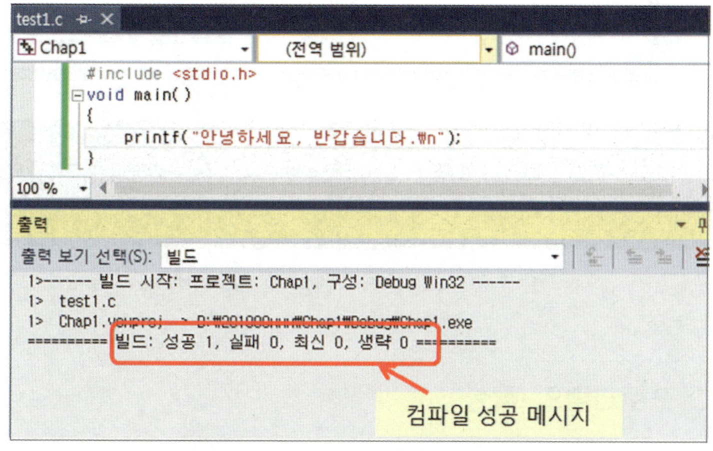

<그림 1-18> C 프로그램의 컴파일: F7

그런데 소스 프로그램에 C 언어 문법의 오류가 존재하는 경우에는 컴파일 오류가 발생하게 되며 출력 창에 해당 오류에 대한 설명과 함께 소스 코드의 오류가 발생한 부분에 빨간 밑줄이 표시된다.

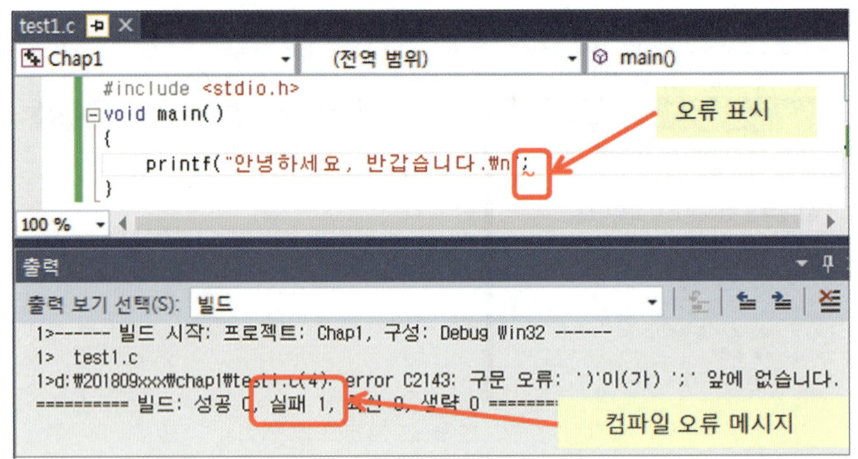

<그림 1-19> 컴파일 오류 메시지

▸ **C 프로그램의 실행(Ctrl+F5)**

컴파일이 성공적으로 완료되면 목적 프로그램과 실행 가능한 실행 프로그램이 생성된다. 이를 실행하기 위해서는 [Ctrl+F5] 키를 입력하면 된다. C 언어를 처음 공부하는 경우에는 C 언어의 문법을 주로 배우게 되며 우리가 실행하는 프로그램의 대부분은 명령 프롬프트라는 보조프로그램을 통하여 화면에 텍스트 형태의 결과로 표시된다.

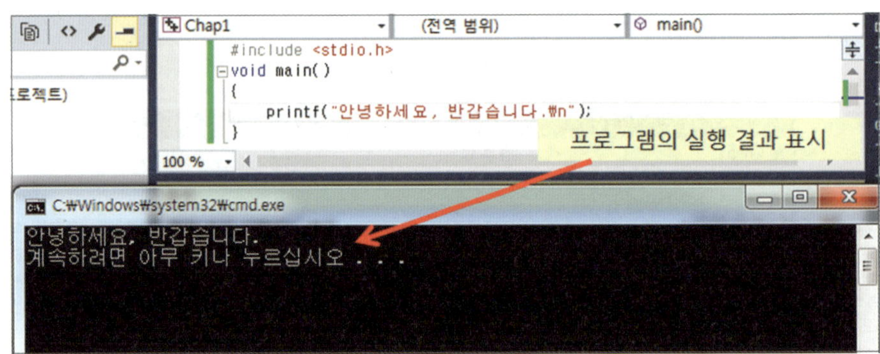

<그림 1-20> C 프로그램의 실행: Ctrl+F5

1.4.5 여러 개의 C 프로그램의 작성

비주얼 스튜디오에서 C 프로그램을 작성하기 위해서는 최소 한 개 이상의 프로젝트가 필요하며, 하나의 프로젝트 안에는 여러 개의 C 소스 프로그램을 작성하여 관리할 수 있다. 이번에는 하나의 프로젝트 안에 여러 개의 C 프로그램을 생성하는 방법에 대하여 설명한다.

앞에서 설명한대로 현재 생성된 "Chap1" 프로젝트 안에 새로운 C 소스 파일을 생성하기 위하여 [소스 파일] 메뉴에서 [추가]→[새 항목] 메뉴를 선택하고 새로운 C 소스 파일 "test2.c"를 생성해보자.

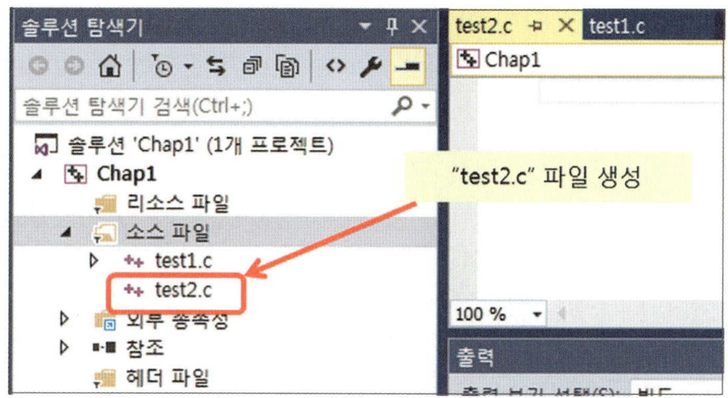

<그림 1-21> 새로운 C 소스 파일 test2.c 생성

기존에 생성하여 코딩한 test1.c와 새롭게 생성한 test2.c가 "Chap1" 프로젝트 안에 동시에 표시되는 것을 볼 수 있다. 이제 test2.c의 내용을 다음과 같이 코딩해보자.

프로그램 1-2 : test2.c

```
#include <stdio.h>
void main()
{
   printf("C언어의 세계로 환영합니다.\n");
}
```

이제 [F7] 키를 눌러 지금 작성한 test2.c를 컴파일 해보자.

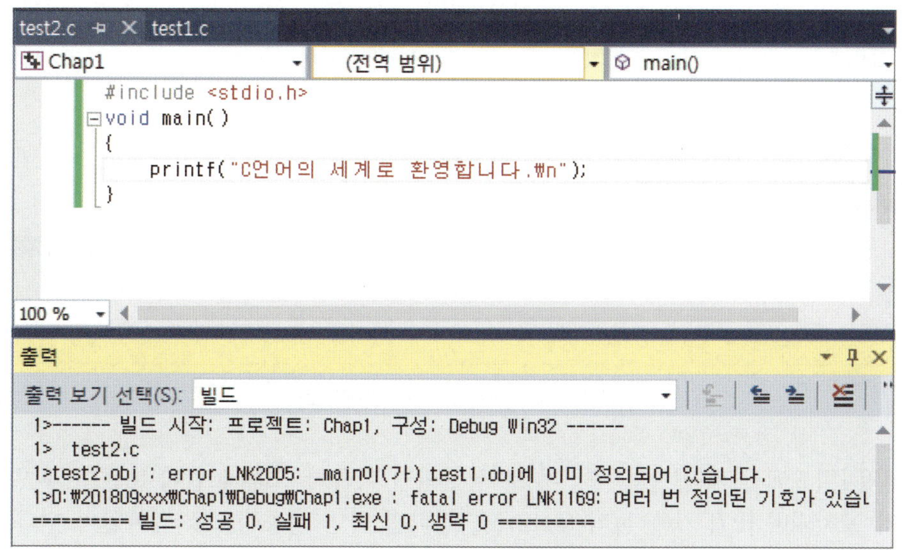

<그림 1-22> 다중 C프로그램 컴파일 시 오류

C 언어 문법상에는 오류가 없지만 실행 파일을 만드는 링크 과정에서 오류가 발생한 것을 알 수 있다. 이는 하나의 프로젝트 안에는 오직 한 개의 main() 함수가 존재할 수 있어야 하는데, 새롭게 생성한 C 소스 프로그램에도 main() 함수가 존재함으로써 발생하는 오류이다.

이를 해결하기 위해서는 컴파일하고 실행하고자 하는 C 소스 파일 이외의 다른 파일은 빌드에서 제외를 시켜주어야 한다. 현재 실행하고자 하는 파일은 test2.c이므로 이 파일을 제외한 test1.c는 빌드에서 제외해야 한다. test1.c를 빌드에서 제외하기 위해서는 test1.c 위에 마우스를 가져가서 오른쪽 마우스 버튼을 클릭하여 [속성] 메뉴를 선택한다.

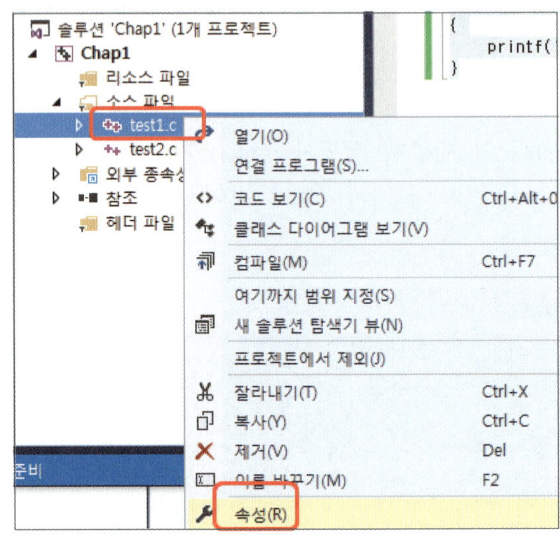

<그림 1-23> 빌드에서 제외를 시키기 위한 [속성] 메뉴 실행

test1.c의 속성 메뉴가 실행되면 다음의 그림과 같이 [빌드에서 제외] 옵션을 "예"로 설정한 후 [확인] 버튼을 클릭한다.

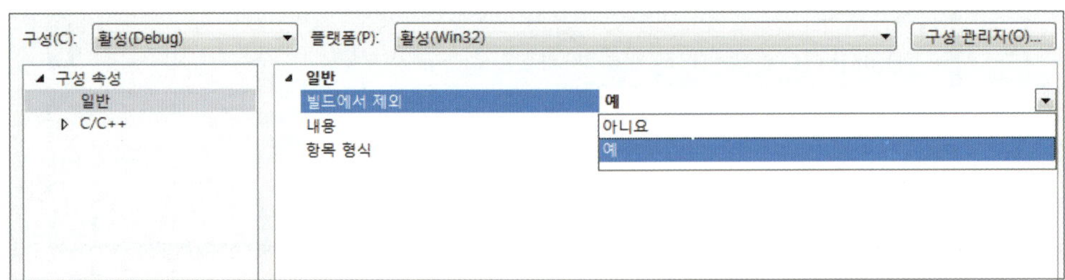

<그림 1-24> 빌드에서 제외 화면

test1.c 속성의 [빌드에서 제외] 옵션을 "예"로 설정되면 다음의 그림과 같이 test1.c 파일 앞에 빨간색으로 "-"가 표시되며 [F7] 키를 눌러 test2.c를 컴파일 하면 성공적으로 컴파일이 된다. 즉 하나의 프로젝트 안에 여러 개의 C 소스 파일을 만들어 실행하고자 하는 경우에는 실행할 C 소스 파일을 제외한 나머지 파일들은 모두 [빌드에서 제외] 옵션을 "예"로 설정하여야 한다.

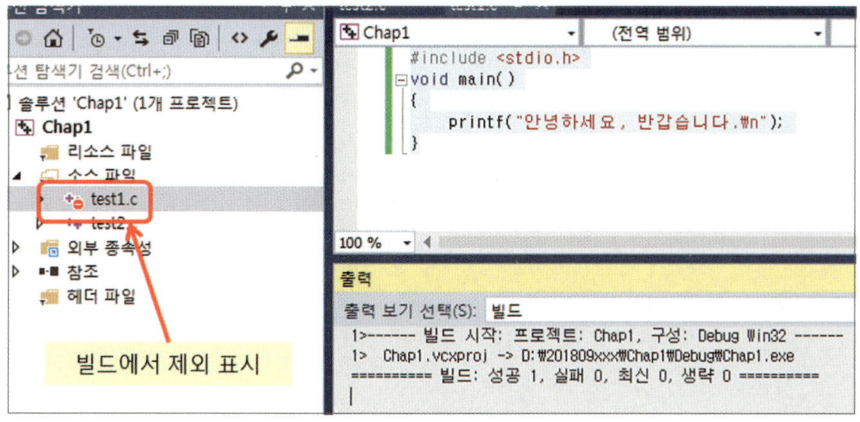

<그림 1-25> 빌드에서 제외 화면

제2장 C 언어의 기본

프로그래밍 언어란 컴퓨터에게 특정 작업을 수행하도록 명령을 내리기 위하여 컴퓨터와 사람 간에 약속된 언어로서 C 언어는 프로그래밍 언어 중 가장 널리 사용되고 있으며 가장 기본이 되는 언어중 하나이다. C 언어를 이용하여 프로그래밍을 하기 위해서는 C 언어의 문법을 우선 익혀야 하는데, 2장에는 C 언어에서 약속된 여러 문법 중 가장 기초가 되는 여러 가지 내용을 학습한다. 이번 장에서는 C 언어를 코딩하기 위하여 필요한 C 프로그램의 기본 구조와, 변수의 사용, 표준 입출력 기능 등에 대하여 설명한다.

2.1 C 프로그램의 기본 구조

C 언어를 이용하여 프로그래밍하기 위해서는 C 언어에서 약속된 구문을 학습하여야 한다. C 언어에서 약속된 구문을 정확하게 지켜 프로그램을 코딩하여야만 컴파일 작업을 수행하여 컴퓨터가 이해할 수 있는 실행 코드가 생성된다.

▸ main() 함수의 사용

C 언어를 이용하여 작성된 프로그램이 실행되기 위해서는 반드시 한 개의 main() 함수가 존재하여야 한다. 우리가 앞의 1장에서 하나의 프로젝트 안에는 한 개의 main() 함수만 존재하여야 하며, 이를 위해 실행하고자 하는 C 소스 파일 이외의 다른 파일은 "빌드에서 제외" 처리를 하는 이유가 바로 여기에 있다. 코딩이 완료된 후 프로그램을 실행하면 컴퓨터는 우선 main()이라는 이름의 함수를 찾아 실행하게 된다. C 언어로 작성되는 프로그램의 구조는 다음과 같다.

C 언어의 기본 구조

```
void main()
{
        :
        :          // 실행문
}
```

▸ 중괄호 사용

C 프로그램의 기본 구조는 main() 함수로 구성되며, main() 함수의 구조는 중괄호 '{'로 시작하여 '}'로 끝난다. 이 중괄호는 프로그램 안에서도 사용될 수 있는데, 시작하는 중괄호와 끝나는 중괄호가 반드시 짝이 맞아야 한다.

▸ 프로그램 실행문

중괄호 안에는 컴퓨터에 작업을 지시하는 실행 문들이 들어가며 실행 문의 끝에는 반드시 세미콜론 ';'으로 끝나야만 한다. 세미콜론이 누락되면 오류가 발생하게 되며, 이 경우 오류를 표시하는 빨간 줄은 그 다음 줄의 코드로 표시되므로 주의하여야 한다.

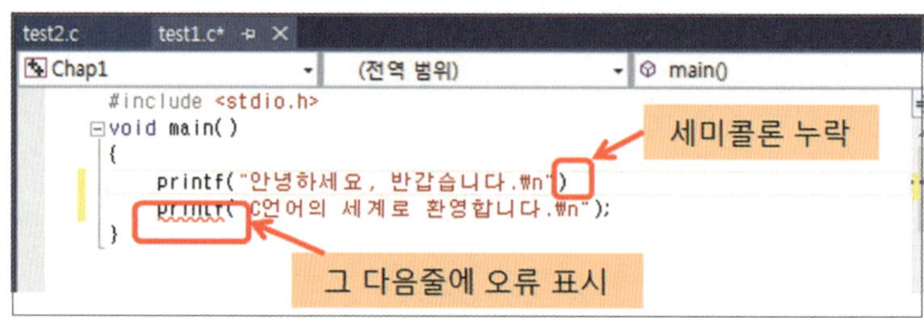

<그림 2-1> 세미콜론 누락 시 오류 발생

2.2 주석문

프로그래밍 언어란 사람이 컴퓨터에게 특정 작업을 수행하도록 인간과 컴퓨터 간에 약속된 언어이다. 따라서 사람이 평소에 사용하는 언어와는 매우 다르며, 이를 이용하여 프로그램을 작성하다 보면 프로그램 내에 설명문이나 기타 여러 가지 표시를 할 필요성이 발생한다. 그러나 이러한 설명문은 프로그래밍 언어의 문법과는 다르므로 이를 그대로 컴파일하면 오류가 발생하므로, 컴파일러가 해석하지 않도록 하는 특별한 표시가 필요하다. 주석문은 프로그램의 컴파일에 전혀 영향을 끼치지 않고 사람만이 볼 수 있도록 처리한 문장으로 C 언어에는 다음의 2 가지 방법이 존재한다.

▸ **/* 주석문 */**

"/*"와 "*/" 사이에 있는 문자열을 주석처리하는 방법으로 한 줄, 혹은 여러 줄의 긴 문장을 주석 처리할 때 주로 사용된다.

▸ **// 주석문**

"//" 기호가 나온 후 해당 줄의 끝까지가 주석 처리되며, 주로 간단한 형태의 문장을 주석 처리할 때 주로 사용된다.

주석문의 사용

```
/*
   프로그램 명 : test.c
   작성자 : 채 현 석
   작성일자 : 2018. 7.12
   프로그램 용도 : 처음 실행하는 C 프로그램 실습 용
*/

void main()
{
        :
        :          // 실행문
}
```

2.3 변수의 사용

프로그램을 개발하는 과정에서 가장 먼저 고려해야할 항목으로 변수가 있다. 프로그램에 있어서 변수란 프로그램이 동작하기 위하여 필요한 데이터를 저장하기 위한 장소를 말한다. 컴퓨터에서 데이터를 저장할 수 있는 장소로는 주로 메모리가 사용되며, 각 변수가 메모리에 저장될 때에는 해당 데이터의 유형에 따라 차지하는 메모리의 크기가 정해져있다. C 언어에서는 데이터의 유형에 따라 몇 가지 기본 자료형을 제공한다.

2.3.1 기본 자료형

프로그램에서 다루어야 하는 데이터는 여러 가지 형태가 있을 수 있다. 예를 들어 학생들의 성적을 입력받아 처리하는 성적관리 프로그램을 생각해보자. 프로그램은 성적관리를 위하여 학생의 학번과 이름, 그리고 각 과목의 성적 및 석차 등을 입력받고 처리하게 되며, 이때 각각의 학번, 이름, 성적 등이 프로그램에서 처리하여야 하는 데이터가 된다. 각각의 데이터는 몇 가지 형태를 갖는데, 학번이나 성적 등의 데이터는 숫자의 형태를 가지며, 이름은 글자의 형태를 갖는다.

C 언어에서의 기본 자료형은 크게 숫자형과 문자형의 2가지가 존재하며, 숫자형은 다시 정수형과 실수형으로 나뉜다. C 언어에서 정의하고 있는 기본 자료형은 다음과 같다.

C 언어의 기본 자료형

자료 유형	기본 자료형	길이(바이트 수)
정수형	short	2바이트
	unsigned short	2바이트
	int	4바이트
	unsigned int	4바이트
	long	4바이트
	unsigned long	4바이트
실수형	float	4바이트
	double	8바이트
문자형	char	1바이트
	unsigned char	1바이트

기본 자료형은 데이터를 메모리에 저장하게 되며, 저장될 때 사용되는 메모리의 길이가 정해져있다. 따라서 저장할 수 있는 숫자의 범위가 제한된다. 다음의 예제는 기본 자료형에 따른 메모리에서 차지하는 크기를 표시하는 예제이다.

프로그램 2-1

```
#include <stdio.h>
void main()
{
        printf("char 의 크기는 %d 바이트.\n", sizeof(char));
        printf("unsigned char 의 크기는 %d 바이트 입니다.\n", sizeof(unsigned char));
        printf("short 의 크기는 %d 바이트 입니다\n", sizeof(short));
        printf("unsigned short 의 크기는 %d 바이트 입니다\n", sizeof(unsigned short));
        printf("int 의 크기는 %d 바이트 입니다\n", sizeof(int));
        printf("unsigned int 의 크기는 %d 바이트 입니다\n", sizeof(unsigned int));
        printf("long 의 크기는 %d 바이트 입니다\n", sizeof(long));
        printf("unsigned long 의 크기는 %d 바이트 입니다\n", sizeof(unsigned long));
        printf("float 의 크기는 %d 바이트 입니다\n", sizeof(float));
        printf("double 의 크기는 %d 바이트 입니다\n", sizeof(double));
}
```

실행 결과

```
char 의 크기는 1 바이트 입니다
unsigned char 의 크기는 1 바이트 입니다
short 의 크기는 2 바이트 입니다
unsigned short 의 크기는 2 바이트 입니다
int 의 크기는 4 바이트 입니다
unsigned int 의 크기는 4 바이트 입니다
long 의 크기는 4 바이트 입니다
unsigned long 의 크기는 4 바이트 입니다
float 의 크기는 4 바이트 입니다
double 의 크기는 8 바이트 입니다
```

2.3.2 정수형 변수

3, 27, 500, -30, 0 등의 정수 형태의 데이터를 사용하기 위해서는 short, int, long 등의 정수형 변수를 사용한다. 각각의 정수형 변수는 메모리에 저장될 때 사용되는 메모리의 크기가 한정되어 있으며, 이에 따라 저장할 수 있는 숫자의 범위가 제한된다. 또한 음수를 사용하지 않는 경우에는 unsigned short나 unsigned int, unsigned long의 변수형을 사용할 수 있다. 정수형 변수에서 저장할 수 있는 숫자의 범위는 다음과 같다.

정수형 변수의 적용 범위

기본 자료형	길이	사용가능 데이터 범위
short	2바이트	-32768 ~ 32767
unsigned short	2바이트	0 ~ 65535
int	4바이트	-2147483648 ~ 2147483647
unsigned int	4바이트	0 ~ 4294967295
long	4바이트	-2147483648 ~ 2147483647
unsigned long	4바이트	0 ~ 4294967295

정수형 변수를 사용하여 코딩된 프로그램을 다음과 같이 작성하여 실행하여 보자.

프로그램 2-2

```
#include <stdio.h>
void main()
{
	int	a, b, c;

	a = 15;
	b = 20;
	c = a + b;
	printf("%d 더하기 %d 은 %d 입니다\n", a, b, c);
}
```

실행 결과

```
15 더하기 20 은 35 입니다
```

2.3.3 실수형 변수

0.1, -12.54, 3.141592 등의 실수 형태의 데이터는 float과 double의 실수형 변수를 사용하여야 한다. 실수형 변수도 정수형 변수와 마찬가지로 메모리에 저장될 때 사용되는 메모리의 길이가 한정되어 있으며, 이에 따라 저장할 수 있는 숫자의 범위가 제한된다. 실수형 변수에서 저장할 수 있는 숫자의 범위는 다음과 같다.

실수형 변수의 적용 범위

기본 자료형	길이	사용가능 데이터 범위
float	4바이트	$\pm 3.4 \times 10^{-38} \sim \pm 3.4 \times 10^{38}$
double	8바이트	$\pm 1.7 \times 10^{-306} \sim \pm 1.7 \times 10^{306}$

실수형 변수를 사용하여 코딩된 프로그램을 다음과 같이 작성하여 실행하여 보자.

프로그램 2-3

```
#include <stdio.h>
void main()
{
	double a, b, c;
	a = 3.14;
	b = 0.82;
	c = a * b;

	printf("%f 곱하기 %f 은 %f 입니다\n", a, b, c);
}
```

실행 결과

```
3.140000 곱하기 0.820000 은 2.574800 입니다
```

2.3.4 문자형 변수

사람들이 사용할 수 있는 문자 형태의 데이터는 char, unsigned char 등의 문자형 변수를 사용하여야 한다. 문자형 변수의 길이는 1바이트 길이를 갖고 있어 키보드에서 입력 가능한 대부분의 문자를 처리할 수 있다. 문자형 변수를 사용하여 코딩된 프로그램을 다음과 같이 작성하여 실행하여 보자.

프로그램 2-4

```
#include <stdio.h>
void main()
{
        char a, b, c;
        a = 'A';
        b = 'a';
        c = 'Z';

        printf("문자형 변수에 저장된 값은 %c %c %c 입니다\n",a, b, c);
}
```

실행 결과

```
문자형 변수에 저장된 값은 A a Z 입니다
```

위의 예에서 숫자형 변수에 숫자를 지정할 때와는 달리 문자형 변수에 글자를 지정할 경우에는 반드시 따옴표(‘ ’)를 사용하여야 한다.

2.3.5 변수의 선언과 사용

C 언어에서는 변수를 사용하기 위해서는 가장 먼저 변수를 선언하여야 한다. 변수를 선언하는 방법은 다음과 같다.

변수의 선언

```
자료형    변수명;
```

자료형은 앞에서 나열한 기본 자료형을 말한다. 따라서 숫자형의 데이터를 다루고자 할 경우에는 그 용도에 따라 short이나 int, 혹은 unsigned short, 혹은 unsigned int, long 등을 선택하여 지정하면 된다. 변수명은 프로그래머가 코딩할 때 각 변수의 용도에 따라 적당한 이름을 사용하면 되며, 변수명을 정할 때에는 다음의 규칙을 따라야 한다.

- 영어 알파벳(A~Z, a~z)과 숫자(0~9), 그리고 _(under bar) 만을 사용하여 구성한다.
- 영어 알파벳은 대소문자를 구분하여 사용하여야 한다.
- 예약어는 사용할 수 없다.
- 변수명 중간에 스페이스가 들어갈 수 없다.
- 변수명 맨 앞의 글자에 숫자가 올 수 없다.
- 제어 문자는 변수명에 사용할 수 없다.

동일한 형태의 여러 변수를 선언하는 경우에는 다음과 같이 콤마(,)를 이용하여 변수명을 구분하여 여러 개의 변수를 동시에 선언할 수 있다.

여러 개의 변수 선언

```
자료형    변수명1, 변수명2, 변수명3,......;
```

또한 변수를 선언함과 동시에 특정 값을 갖도록 초기화할 수도 있다. 변수의 값을 초기화하면서 선언하는 방법은 다음과 같다.

변수의 초기화 선언

```
자료형    변수명 = 값;
```

다음의 예제는 여러 가지 형태의 변수를 사용하여 작성된 프로그램의 예제이다.

프로그램 2-5

```c
#include <stdio.h>
void main()
{
        int age, height, muge;
        double j, k;
        char p = 'A';

        age = 20;
        height = 180;
        muge = 70;

        j = 3.5;
        k = 0.72825;

        printf("나이는 %d 키는 %d 몸무게는 %d 입니다\n", age, height, muge);
        printf("실수형 데이터 %f 와 %f 그리고 문자 %c\n", j, k, p);
}
```

실행 결과

```
나이는 20 키는 180 몸무게는 70 입니다
실수형 데이터 3.500000 와 0.728250 그리고 문자 A
```

2.4 표준 입출력 함수

프로그램이란 컴퓨터에서 특정 작업을 수행하도록 사람이 컴퓨터에게 지시하는 코드이다. 컴퓨터에게 작업을 지시하고 그 결과를 보기 위해서는 사람과 컴퓨터 간에 정보를 주고받을 수 있어야 하며, 글자 형태의 정보는 주로 모니터와 키보드를 통해 교환된다. 키보드를 통해 글자를 컴퓨터에 입력하는 기능은 표준 입력 함수에서 제공되며, 모니터를 통하여 글자를 출력하는 기능은 표준 출력 함수에서 제공된다. 표준 입출력 함수는 글자 형태의 데이터를 교환하기 위하여 제공되는 함수로 이 함수를 사용하기 위해서는 stdio.h라는 헤더 파일을 사용하여야 한다. stdio.h 헤더 파일을 사용하기 위해 사용되는 전처리문은 다음과 같다.

stdio.h 헤더파일의 사용

```
#include <stdio.h>
```

위의 문장은 프로그램의 맨 첫 번째 줄에서 사용되며, 표준 입출력 기능을 사용하기 위하여 반드시 작성되어야 한다.

2.4.1 표준 출력함수 : printf()

표준 출력함수는 프로그램에서 모니터를 통하여 글자를 출력하는 기능을 제공하며 C 언어에서는 printf(), puts(), putchar() 등의 함수를 제공하고 있다. 이 중 가장 쉽게 다양한 기능을 제공하는 출력 함수로 printf()가 있다. 이번 절에서는 printf()의 기능에 대하여 알아보자.

▸ 글자만 출력할 때의 printf() 함수

printf() 함수를 이용하면 원하는 글자를 화면에 출력할 수 있다. 출력 가능한 글자는 영문자, 한글 및 기타 운영체제에서 지원하도록 구성된 모든 출력 가능한 문자열이 포함된다. printf() 함수를 이용하여 화면에 지정된 글자를 출력하는 방법은 다음과 같다.

글자의 출력 방법

```
printf("출력하고자 하는 문자열.........");
```

출력하고자 하는 문자열을 큰 따옴표("......")로 감싸고 printf() 함수의 인수로 요청하게 되면 지정된 문자열이 그대로 화면에 출력된다. 이때 큰 따옴표는 반드시 짝이 맞아야 하며, 큰 따옴표의 짝이 맞지 않는 경우 프로그램의 컴파일 시 상당히 많은 개수의 오류가 발생하게 되므로 주의하여야 한다. printf() 함수를 이용하여 작성된 다음의 예제를 실행하여 보자.

프로그램 2-6

```
#include <stdio.h>
void main()
{
        printf("C 언어에서 출력하는 문자열입니다.\n");
        printf("printf() 함수를 이용하였습니다.\n");
}
```

실행 결과

```
C 언어에서 출력하는 문자열입니다.
printf() 함수를 이용하였습니다.
```

▸ **printf() 함수에서 사용 가능한 제어 문자**

위의 예제 2-6에서 printf() 함수의 인수로 사용된 출력할 문자열 중에서 '\n' 문자는 제어 문자로 화면에 해당 문자가 그대로 출력되는 것이 아니라 다음 줄로 바꾸라는 new line의 기능이 실행되어 '\n' 다음의 문자열은 줄이 바뀌어 출력된다.

C 언어에는 이처럼 printf() 함수에서 사용 가능한 제어 문자가 몇 가지 있으며 역 슬래쉬(back slash) 문자를 사용한다. 만일 화면에 역 슬래쉬를 출력하고자 하는 경우에는 역 슬래쉬를 두 번 사용하여야 한다.

printf() 함수에서 사용 가능한 제어 문자

문자	의미	문자	의미
\a	alert bell character	\b	back space
\f	form feed	\n	new line
\r	carriage return	\t	horizontal tab
\v	vertical tab	\\	back slash
\?	question mark	\'	single quote
\"	double quote		

이러한 제어 문자들은 화면에 글자를 보기 좋게 출력하여야 하는 경우에 적절히 사용하면 원하는 모양으로 출력할 수 있다.

2.4.2 printf() 함수를 이용한 변수의 값 출력

프로그램에서 화면에 정보를 출력할 때 정해진 정보만 출력하는 것이 아니라 변수에 저장되어 있는 값을 출력하는 경우가 많이 있다. 이 경우에도 printf() 함수를 사용하며, 변수에 저장되어 있는 값을 출력할 때에는 '%' 기호와 함께 출력할 값의 형식을 지정하는 문자를 사용하여야 한다. 형식 지정문자를 사용하여 변수의 값을 출력하는 방법은 다음과 같다.

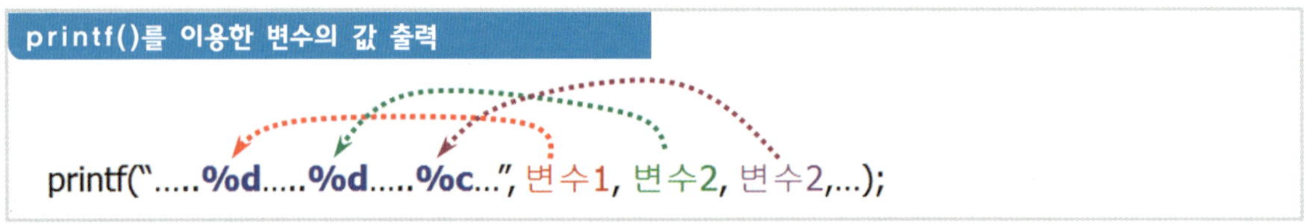

printf() 함수의 큰 따옴표 안에 있는 출력할 문자열에서 변수의 값을 출력할 자리에 '%' 기호와 형식 지정 문자를 삽입하고, 해당 자리에 출력하고자 하는 변수명을 큰 따옴표 뒤에 콤마로 구분하여 지정하면, '%' 기호 자리에 지정된 형식으로 변수의 값이 출력된다.

출력하고자 하는 변수와 '%' 기호는 1대1로 정확하게 매핑되어야 한다. 따라서 큰 따옴표 내의 '%' 기호의 개수 및 순서와 큰 따옴표 뒤에 지정된 변수의 개수 및 순서가 정확히 일치하여야 한다.

프로그램 2-7

```
#include <stdio.h>
void main()
{
        int a, b;
        char c;
        a = 15;
        b = 100;
        c = 'Z';

        printf("변수 a는 %d b는 %d c는 %c입니다\n", a, b, c);
}
```

실행 결과

```
변수 a는 15 b는 100 c는 Z입니다
```

▸ 형식 지정 문자

printf() 함수내의 '%' 기호는 '%' 기호가 그대로 출력되는 것이 아니라 지정된 변수의 값이 출력되는데, '%' 기호가 같이 사용하는 형식지정 문자에 따라 출력되는 형식이 지정된다. printf() 함수에서 사용되는 형식 지정 문자는 다음과 같다.

형식 지정 문자

형식 지정 문자	의미	변수 유형
%d	10진수 형태의 숫자로 출력	정수형
%o	8진수 형태의 숫자로 출력	정수형
%x	16진수 형태의 숫자 출력(소문자 사용)	정수형
%X	16진수 형태의 숫자 출력(대문자 사용)	정수형
%u	부호 없는 10진수 형태의 숫자 출력	정수형
%c	한 글자 출력	문자형
%s	여러 글자(문자열) 출력	문자열형
%f	소수점이 있는 실수 출력	부동소수점형
%e	지수 형태의 숫자 출력	부동소수점형

▸ 정수 데이터의 출력

printf() 함수를 이용하여 정수 형태의 데이터를 출력하기 위한 형식 지정 문자는 10진수 형태의 숫자를 출력하는 %d와 8진수 형태의 숫자를 출력하는 %o, 16진수 형태의 숫자를 출력하는 %x, 혹은 %X가 있다. 16진수의 경우에는 영어 알파벳 중 대문자 A~F를 사용하고자 하는 경우에는 %X를 영어 소문자 a~f를 사용하고자 하는 경우에는 %x를 사용한다. 다음의 예제는 10진수 172를 %d와 %o, %x와 %X를 사용하여 출력하는 예제이다.

프로그램 2-8

```
#include <stdio.h>
void main()
{
	int	k;

	k = 172;

	printf("10진수 %d 의 8진수는 %o, 16진수는 %x %X입니다\n", k, k, k, k);
}
```

실행 결과

```
10진수 172 의 8진수는 254, 16진수는 ac AC입니다
```

▸ 자리수를 지정한 정수 데이터의 출력

%d나 %o, %x를 사용하여 정수 형태의 데이터를 출력할 때 숫자의 자리수를 지정하여 출력할 수도 있다. 자리수를 지정하여 정수 형태의 데이터를 출력하는 방법은 다음과 같다.

자리수를 지정한 정수 데이터의 출력

형식 지정 문자	의미
%Nd	정수 데이터를 10진수 형태로 N 칸에 맞추어 출력
%No	정수 데이터를 8진수 형태로 N 칸에 맞추어 출력
%Nx	정수 데이터를 16진수 형태로 N 칸에 맞추어 출력

정수 형태의 데이터를 5칸에 맞추어 출력하는 예제를 다음과 같이 작성하여 실행하여 보자.

프로그램 2-9

```
#include <stdio.h>
void main()
{
	int	k;

	k = 172;

	printf("10진수 %5d 의 8진수는 %5o, 16진수는 %5x 입니다\n", k, k, k);
}
```

실행 결과

```
10진수   172 의   254, 16진수는    ac 입니다
```

▸ 소수점 형태의 실수 데이터의 출력

printf() 함수를 이용하여 소수점 형태의 실수 데이터를 출력하기 위한 형식 지정 문자는 실수 데이터를 소수점 형태로 출력하는 %f와 실수 데이터를 지수 형태로 출력하는 %e가 있다.

프로그램 2-10

```
#include <stdio.h>
void  main()
{
        float a = 3.14;
        double b = 0.0002754;

         printf("a의 값은 소수형태로 %f 지수 형태로 %e\n", a, a);
         printf("b의 값은 소수형태로 %f 지수 형태로 %e\n", b, b);
}
```

실행 결과

```
a의 값은 소수형태로 3.140000 지수 형태로 3.140000e+000
b의 값은 소수형태로 0.000275 지수 형태로 2.754000e-004
```

▸ 자리수를 지정한 소수점 형태의 실수 데이터 출력

%f나 %e를 사용하여 소수점 형태의 실수 데이터를 출력할 때 숫자의 자리수를 지정하여 출력할 수도 있다. 자리수를 지정하여 소수점 형태의 실수 데이터를 출력하는 방법은 다음과 같다.

자리수를 지정한 소수점 형태의 실수 데이터 출력

형식 지정 문자	의미
%N.Mf	실수 데이터를 N.M 자리수의 소수점 형태로 출력
%N.Me	실수 데이터를 N.M 자리수의 지수 형태로 출력

프로그램 2-11

```
#include <stdio.h>
void  main()
{
        float a = 3.14;
        double b = 0.0002754;

         printf("a의 값은 소수형태로 %2.2f 지수 형태로 %2.2e\n", a, a);
         printf("b의 값은 소수형태로 %2.5f 지수 형태로 %2.2e\n", b, b);
}
```

실행 결과

```
a의 값은 소수형태로 3.14 지수 형태로 3.14e+000
b의 값은 소수형태로 0.00028 지수 형태로 2.75e-004
```

▸ 문자 형태의 데이터 출력

printf() 함수를 이용하여 문자 형태의 데이터를 출력하는 방법은 한 개의 문자를 글자 형태로 출력하는 %c와 여러 개의 문자를 문자열 형태로 출력하는 %s가 있다. 또한 %d를 사용하여 한 개의 문자를 숫자 형태로 출력할 수도 있다. 우선 한 개의 문자를 출력하는 다음의 예제를 실행하여 보자.

프로그램 2-12

```
#include <stdio.h>
void  main()
{
        char      ch1 = 'A';
         char     ch2 = 'B';
         char     ch3 = 'C';

         printf("첫 번째 문자 = %c, %d\n", ch1, ch1);
         printf("두 번째 문자 = %c, %d\n", ch2, ch2);
         printf("세 번째 문자 = %c, %d\n", ch3, ch3);
}
```

실행 결과

```
첫 번째 문자 = A, 65
두 번째 문자 = B, 66
세 번째 문자 = C, 67
```

위의 예제에서 형식지정문자 %c는 지정된 문자를 글자의 형태로 출력하고, %d는 지정된 문자를 숫자로 출력하였다. 문자를 숫자로 출력하는 경우에는 해당 글자의 ASCII 코드 값을 출력하게 된다. ASCII 코드란 컴퓨터에서 글자를 다루기 위하여 각 문자에 해당하는 숫자를 정의하여 놓은 코드로 다음과 같이 정의되어 있다.

영어 대문자의 ASCII 코드 값

'A'	'B'	'C'	'D'	'E'	....	'X'	'Y'	'Z'
65	66	67	68	69	....	88	89	90

영어 소문자의 ASCII 코드 값

'a'	'b'	'c'	'd'	'e'	....	'x'	'y'	'z'
97	98	99	100	101	....	120	121	122

숫자의 ASCII 코드 값

'0'	'1'	'2'	'3'	'4'	'5'	'6'	'7'	'8'	'9'
48	49	50	51	52	53	54	55	56	57

▸ **문자열 형태(여러 문자)의 데이터 출력**

형식 지정문자 %s를 사용하면 여러 개의 글자를 문자열 형태로 출력할 수 있다. 문자를 다루는 프로그램의 경우 대부분 문자열 형태의 데이터를 다루게 되므로 %c 보다는 %s가 더 많이 사용된다고 할 수 있다.

문자를 저장할 수 있는 기본 자료형은 char인데, 하나의 문자형 변수에는 한 개의 문자만 저장할 수 있으며 여러 문자를 저장하기 위해서는 배열을 이용하여야 한다. 배열에 대한 자세한 내용은 뒤에서 다루기로 한다.

프로그램 2-13

```
#include <stdio.h>
void main()
{
    char  str1[50]= "C 언어에서 문자열을 출력합니다\n";
    char  str2[100] = "문자열을 저장하기 위해서 배열을 이용합니다\n";

    printf("문자열1: %s", str1);
    printf("문자열2: %s", str2);
}
```

실행 결과

```
문자열1: C 언어에서 문자열을 출력합니다
문자열2: 문자열을 저장하기 위해서 배열을 이용합니다
```

2.4.3 표준 입력함수 : scanf()

표준 입력함수는 프로그램에서 키보드를 통하여 데이터를 입력하는 기능을 제공하며 C 언어에서는 scanf(), gets(), getchar() 등의 함수를 제공하고 있다. 이 중 가장 쉽게 다양한 기능을 제공하는 출력함수로 scanf()가 있다. 이번 절에서는 scanf()의 기능에 대하여 알아보자.

▸ **scanf() 함수의 사용 방법**

scanf() 함수는 사람이 키보드를 이용하여 입력한 문자를 프로그램이 입력받아 사용할 수 있도록 해주는 함수이다. 프로그램이 입력한 문자를 사용하기 위하여 입력한 문자를 메모리에 임시로 저장하여야 하며, 이를 위하여 scanf() 함수를 사용하기 위해서는 반드시 입력받은 문자를 저장할 변수가 필요하다. scanf() 함수의 사용 방법은 다음과 같다.

scanf()를 이용한 데이터 입력

```
scanf("형식 지정 문자", ......., 변수주소, ....);
```

scanf() 함수에서도 printf() 함수와 마찬가지로 입력받을 데이터의 형식에 따라 형식 지정 문자를 사용한다. 또한 해당 데이터를 저장할 변수의 주소를 인수로 지정하여야 한다.

▸ scanf() 함수를 이용한 정수 데이터의 입력

scanf() 함수를 이용하여 정수 형태의 데이터를 입력받는 방법은 다음과 같다.

scanf()를 이용한 정수 데이터 입력

```
scanf("%d%d. ......", &변수1, &변수2, ......);
```

정수 형태의 데이터를 입력받기 위해서는 형식 지정 문자 "%d"를 사용하여야 한다. 입력 받을 데이터의 개수만큼 정수형 변수를 선언하고, scanf()의 인수로 큰 따옴표 내에 데이터 개수만큼의 %d를 지정한다. 콤마로 구분하여 입력받은 데이터를 저장할 변수의 주소를 지정하여야 하는데, 변수의 주소를 표현하기 위하여 변수명 앞에 '&' 기호를 붙여준다. 변수의 주소란 데이터가 저장될 메모리의 주소, 즉 포인터를 말하여 포인터에 대해서는 이 교재의 뒷부분의 포인터 부분에서 자세히 설명하기로 한다.

입력받을 정수 데이터가 1개 이상인 경우에는 %d의 개수 및 변수가 해당 데이터의 개수와 동일하게 지정되어야 한다. 또한 프로그램이 동작하면 키보드에서 정수를 입력할 때 각각의 정수의 구분은 스페이스바로 하며 엔터키를 누르면 scanf() 함수가 실행되어 입력된 데이터가 지정된 변수에 저장된다. 다음의 예제는 1개의 정수 데이터를 입력받는 예제이다.

프로그램 2-14

```
#include <stdio.h>
void main()
{
    int k;

    printf("숫자를 입력하세요\n");
    scanf("%d", &k);            //숫자를 입력 받아 변수 k 에 저장
    printf("입력하신 숫자는 %d 입니다\n", k);
}
```

실행 결과

```
숫자를 입력하세요
15 Enter
입력하신 숫자는 15 입니다
```

위의 프로그램을 실행하면 화면에 "숫자를 입력하세요"라는 문구가 출력된 상태로 정지되어 있다. 이는 scanf() 함수가 실행되면서 사람이 키보드에 글자를 입력하기를 기다리는 상태이다. 예제에서 15라는 숫자를 입력한 후 엔터키를 입력하면 이를 받아 k 변수에 저장한 후 이를 다시 printf() 함수를 이용하여 출력한다.

프로그램 2-15

```
#include <stdio.h>
void main()
{
    int k1, k2;

    printf("두개의 숫자를 입력하세요\n");
    scanf("%d%d", &k1, &k2);   //숫자를 입력 받아 변수 k1, k2 에 저장
    printf("입력하신 숫자는 %d 와 %d 입니다\n", k1, k2);
}
```

실행 결과

```
두개의 숫자를 입력하세요
25 [Space] 37 [Enter↵]
입력하신 숫자는 25 와 37 입니다
```

위의 예제는 scanf() 함수를 이용하여 두 개의 정수를 입력받아 출력한다. 두 개의 정수를 입력받기 위하여 k1과 k2 두 개의 정수형 변수를 선언하고, scanf() 함수에는 두 개의 %d와 각각에 해당하는 k1과 k2 변수의 주소를 지정하였다. 두 개의 숫자를 입력할 때에는 스페이스바([Space])를 이용하여 숫자를 구분하여야 한다.

다음의 예제는 나이와 체중을 입력받고 출력하는 프로그램으로 printf()와 scanf() 함수를 이용하여 대화형으로 데이터를 주고받는 예제이다.

프로그램 2-16

```
#include <stdio.h>
void main()
{
        int      age, muge;

        printf("나이를 입력하세요\n");
        scanf("%d", &age);

        printf("체중을 입력하세요\n");
        scanf("%d", &muge);

        printf("나이는 %d 체중은 %d 입니다\n", age, muge);
}
```

실행 결과

```
나이를 입력하세요
20 [Enter↵]
체중을 입력하세요
75 [Enter↵]
나이는 20 체중은 75 입니다
```

▸ **scanf() 함수를 이용한 문자 데이터의 입력**

scanf() 함수를 이용하여 문자 데이터를 받는 방법은 다음과 같다.

scanf()를 이용한 문자 데이터 입력

scanf("%c%c. ......", &변수1, &변수2, ...);

문자 형태의 데이터를 입력받기 위해서는 형식 지정 문자 "%c"를 사용하여야 한다. 입력 받을 데이터의 개수만큼 문자형 변수를 선언하고, scanf()의 인수로 큰 따옴표 내에 데이터 개수만큼의 %c를 지정한다.

콤마로 구분하여 입력받은 데이터를 저장할 변수의 주소를 지정하여야 하는데, 변수의 주소를 표현하기 위하여 변수명 앞에 '&' 기호를 붙여준다. 입력받을 문자 데이터가 1개 이상인 경우에는 %c의 개수 및 변수가 해당 데이터의 개수와 동일하게 지정되어야 한다. 다음의 예제는 1개의 문자 데이터를 입력받는 예제이다.

프로그램 2-17

```
#include <stdio.h>
void main()
{
	char	c;

	printf("문자를 하나 입력하세요\n");
	scanf("%c", &c);

	printf("입력한 문자는 %c 입니다\n", c);
}
```

실행 결과

```
문자를 하나 입력하세요
w [Enter↵]
입력한 문자는 w 입니다
```

위의 프로그램을 실행하면 화면에 [문자를 하나 입력하세요]라는 문구가 출력된 상태로 정지되어 있다. 이는 scanf() 함수가 실행되면서 사람이 키보드에 글자를 입력하기를 기다리는 상태이다. 예제에서 'w'라는 문자를 입력한 후 엔터키를 입력하면 이를 받아 c 변수에 저장한 후 이를 다시 printf() 함수를 이용하여 출력한다.

프로그램 2-18

```
#include <stdio.h>
void main()
{
    int ch1, ch2, ch3;

    printf("세개의 글자를 입력하세요\n");
    scanf("%c%c%c", &ch1, &ch2, &ch3);
    printf("입력하신 글자는 %c 와 %c 와 %c 입니다\n", ch1,ch2,ch3);
}
```

실행 결과

```
세개의 글자를 입력하세요
wxy [Enter↵]
입력하신 글자는 w 와 x 와 y 입니다
```

위의 예제는 scanf() 함수를 이용하여 3개의 문자를 입력받아 출력한다. 3개의 문자를 입력받기 위하여 ch1과 ch2, ch3 3개의 문자형 변수를 선언하고, scanf() 함수에는 3개의 %c와 각각에 해당하는 ch1과 ch2, ch3 변수의 주소를 지정하였다. 정수형 데이터를 입력받을 때와는 달리 각 문자 간의 구분은 필요치 않다.

▸ scanf() 함수를 이용한 문자열 데이터의 입력

프로그램에서 문자 형태의 데이터를 다루는 경우 이름이나 주소 등과 같이 여러 글자로 구성된 문자열 형태의 데이터를 입력받아 처리하는 경우가 대부분이다. scanf() 함수를 이용하여 문자열 형태의 데이터를 입력받기 위해서는 형식 지정 문자 %s를 사용하여야 한다. 또한 입력받은 문자열을 저장하기 위한 문자형 배열의 선언이 필요하다. scanf() 함수를 이용하여 문자열 데이터를 입력 받는 방법은 다음과 같다.

scanf()를 이용한 문자열 데이터 입력

```
    char   ch[배열수];
           :
           :
    scanf("%s", ch);
```

문자열 데이터를 입력받기 위해서는 우선 입력받을 데이터를 저장하기에 충분한 크기의 문자형 배열을 선언하여야 한다. 배열의 크기는 최대로 저장 가능한 문자의 개수로 저장하고자 하는 데이터의 크기를 고려하여 여유 있는 크기로 배열 수를 지정한다. scanf() 함수의 큰 따옴표 내에는 형식지정 문자 %s를 지정하고, 입력받은 데이터를 저장할 배열의 이름을 지정한다. scanf() 함수에서 입력 받은 데이터를 배열에 저장하는 경우에는 변수의 이름 앞에 '&' 기호가 없다는 것에 주의하여야 한다.

프로그램 2-19

```
#include <stdio.h>
void main()
{
	char	name[20];

	printf("이름을 입력하세요\n");
	scanf("%s", name);

	printf("%s 님 안녕하세요\n", name);

}
```

실행 결과

```
이름을 입력하세요
채현석 Enter↵
채현석 님 안녕하세요
```

위의 프로그램을 실행하면 화면에 [이름을 입력하세요]라는 문구가 출력되고 scanf() 함수가 실행되면서 키보드에 글자를 입력하기를 기다리는 상태가 된다. 예제에서 "채현석"이라는 문자열을 입력한 후 엔터키를 입력하면 이를 받아 name 배열에 저장한 후 이를 다시 printf() 함수를 이용하여 출력한다.

▸ printf()와 scanf() 함수를 이용한 대화형 프로그램

printf()와 scanf() 함수를 이용하면 사람과 컴퓨터가 대화형으로 정보를 주고받는 프로그램의 작성이 가능하다. 다음의 예제는 숫자형과 문자열형의 정보를 입출력 기능을 이용하여 주고받는 프로그램이다. 이름과 취미는 데이터의 형태가 문자열형으로 [name]과 [hob]이란 이름으로 배열형태로 선언하였으며, 나이는 숫자형태의 데이터이므로 숫자형으로 [age]라는 이름의 변수를 선언하였다. 이름과 취미는 scanf() 함수에서 %s를 사용하여 입력받아 각각의 배열에 저장하고, 나이는 %d를 이용하여 age 변수에 저장한 후 printf() 함수를 이용하여 출력하였다.

프로그램 2-20

```
#include <stdio.h>
void main()
{
	char name[20];
	char hob[50];
	int	age;

	printf("이름을 입력하세요\n");
	scanf("%s", name);
```

```
        printf("나이를 입력하세요\n");
        scanf("%d", &age);

        printf("취미를 입력하세요\n");
        scanf("%s", hob);

        printf("%d 살의 %s님의 취미는 %s 입니다\n", age, name, hob);
    }
```

실행 결과

```
이름을 입력하세요
채현석 [Enter↵]
나이를 입력하세요
20 [Enter↵]
취미를 입력하세요
음악감상 [Enter↵]
20 살의 채현석님의 취미는 음악감상 입니다
```

▸ 비주얼 스튜디오에서의 scanf() 함수 사용 시 오류 처리

비주얼 스튜디오는 마이크로소프트사에서 개발하여 제공하고 있는 프로그램 통합 개발 툴로서 C/C++ 이외에도 다양한 프로그래밍 언어 개발 환경을 제공하고 있다.

그런데 scanf()함수의 경우 보안상의 이유로 컴파일을 하면 위험하다는 경고 메시지가 발생하며, 어떠한 경우에는 컴파일이 실패하기도 한다.

```
출력 보기 선택(S): 빌드
 1>------ 빌드 시작: 프로젝트: Chap1, 구성: Debug Win32 ------
 1>  test3.c
 1>d:₩201809xxx₩chap1₩test3.c(7): warning C4996: 'scanf': This function or variable may be unsafe. Consider using scanf_s instead.
 1>  c:₩program files (x86)₩windows kits₩10₩include₩10.0.10150.0₩ucrt₩stdio.h(1270): note: 'scanf' 선언을 참조하십시오.
 1>  Chap1.vcxproj -> D:₩201809xxx₩Chap1₩Debug₩Chap1.exe
========== 빌드: 성공 1, 실패 0, 최신 0, 생략 0 ==========
```

<그림 2-2> 비주얼 스튜디오에서 scanf() 함수 사용 시 경고 메시지

이를 위해 비주얼 스튜디오에서는 scanf() 대신 scanf_s()라는 함수를 제공하고 이를 사용하라는 권고 하고 있다. 그러나 표준 C 언어에서의 표준 입력 함수는 scanf()이므로 비주얼 스튜디오에서 scanf() 함수를 사용해도 무방하도록 설정하기 위해서는 전처리기에 의해 다음의 매크로 값을 선언해주어야 한다.

scanf() 함수 사용을 위한 매크로 값 선언

```
    _CRT_SECURE_NO_WARNINGS
```

이 값을 선언하기 위해 솔루션 탐색기에서 현재 사용하고 있는 프로젝트 이름을 선택한 상태에서 아래 그림의 아이콘을 클릭하여 프로젝트 속성 메뉴로 들어간다.

<그림 2-3> 프로젝트의 속성 메뉴

속성 메뉴로 들어가서 [C/C++]→[전처리기]→[전처리기 정의]의 맨 끝에 ";_CRT_SECURE_NO_WARNINGS"의 내용을 입력한다.

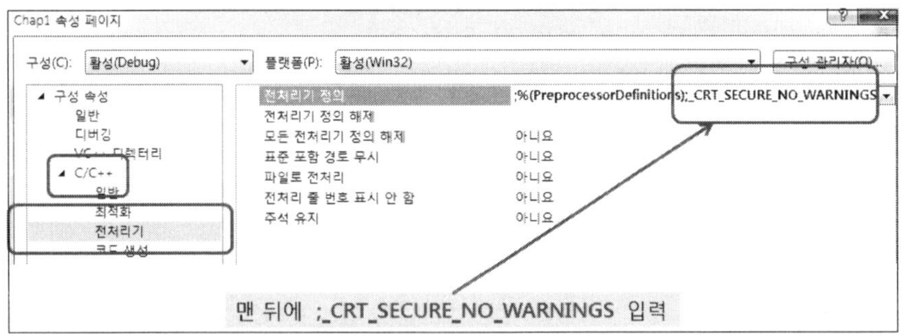

<그림 2-4> 속성 메뉴의 전처리기 정의

이후에 다시 컴파일하면 scanf() 함수를 사용해도 경고 메시지가 나타나지 않는다.

제3장 연산자

프로그래밍에서 데이터를 처리하는 과정에서 항상 발생할 수 있는 동작이 바로 데이터의 연산이다. 연산이란 +, − 등과 같이 데이터를 산술적으로 계산하는 연산도 있고, 특정 값을 지정된 메모리에 대입하는 연산도 있다. 또한 산술적인 어떠한 값이 아니라 '참'이나 '거짓' 등의 논리에 대한 연산도 있다. C 언어에서는 이러한 연산 작업을 수행할 수 있는 여러 가지 연산자를 제공하며, 프로그래머는 이러한 연산자들을 학습하여야 한다. 이번 장에서는 C 언어에서 제공하는 다양한 연산자에 대하여 설명한다.

3.1 연산자의 종류

연산자란 프로그램에서 데이터를 처리하기 위하여 정의된 것으로 데이터의 산술적 계산이나 기타 다양한 형태의 연산을 동작케 한다. 이러한 연산자들은 수학에서 일반적으로 사용하는 +, - 등과 같은 기호가 주로 사용된다. 연산자는 프로그램의 동작에 매우 중요한 역할을 수행하므로 각각의 연산자의 의미와 사용 방법을 정확하게 이해하여야 한다. C 언어에서 제공하는 연산자의 종류는 다음과 같다.

C 언어에서 사용 가능한 연산자의 종류

연산자 종류	연산자
대입 연산자	=, +=, -=, *=, /=, %=
산술 연산자	+, -, *, /, %
관계 연산자	>, >=, <, <=, ==, !=
논리 연산자	&&, ||, !
비트 연산자	<<, >>, &, |, ^, ~
기타 연산자	콤마(,), ? :, ...

▸ **연산자의 우선순위**

프로그램을 작성하다 보면 여러 가지 종류의 연산자를 연속하여 사용하는 경우가 발생하게 된다. 수학에서도 더하기나 곱하기, 빼기 등의 연산을 연속으로 할 경우 곱하기를 먼저 실행하여야 하듯이 프로그램에서도 한 개의 실행문에 여러 개의 연산자가 존재할 경우에는 실행되는 우선순위가 정해져 있다.

C 언어에서 정의한 연산자의 우선순위는 다음의 표와 같으며, 하나의 실행문에 여러 개의 연산자가 존재할 경우에는 다음의 우선순위를 고려하여 주의 깊게 코딩하여야 한다.

연산자의 우선 순위

순위	연산자	연산자 명칭
1	() [] ., ->	괄호, 함수 배열 구조체 연산자
2	+. - ++, -- &, * ! ~ sizeof() (데이터 형)	부호 연산자 증감 연산자 포인터 연산자 논리 NOT 연산자 비트 NOT 연산자 sizeof 연산자 형변환 연산자
3	*, /, %	산술 연산자(곱하기, 나누기, 나머지)

4	+, -	산술 연산자(더하기, 빼기)
5	<<, >>	비트 쉬프트 연산자
6	<, <=, >, >=	관계 연산자
7	==, !=	관계 연산자
8	&	비트 AND 연산자
9	^	논리 XOR 연산자
10	|	비트 OR 연산자
11	&&	논리 AND 연산자
12	||	논리 OR 연산자
13	? :	조건 연산자
14	= +=, -=, /=, */, %=, &=, ^=, |=, <<=, >>=	대입 연산자 복합 대입 연산자
15	콤마(,)	나열 연산자

하나의 실행문에 여러 개의 연산자가 존재하는 경우, 연산자의 우선순위를 고려하지 않고 코딩하게 되면 프로그래머가 의도하지 않은 동작을 수행할 수도 있기 때문에 매우 신중하게 코딩하여야 한다. 그러나 항상 연산자의 우선순위를 암기하고 코딩 하기란 매우 어려운 일이다.

그래서 우선순위 중 가장 높은 순위의 연산자인 괄호('(', ')')를 사용하여 프로그래머가 의도한 대로 우선순위가 동작하도록 코딩하는 것이 우선순위를 고려하는 가장 좋은 방법이다.

3.2 대입 연산자

대입 연산자는 특정 값을 지정된 변수에 대입하는 동작을 수행하는 연산자로 단순 대입 연산자와 복합 대입 연산자가 있다. 대입 연산자의 좌측에는 변수의 이름이 지정되며, 대입 연산자의 우측에는 특정 값이나 계산식이 올 수 있다.

3.2.1 단순 대입 연산자

단순 대입 연산자의 기호는 수학에서 흔히 볼 수 있는 '=' 기호로 우측에 있는 값을 좌측에 지정된 변수에 대입하는 기능을 수행한다. 변수란 메모리를 의미하므로 변수에 대입한다는 의미는 우측에 있는 데이터 값을 좌측에 지정된 이름의 메모리에 저장한다는 의미로 이해하면 된다.

변수에 저장할 값이 숫자형 값인 경우에는 '=' 기호 우측에 값을 그대로 적어주면 되며, 글자형 값인 경우에는 따옴표(' '), 문자열형인 경우에는 큰따옴표(" ")로 묶어주어야 한다. 다음의 예제는 단순 대입 연산자를 사용한 예제이다.

프로그램 3-1

```
#include <stdio.h>
void main()
{
    int a;
    char ch;
    char  str[50]= "단순 대입연산자입니다.\n";

    a = 150;
    ch = 'A';

    printf("변수 a의 값은 %d ch 의 값은 %c 입니다\n", a, ch);
    printf("배열 str의 값은 %s ", str);
}
```

실행 결과

```
변수 a의 값은 150 ch 의 값은 A 입니다
배열 str의 값은 단순 대입연산자입니다.
```

3.2.2 복합 대입 연산자

복합 대입 연산자는 '=' 기호와 사칙연산자나 비트 연산자를 동시에 같이 복합적으로 사용되는 연산자이다. 복합 대입 연산자의 좌측에는 변수명이 지정되며, 우측에는 특정 값이나 계산식이 올 수 있다. 좌측에 지정된 변수에 저장되어 있는 값을 우측의 값과 연산을 한 후 다시 그 결과 값을 좌측의 변수에 저장하는 동작을 수행한다. 복합 대입 연산자의 종류와 그 의미는 다음과 같다.

복합 대입 연산자

복합 대입 연산자	사용 예	의미
+=	a += b	a = a + b
-=	a -= b	a = a - b
*=	a *= b	a = a * b
/=	a /= b	a = a / b
%=	a %= b	a = a % b
<<=	a <<= b	a = a << b
>>=	a >>= b	a = a >> b
&=	a &= b	a = a & b
|=	a |= b	a = a | b
^=	a ^= b	a = a ^ b

다음의 예제는 복합 대입 연산자를 사용한 예이다. 복합 대입 연산자는 좌측에 지정된 변수의 값에 연산자 우측의 값을 지정된 연산을 한 후에 다시 좌측의 변수에 저장하는 연산 작업을 수행한다.

프로그램 3-2

```
#include <stdio.h>
void main()
{
        int a1, a2, a3, a4;
        int b1, b2, b3, b4;

        a1 = a2 = a3 =a4 = 10;
        b1 = b2 = b3 = b4 = 5;

        printf("a1=a2=a3=a4=%d, b1=b2=b3=b4=%d 입니다\n", a1, b1);

        a1 += b1;
        a2 -= b2;
        a3 *= b3;
        a4 /= b4;
        printf("a1 += b1 의 값은 %d 입니다\n", a1);
        printf("a2 -= b2 의 값은 %d 입니다\n", a2);
        printf("a3 *= b3 의 값은 %d 입니다\n", a3);
        printf("a4 /= b4 의 값은 %d 입니다\n", a4);
}
```

실행 결과

```
a1=a2=a3=a4=10, b1=b2=b3=b4=5 입니다
a1 += b1 의 값은 15 입니다
a2 -= b2 의 값은 5 입니다
a3 *= b3 의 값은 50 입니다
a4 /= b4 의 값은 2 입니다
```

3.3 산술 연산자

산술 연산자는 '+'나 '-' 등과 같이 일반적으로 수학에서 사용되는 기호를 사용하는 연산자로 사칙연산자와 증감연산자가 있다.

▸ **사칙연산자**

사칙연산자는 2개의 값에 작용하여 더하기, 빼기 등의 사칙 연산을 수행한다. 사칙연산자는 2개의 값이 필요한데, 특정 값을 지정할 수도 있고, 변수에 저장되어 있는 값을 사용하기 위하여 특정 변수의 이름을 지정할 수도 있다.

C 언어에서 제공되는 사칙연산자는 다음과 같다.

사칙연산자

사칙연산자	사용 예	의미
+	a = b + c	b와 c의 값을 더한 결과를 a에 저장
-	a = b - c	b에서 c의 값을 뺀 결과를 a에 저장
*	a = b * c	b와 c의 값을 곱한 결과를 a에 저장
/	a = b / c	b를 c의 값으로 나눈 결과를 a에 저장
%	a = b % c	b를 c의 값으로 나눈 나머지를 a에 저장

위의 연산자 중 나머지(%) 연산자는 나머지를 구하는 연산자로 2개의 값이 모두 정수형이어야 한다. 더하기(+)와 빼기(-), 곱하기(*)와 나누기(/) 연산자는 정수형과 실수형, 모두 사용 가능하다. 그러나 나누기 연산자의 경우 실수형 변수를 사용할 경우 그 값이 소수점 형태로 계산될 수 없으므로 주의하여야 한다. 다음의 예제는 나누기(/) 연산을 제외한 사칙연산을 수행한 예제이다.

프로그램 3-3

```
#include <stdio.h>
void main()
{
	int	a, b;

	a = 10;
	b = 7;

	printf("%d 더하기 %d 은 %d 입니다\n", a, b, a+b);
	printf("%d 빼기 %d 은 %d 입니다\n", a, b, a-b);
	printf("%d 곱하기 %d 은 %d 입니다\n", a, b, a*b);
	printf("%d 을 %d 로 나눈 나머지는 %d 입니다\n", a, b, a%b);
}
```

실행 결과

```
10 더하기 7 은 17 입니다
10 빼기 7 은 3 입니다
10 곱하기 7 은 70 입니다
10 을 7 로 나눈 나머지는 3 입니다
```

위의 예제는 정수형 변수 a와 b의 값을 10과 7로 설정한 후에 각 연산자의 동작을 실행하였다. 이 경우 다른 값들의 사칙연산의 결과를 알아보기 위해서는 프로그램을 수정하고 다시 컴파일하여야 한다.

이번에는 다음의 [실습 3-1]과 같이 정수형 변수 a와 b의 값을 사용자로부터 입력받아 각 사칙연산의 결과를 실행하도록 수정하여 보자. 이렇게 프로그램을 작성하게 되면, 다른 값들의 사칙연산을 결과를 수행하려면, 프로그램을 수정하거나 컴파일 할 필요가 없으며, 단지 프로그램을 다시 실행하여 입력 값을 원하는 값으로 입력하면 된다.

실습 3-1

```
첫번째 수를 입력하세요 : ★ Enter↵
두번째 수를 입력하세요 : ● Enter↵

★ 더하기 ● 는 □□ 입니다.
★ 빼기 ● 는 □□ 입니다.
★ 곱하기 ● 는 □□ 입니다.
★ 를 ● 로 나눈 나머지는 □□ 입니다.
```

Tip 실습문제 해결을 위한 팁

- 2개의 정수형 숫자를 입력 받기 위하여 scanf() 함수를 사용한다.
- 입력 받은 2개의 정수를 저장하기 위하여 2개의 정수형 변수 선언
- scanf() 함수는 형식 지정 문자 "%d"를 사용한다.
- 사칙 연산자를 각각 '+'와 '-', '*', '%'를 사용하여 결과를 출력한다.

위의 실습 문제를 해결한 프로그램은 다음과 같다.

프로그램 3-4

```
#include <stdio.h>
void main()
{
	int	a, b;

	printf("첫번째 수를 입력하세요: ");
	scanf("%d", &a);

	printf("두번째 수를 입력하세요: ");
	scanf("%d", &b);

	printf("%d 더하기 %d 는 %d 입니다\n", a, b, a+b);
	printf("%d 빼기 %d 는 %d 입니다\n", a, b, a-b);
	printf("%d 곱하기 %d 는 %d 입니다\n", a, b, a*b);
	printf("%d 을 %d 로 나눈 나머지는 %d 입니다\n", a, b, a%b);
}
```

실행 결과

```
첫번째 수를 입력하세요: 20 Enter↵
두번째 수를 입력하세요: 9 Enter↵
20 더하기 9 는 29 입니다
20 빼기 9 는 11 입니다
20 곱하기 9 는 180 입니다
20 을 9 로 나눈 나머지는 2 입니다
```

▸ **형변환 연산자(Cast 연산자)**

형변환 연산자는 데이터를 변수 메모리에 저장할 때에 자료형의 유형을 지정하여 저장할 수 있도록 데이터의 유형을 변환시켜주는 기능을 수행한다. 형변환 연산자를 이용하여 자료형을 변환하기 위해서는 저장하고자 하는 데이터의 길이가 변환하고자 하는 자료형보다 작아야 가능하다.

형변환 연산자를 사용하는 예로 나누기 연산자를 살펴보자. 나누기 연산자는 앞의 값을 뒤의 값으로 나누는 연산을 수행하는데, 원래의 값이 정수형 변수이거나, 나눈 결과가 소수점으로 나오는 경우 그 결과를 실수형 변수에 저장하지 않고 정수형 변수에 저장하게 되면 정수형으로 저장되어 제대로 된 결과를 얻지 못할 수도 있다. 다음의 예제와 같이 정수형 변수에 나누기 연산을 수행한 경우를 살펴보자.

프로그램 3-5

```
#include <stdio.h>
void main()
{
	int	a, b, c;

	a = 5;
	b = 2;
	c = a/b;

	printf("%d 를 %d 로 나누면 %d 입니다\n", a, b, c);
}
```

실행 결과

```
5 를 2 로 나누면 2 입니다
```

위의 예제에서 나누기 연산을 적용할 2개의 수를 저장할 변수인 a와 b, 그리고 나눈 결과를 저장하는 변수 c는 모두 정수형 변수이다. 따라서 5 나누기 3의 연산을 한 후의 정확한 값인 2.5가 출력되는 것이 아니라 소수점 뒤의 값이 생략된 2가 출력된다. 이번에는 다음의 예제와 같이 나누기연산의 결과를 저장하는 변수 c의 자료형을 실수를 저장할 수 있도록 double로 선언하고, printf() 함수에서 c의 값을 출력하는 형식지정문자를 "%f"로 하여 실행하여 보자.

프로그램 3-6

```
#include <stdio.h>
void main()
{
	int	a, b;
	double c;

	a = 5;
	b = 2;
	c = a/b;

	printf("%d 를 %d 로 나누면 %f 입니다\n", a, b, c);
}
```

실행 결과

```
5 를 2 로 나누면 2.000000 입니다
```

위 예제의 실행결과를 살펴보면 나누기 연산의 실행 결과가 소수점형태로 출력되기는 하였으나 그 값이 잘못되어 있다. 그 이유는 무엇일까? 나누기 연산의 결과를 실수형 변수에 저장하였으나, 원래의 나누기 연산이 적용되는 a와 b, 2개의 변수의 자료형이 정수형이다. 정수형 변수와 정수형 변수의 연산 결과는 정수이므로 그 결과를 실수형 변수에 저장하게 되면 소수점이하의 결과는 없어지게 된다. 이를 해결하기 위해서는 형변환 연산자를 사용하여야 한다. 형변환 연산자의 사용방법은 다음과 같다.

형변환 연산자(CAST 연산자)

변수명1 = (변환하고자 하는 변수형)변수명2;

형변환 연산자를 이용하여 나누기 연산의 결과를 정확하게 다음의 예제와 같이 실행하여 보자.

프로그램 3-7

```
#include <stdio.h>
void main()
{
        int      a, b;
        double c;

        a = 5;
        b = 2;
        c = (double)a/b;

        printf("%d 를 %d 로 나누면 %f 입니다\n", a, b, c);
}
```

실행 결과

```
5 를 2 로 나누면 2.500000 입니다
```

이번에는 다음의 [실습 3-2]와 같이 정수형 변수 a와 b의 값을 사용자로부터 입력받아 나누기 연산을 포함한 각 사칙연산의 결과를 실행하도록 프로그램을 코딩하여 보자.

실습 3-2

첫번째 수를 입력하세요 : ★ Enter↵
두번째 수를 입력하세요 : ● Enter↵

★ 더하기 ● 는 □□ 입니다.
★ 빼기 ● 는 □□ 입니다.
★ 곱하기 ● 는 □□입니다.
★ 나누기 ● 는 □□ 입니다.
★ 를 ● 로 나눈 나머지는 □□ 입니다.

실습문제 해결을 위한 팁

- 2개의 정수형 숫자를 입력 받기 위하여 scanf() 함수를 사용한다.
- 입력 받은 2개의 정수를 저장하기 위하여 2개의 정수형 변수 선언.
- scanf() 함수는 형식 지정 문자 "%d"를 사용한다.
- 사칙연산자를 각각 '+'와 '-', '*', '/', '%'를 사용하여 결과를 출력한다.
- 나누기 연산을 수행할 때에는 형변환 연산자를 사용한다.

위의 실습 문제를 해결한 프로그램은 다음과 같다.

프로그램 3-8

```
#include <stdio.h>
void main()
{
	int	a, b;

	printf("첫번째 수를 입력하세요: ");
	scanf("%d", &a);

	printf("두번째 수를 입력하세요: ");
	scanf("%d", &b);

	printf("%d 더하기 %d 는 %d 입니다\n", a, b, a+b);
	printf("%d 빼기 %d 는 %d 입니다\n", a, b, a-b);
	printf("%d 곱하기 %d 는 %d 입니다\n", a, b, a*b);
	printf("%d 나누기 %d 는 %f 입니다\n", a, b, (double)a/b);
	printf("%d 을 %d 로 나눈 나머지는 %d 입니다\n", a, b, a%b);
}
```

실행 결과

```
첫번째 수를 입력하세요: 20 [Enter↵]
두번째 수를 입력하세요: 9 [Enter↵]
20 더하기 9 는 29 입니다
20 빼기 9 는 11 입니다
20 곱하기 9 는 180 입니다
20 나누기 9 는 2.222222 입니다
20 을 9 로 나눈 나머지는 2 입니다
```

▸ 증감 연산자(++, --)

증감 연산자는 더하기 기호가 2개인 증가 연산자(++)와 빼기 기호가 2개인 감소 연산자(--)가 있다. 증감 연산자는 특정 변수의 앞이나 뒤에 올 수 있으며, 변수의 값을 1씩 증가하거나 감소하는 연산을 수행한다.

증감 연산자의 사용은 주로 3장에서 학습할 예정인 반복문에서 많이 사용되는 연산자로서 그 기능은 단순하지만 활용도가 매우 높은 연산자 중 하나이다.

증감 연산자의 사용 예와 의미는 다음과 같다.

증감 연산자

증감 연산자	사용 예	의미
++	++a	실행문을 실행하기 전에 a의 값을 1 증가
	a++	실행문을 실행한 후에 a의 값을 1 증가
--	--a	실행문을 실행하기 전에 a의 값을 1 감소
	a--	실행문을 실행한 후에 a의 값을 1 감소

다음의 예제는 증감 연산을 실행한 결과를 보여주고 있다.

프로그램 3-9

```
#include <stdio.h>
void main()
{
	int	a, b;

	a = 10;
	b = 15;

	printf("a의 값은 %d, b의 값은 %d입니다\n", a, b);

	a++;
	b--;

	printf("a++의 값은 %d, b--의 값은 %d입니다\n", a, b);
}
```

실행 결과

```
a의 값은 10, b의 값은 15입니다
a++의 값은 11, b--의 값은 14입니다
```

이번에는 증감 연산자가 변수의 앞에 오는 경우와 변수의 뒤에 올 때의 차이를 좀 더 자세히 알아보자. [++a]와 같이 증감 연산자가 변수의 앞에 오는 경우에는 실행문을 실행하기 전에 우선 a의 값을 증가시킨다.

그러나 [b--]와 같이 증감 연산자의 변수의 뒤에 오는 경우에는 실행문을 실행한 후에 b의 값이 감소된다. 다음의 예제를 실행하여 보자.

프로그램 3-10

```
#include <stdio.h>
void main()
{
	int	a, b, c, d;

	a = 6;
	b = 10;

	c = --a * b++;
	d = a + b;

	printf("c의 값은 %d, c의 값은 %d입니다\n", c, d);
}
```

실행 결과

```
c의 값은 50, c의 값은 16입니다
```

위의 예제에서 c의 값을 구하기 위해서 --a와 b++의 값이 필요하다. --a는 연산자가 앞에 있으므로 실행하기 전에 감소해야 한다. 따라서 --a의 값은 5가 되어 c의 값은 5 곱하기 10이 된다. c의 값이 10이 된 이후에 b의 값은 1 증가하여 11의 값이 저장된다. d의 값은 이때의 a와 b의 합이 되므로 5 더하기 11이 된다.

이처럼 증감 연산자의 위치에 따라 연산의 결과가 달라지므로 사용 시 주의하여야 한다. 그러나 증감 연산자를 이용하여 복잡한 계산을 수행하는 경우는 매우 드문 경우이며, 주로 단순한 반복 작업 시에 사용하는 것이 좋다.

3.4 관계 연산자

관계 연산자는 2개의 값을 비교하여 그 결과를 '참', 혹은 '거짓'의 논리 값으로 나타내어주는 연산자이다. 여기에서 '참'은 정수로 (1)의 값을 가지며, '거짓'은 (0)의 값을 갖는다.

관계 연산자

관계 연산자	사용 예	의미
>	a > b	a가 b 보다 크면 참
>=	a >= b	a가 b 보다 크거나 같으면 참
<	a < b	b가 a 보다 크면 참
<=	a <= b	b가 a 보다 크거나 같으면 참
==	a == b	a와 b가 같으면 참
!=	a != b	a와 b가 다르면 참

다음의 예제는 관계 연산자를 이용한 예제이다.

프로그램 3-11

```
#include <stdio.h>
void main()
{
	int	a, b, c;

	a = 6;
	b = 8;
	printf("a는 %d b는 %d입니다\n", a, b);

	c = a > b;
	printf("a > b 의 결과는 %d 입니다\n", c);
	c = a >= b;
	printf("a >= b 의 결과는 %d 입니다\n", c);
	c = a < b;
	printf("a < b 의 결과는 %d 입니다\n", c);
	c = a <= b;
	printf("a <= b 의 결과는 %d 입니다\n", c);
	c = a == b;
	printf("a == b 의 결과는 %d 입니다\n", c);
	c = a != b;
	printf("a != b 의 결과는 %d 입니다\n", c);
}
```

실행 결과

```
a는 6 b는 8입니다
a > b 의 결과는 0 입니다
a >= b 의 결과는 0 입니다
a < b 의 결과는 1 입니다
a <= b 의 결과는 1 입니다
a == b 의 결과는 0 입니다
a != b 의 결과는 1 입니다
```

C 언어의 printf() 함수에서는 논리 값인 '참'과 '거짓'을 출력해주는 기능이 없으므로 '참'은 (1)로 '거짓'은 (0)의 정수 값으로 출력하였다. 관계 연산자의 사용은 위의 예제와 같이 사용되는 경우는 거의 없으며, 주로 if 문이나 for 문과 같은 제어문에서 사용되며, 프로그램의 흐름에 매우 중요한 역할을 수행한다. 제어문에 대해서는 다음 장에서 자세히 다룬다.

3.5 논리 연산자

논리 연산자는 '참'이나 '거짓'의 논리 값을 연산하여 그 결과로 논리 값을 생성하는 연산자이다. 논리 연산자 역시 주로 제어문에서 사용되며 프로그램의 제어를 위하여 많이 사용된다. C 언어에서 사용할 수 있는 논리 연산자는 다음과 같다.

논리 연산자

연산자	연산자명	사용 예	의미
&&	AND(그리고)	a && b	a가 '참'이고 b도 '참'이며 '참' 나머지는 '거짓'
||	OR(혹은)	a || b	a가 '참'이거나 b가 '참'이면 '참' 둘 다 '거짓'이면 '거짓'
!	NOT(아닌)	! a	a가 '참' 이면 '거짓' a가 '거짓'이면 '참'

▸ **AND(그리고) 연산자: &&**

AND 연산자 &&는 논리곱을 위한 연산자로 2개의 논리를 다음의 진리표와 같이 실행한다.

AND 연산자 &&의 진리표

&&	참	거짓
참	참	거짓
거짓	거짓	거짓

AND 연산자는 2개의 논리값이 모두 '참'일 때만 '참'의 결과가 나오고 한 개의 논리라도 '거짓'이 존재하면 연산의 결과가 '거짓'이 된다.

▸ **OR(혹은) 연산자: ||**

OR 연산자 ||는 논리합을 위한 연산자로 2개의 논리를 다음의 진리표와 같이 실행한다.

OR 연산자 ||의 진리표

||	참	거짓
참	참	참
거짓	참	거짓

OR 연산자는 2개의 논리값이 모두 '거짓'일 때만 '거짓'의 결과가 나오고 한 개의 논리라도 '참'이 존재하면 연산의 결과가 '참'이 된다.

▸ **NOT(아닌) 연산자: !**

NOT 연산자 !는 논리 부정을 위한 연산자로 '참'은 '거짓'으로, '거짓'은 '참'으로 바꾸어준다.

AND, OR, NOT 연산자는 모두 논리 값을 대상으로 연산을 하여 그 결과 역시 논리 값으로 나타난다. 이러한 논리 연산자들은 일반 계산에서는 거의 사용되지 않으며, 주로 제어문 등에서 프로그램의 제어를 위하여 사용된다.

3.6 비트 연산자

우리가 사용하는 대부분의 숫자나 문자를 컴퓨터에서는 2진수 형태의 데이터로 변환하여 비트(bit) 단위로 연산한다. C 언어에서는 이러한 비트 단위의 연산을 수행할 수 있는 비트 연산자를 제공하고 있다. 비트 연산자는 정수에서만 사용할 수 있는 점에 주의하여야 한다.

3.6.1 비트 단위 논리 연산자

C 언어에서는 비트 단위의 논리 연산이 가능하다. 비트 단위의 논리 연산자는 AND와 OR, XOR, 보수 등이 있으며 앞에 나온 논리 연산자 AND, OR와 구분하기 위하여 '&'와 '|' 기호는 한 개씩만 사용한다.

C 언어에서 제공하는 비트 단위 논리 연산자는 다음과 같다.

비트 단위 논리 연산자

연산자	연산자명	사용 예	의미
&	비트 AND	a & b	비트 단위로 둘 다 1일 때만 1 나머지는 0
|	비트 OR	a | b	비트 단위로 둘 다 0일 때만 0 나머지는 1
^	비트 XOR	a ^ b	비트 단위로 두 개의 비트가 다 르면 1, 같으면 0
~	1의 보수	~a	1은 0으로 0은 1로

이러한 비트 단위 논리 연산자의 진리표는 다음과 같다.

2개의 입력에 대한 비트 단위 논리 연산 진리표

a	b	a & b	a | b	a ^ b	~a	~b
0	0	0	0	0	1	1
0	1	0	1	1	1	0
1	0	0	1	1	0	1
1	1	1	1	0	0	0

3.6.2 비트 단위 시프트(shift) 연산자

비트 단위의 시프트 연산자는 정수 형태의 데이터를 지정한 비트만큼 시프트 시켜준다. C 언어에서 제공되는 시프트 연산자는 다음과 같다.

비트 단위 시프트 연산자

연산자	연산자명	사용 예	의미
<<	왼쪽 시프트	a << N	a를 오른쪽으로 N비트 시프트
>>	오른쪽 시프트	a >> N	a를 왼쪽으로 N비트 시프트

▸ 왼쪽 시프트 연산자: <<

왼쪽 시프트 연산자는 지정된 비트수만큼 왼쪽으로 시프트 연산을 수행한다. 시프트하고 오른쪽에 남은 비트는 '0'으로 채워지게 된다. 예를 들어 정수 값 3을 왼쪽으로 2비트 시프트 연산을 하는 경우를 생각해보자.

정수 값 3 :	0	0	0	0	0	0	0	0	0	0	0	0	0	0	1	1
왼쪽으로 2비트 시프트:	0	0	0	0	0	0	0	0	0	0	0	0	1	1	0	0

우선 정수 3은 2진수로 0000....0011의 값을 갖는다. 이것을 왼쪽으로 2비트 시프트 하면 0000. .. 01100이 된다. 이 값은 12가 되며 원래 값의 4배가 된다. 즉, 왼쪽으로 시프트를 하게 되면 1비트마다 2배씩 증가하는 효과가 있다.

▸ 오른쪽 시프트 연산자: >>

오른쪽 시프트 연산자는 지정된 비트수만큼 오른쪽으로 시프트 연산을 수행한다. 시프트하고 왼쪽에 남은 비트는 '0'으로 채워지게 된다. 정수 값 24를 오른쪽으로 2비트 시프트 연산을 하는 경우를 생각해보자.

정수 값 24 :	0	0	0	0	0	0	0	0	0	0	0	1	1	0	0	0
오른쪽으로 2비트 시프트:	0	0	0	0	0	0	0	0	0	0	0	0	0	1	1	0

우선 정수 24는 2진수로 0000....11000의 값을 갖는다. 이것을 오른쪽으로 2비트 시프트 하면 0000 ... 0110이 된다. 이 값은 6이 되며 원래 값의 1/4이 된다. 즉, 오른쪽으로 시프트를 하게 되면 1비트마다 2배씩 감소하는 효과가 있다.

다음의 예제는 시프트 연산자를 이용한 예제이다.

프로그램 3-12

```
#include <stdio.h>
void main()
{
	int	a, b;

	a = 5;
	b = 56;

	printf("%d << 1 의 결과는 %d 입니다\n", a, a << 1);
	printf("%d << 2 의 결과는 %d 입니다\n", a, a << 2);
	printf("%d << 3 의 결과는 %d 입니다\n\n", a, a << 3);

	printf("%d >> 1 의 결과는 %d 입니다\n", b, b >> 1);
	printf("%d >> 2 의 결과는 %d 입니다\n", b, b >> 2);
	printf("%d >> 3 의 결과는 %d 입니다\n", b, b >> 3);
}
```

실행 결과

```
5 << 1 의 결과는 10 입니다
5 << 2 의 결과는 20 입니다
5 << 3 의 결과는 40 입니다

56 >> 1 의 결과는 28 입니다
56 >> 2 의 결과는 14 입니다
56 >> 3 의 결과는 7 입니다
```

3.7 기타 연산자

이 밖에 C 언어에서 사용할 수 있는 연산자로는 3항 조건 연산자, 나열 연산자, sizeof 연산자 등이 있다.

▸ 3항 조건 연산자

3항 조건 연산자는 주어진 조건에 따라 다르게 실행되며, '?'와 ':' 기호를 사용한다. 3항 조건 연산자의 형식은 다음과 같다.

3항 조건 연산자

```
조건식 ? 실행문1 : 실행문2;
```

3항 조건 연산자의 물음표(?) 기호 앞에 나오는 조건식은 그 연산의 결과가 '참' 혹은 '거짓'인 논리값이다. 이 조건식의 결과가 '참'이면 앞의 실행문1이 실행이 되고, '거짓'이면 뒤의 실행문2가 실행된다.

프로그램 3-13

```
#include <stdio.h>
void main()
{
	int	a, b, max;

	a = 10;
	b = 8;

	max = (a > b) ? a : b;

	printf("%d 과 %d 중 큰 수는 %d 입니다\n", a, b, max);
}
```

실행 결과

```
10 과 8 중 큰 수는 10 입니다
```

위의 프로그램에서 3항 조건 연산자는 2개의 수 중에서 큰 수를 찾는데 사용되었다. 이를 위하여 2개의 수를 관계 연산자 '>'를 사용하여 크기를 비교하였으며, 큰 수를 max 변수에 저장하는 방법을 사용하였다.

3항 조건 연산자는 4장에서 나오는 if 문으로 대치할 수도 있으며, 간단한 문장인 경우에는 if 문에 비하여 단순하게 사용할 수 있는 장점이 있다.

▸ 나열 연산자: 콤마(,)

나열 연산자는 콤마(,)로 구성되므로 콤마 연산자라고도 불린다. 나열 연산자는 여러 연산식들을 콤마로 구분하여 나열할 수 있으며, 실행 순서는 좌측에서 우측으로 실행된다. 나열 연산자의 형식은 다음과 같다.

나열 연산자

```
연산식1, 연산식1, ......, 연산식N;
```

프로그램 3-14

```
#include <stdio.h>
void main()
{
	int	a, b, c, d;

	a = 5, b = 12, c = 8, d = 100;

	printf("a=%d b=%d c=%d d=%d입니다\n", a, b, c, d);
}
```

실행 결과

```
a=5 b=12 c=8 d=100입니다
```

▸ sizeof 연산자

C 언어에서는 어떤 변수의 기억 장소나 형(type)의 크기를 바이트 단위로 나타낼 수 있는데, 이때 사용할 수 있는 연산자가 sizeof 연산자이다. sizeof 연산자를 사용하면 자신이 사용하는 환경에서의 각종 자료형의 크기를 알 수 있다. sizeof 연산자의 형식은 다음과 같다.

sizeof 연산자

```
sizeof(type);
sizeof(상수);
sizeof(변수명);
```

sizeof 연산자를 사용하면 기본 자료형의 크기뿐만 아니라 프로그램 내에서 사용하고 있는 특정 상수의 값이나 변수명을 지정해도 메모리에 저장되는 크기를 바이트단위로 알 수 있다. 다음의 예제는 sizeof 연산자를 사용하여 다양한 형태의 데이터 크기를 알아보는 예제이다.

프로그램 3-15

```
#include <stdio.h>
void main()
{
        int     i_test;
        short s_test;
        char c_test;

        printf("char 형의 크기는 %d 바이트\n", sizeof(char));
        printf("short 형의 크기는 %d 바이트\n", sizeof(short));
        printf("int 형의 크기는 %d 바이트\n", sizeof(int));
        printf("long 형의 크기는 %d 바이트\n", sizeof(long));
        printf("double 형의 크기는 %d 바이트\n", sizeof(double));

        printf("변수 c_test 크기는 %d 바이트\n", sizeof(c_test));
        printf("변수 s_test 크기는 %d 바이트\n", sizeof(s_test));
        printf("변수 i_test 크기는 %d 바이트\n", sizeof(i_test));

        printf("정수 159784 의 크기는 %d 바이트\n", sizeof(159784));
        printf("실수 3.141592 의 크기는 %d 바이트\n", sizeof(3.141592));
}
```

실행 결과

```
char 형의 크기는 1 바이트
short 형의 크기는 2 바이트
int 형의 크기는 4 바이트
long 형의 크기는 4 바이트
double 형의 크기는 8 바이트
변수 c_test 크기는 1 바이트
변수 s_test 크기는 2 바이트
변수 i_test 크기는 4 바이트
정수 159784 의 크기는 4 바이트
실수 3.141592 의 크기는 8 바이트
```

제4장 제어문

프로그램은 컴퓨터에 특정 동작을 수행하도록 명령을 내린다. 컴퓨터는 프로그램에서 지정된 동작을 그대로 수행하게 되는데, 복잡하고 어려운 동작도 명령한 대로 수행한다. 프로그램에서 명령할 수 있는 동작은 조건에 따라 여러 가지 어려운 동작이 포함될 수 있으며, 복잡한 동작의 수행을 위해서는 조건에 따라 지정된 다른 동작을 수행하거나 비슷한 작업을 반복하여 수행하게 된다. 조건에 따라 다른 동작을 수행하기 위해서는 선택 제어문을 사용하여야 하며, 제어문은 프로그램의 흐름을 제어하는 매우 중요한 구문이다. 이번 장에서는 프로그램의 흐름을 제어하기 위하여 사용되는 여러 가지 제어문에 대하여 설명한다.

4.1 if() 문

C 프로그램의 기본 흐름은 위에서부터 아래쪽으로 실행문이 지정한 동작들을 순차적으로 수행하여 나간다. 그러나 복잡한 프로그램의 경우 조건에 따라 여러 가지 다양한 동작을 수행하여야 할 경우가 많이 발생한다. 이렇게 조건에 따라 다른 동작을 수행하도록 프로그램의 흐름을 제어하는 기능을 위하여 if()문을 사용한다.

if() 문은 주어진 조건에 따라서 특정 실행문을 실행하거나 실행하지 않는 기능을 수행함으로써 프로그램의 흐름을 제어하기 위하여 매우 중요한 역할을 수행한다.

if() 문은 구분하여야 할 조건식의 개수와 종류, 각 조건에 따라 실행하여야 할 실행문의 개수에 따라 단순 if() 문과 if-else 문, 그리고 다중 if() 문 등으로 구분될 수 있다. if-else 문의 사용 방법은 매우 다양하며, 프로그램의 골격을 구성한다고 해도 무방할 정도로 프로그램의 흐름을 제어한다. 다시 한 번 강조하지만 if() 문은 프로그램의 제어를 하기 위하여 매우 중요한 구문이므로 정확하게 이해하여야 한다.

4.1.1 단순 if() 문

단순 if() 문은 주어진 조건식을 판단하여 [참]인 경우에만 실행문을 실행한다. 단순 if() 문의 사용 방법은 다음과 같다.

단순 if() 문의 사용

```
if (조건식)
{
    실행문;        ☚ 조건식이 참인 경우에만 실행된다
}
```

if() 문의 괄호 안에는 조건식이 주어진다. 조건식의 결과는 [참], 혹은 [거짓]이 될 수 있는데, if() 문 바로 아래의 중괄호('{', '}')로 묶여있는 실행문은 조건식이 [참]인 경우에만 실행되며, [거짓]인 경우에는 실행되지 않는다. 조건식의 참, 거짓 여부에 따라 영향을 받는 실행문이 한 줄인 경우에는 중괄호('{', '}')를 생략할 수 있다.

단순 if() 문의 흐름도

다음의 예제는 단순 if() 문을 이용한 프로그램이다.

프로그램 4-1

```
#include <stdio.h>
void main()
{
    int su;

    su=97;

    if(su>95)
    {
        printf("우수한 성적입니다.\n");  // if() 조건식이 [참] 일 때만 실행
    }

    printf("당신의 점수는 %d점입니다.\n", su);
}
```

실행 결과

```
우수한 성적입니다.
당신의 점수는 97점입니다.
```

위의 예제에서 if() 문의 조건식은 [su] 변수의 값을 95와 비교하여 큰 지를 판단한다. [su] 변수의 값이 97로 조건식의 결과는 [참]이 되며, if() 문 바로 아래에 중괄호로 묶여 있는 실행문을 실행하게 된다. 위의 예제를 다음과 같이 [su] 변수의 값을 50으로 수정하여 실행하여 보자.

프로그램 4-2

```
#include <stdio.h>
void main()
{
    int su;

    su=50;

    if(su>95)
    {
        printf("우수한 성적입니다.\n");  // if() 조건식이 [참] 일 때만 실행
    }

    printf("당신의 점수는 %d점입니다.\n", su);
}
```

실행 결과

```
당신의 점수는 50점입니다.
```

위의 예제에서는 [su] 변수의 값이 50이므로 조건식의 결과가 [거짓]이 되어 if() 아래의 실행문이 실행되지 않으며, 그 아래의 다음 실행문만 순서대로 실행된다. 이번에는 다음의 [실습 4-1]과 같이 점수를 입력받고, 입력받은 점수가 95점 보다 크면 "우수한 성적입니다."라는 메시지를 출력하는 프로그램을 코딩하여 보자.

실습 4-1

```
점수를 입력하세요 : ★ [Enter]
우수한 성적입니다.     (입력한 성적이 95보다 크면)
당신의 점수는 ★ 점입니다.
```

Tip 실습문제 해결을 위한 팁

- 점수를 입력 받기 위하여 scanf() 함수를 사용한다.
- 입력 받은 점수는 [su] 변수에 저장한다.
- if() 문을 이용하여 [su] 변수에 저장된 점수가 95보다 큰지 판단한다.

위의 실습 문제를 해결한 프로그램은 다음과 같다.

프로그램 4-3

```
#include <stdio.h>
void main()
{
    int su;

    printf("점수를 입력하세요 :");
    scanf("%d", &su);

   if(su>95)
    {
        printf("우수한 성적입니다.\n");  // if() 조건식이 [참] 일 때만 실행
    }

    printf("당신의 점수는 %d점입니다.\n", su);
}
```

실행 결과

```
점수를 입력하세요 :100 [Enter]
우수한 성적입니다.
당신의 점수는 100점입니다.
```

```
점수를 입력하세요 :30 [Enter]
당신의 점수는 30점입니다.
```

위의 예제에서 점수를 입력하도록 되어 있으므로 사람이 입력한 숫자에 따라 프로그램이 다르게 동작함을 알 수 있다. 점수를 100을 입력하게 되면 95보다 큰 수이므로 if() 문의 조건식이 [참]이 되어 "우수한 성적입니다." 메시지가 출력되고, 30을 입력한 경우에는 조건식이 [거짓]이 되어 해당 메시지가 출력되지 않는다.

4.1.2 단순 if() 문 블록

if() 문은 주어진 조건식을 판단하여 [참]인 경우에만 실행문을 수행한다. if() 조건식에 따라 실행할 실행문은 if() 문의 바로 아래에 지정하게 되는데, if() 문이 [참]일 때 실행할 실행문이 한 개가 아닌, 2개 이상의 여러 개의 실행문 블록이 올 수도 있다. 이렇게 if() 문에 여러 개의 실행문 블록을 적용하여야 할 경우에는 실행문 블록을 반드시 중괄호('{', '}')로 묶어주어야 한다.

단순 if() 문 블록

```
if (조건식)

{
    실행문1;
    실행문2;
    실행문N;
      :
}
```

if() 문의 괄호 안의 조건식 결과는 [참], 혹은 [거짓]이 될 수 있는데, 조건식이 [참]인 경우에는 if() 문 바로 아래에 중괄호('{', '}')로 묶인 실행문이 모두 실행되며, [거짓]인 경우에는 모두 실행되지 않는다.

실행할 실행문이 여러 개인 경우

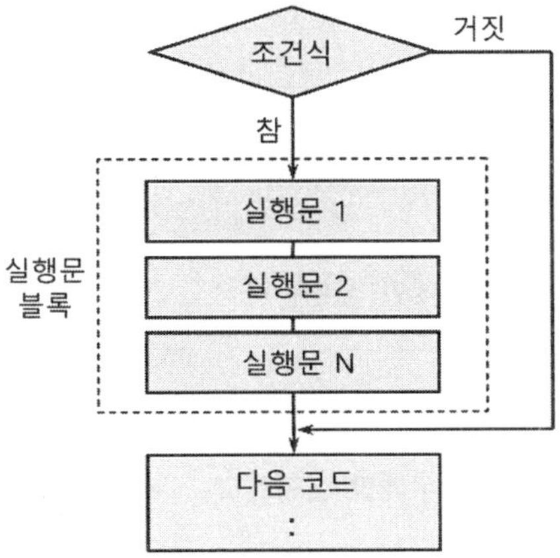

다음의 예제는 단순 if() 문 블록을 이용한 프로그램이다.

프로그램 4-4

```
#include <stdio.h>
void main()
{
    int su;

    su=97;

    if(su>95)
    {
        printf("우수한 성적입니다.\n");
        printf("수고하였습니다.\n");
    }

    printf("당신의 점수는 %d점입니다.\n", su);
}
```

실행 결과

```
우수한 성적입니다.
수고하였습니다.
당신의 점수는 97점입니다.
```

위의 예제에서 if() 문의 조건식은 [su] 변수의 값을 95와 비교하여 큰 지를 판단한다. [su] 변수의 값이 97로 조건식의 결과는 [참]이 되며, if() 문 바로 아래에 있는 중괄호로 묶여있는 실행문 블록을 모두 실행하게 된다.

4.1.3 if-else 문

if-else 문은 조건식이 [참]인 경우에 실행할 실행문과 [거짓]인 경우에 실행할 실행문을 별도로 지정할 때에 사용된다. if-else 문의 사용 방법은 다음과 같다.

if-else 문의 사용

```
if (조건식)
{
  실행문1;    ☚ 조건식이 참인 경우에만 실행된다

}
else
{
  실행문2;    ☚ 조건식이 거짓인 경우에만 실행된다
}
```

if() 문의 괄호 안에는 조건식이 주어진다. 조건식의 결과는 [참], 혹은 [거짓]이 될 수 있는데, if() 문 바로 아래의 중괄호('{', '}')로 묶여있는 실행문1은 조건식이 [참]인 경우에만 실행되며, [거짓]인 경우에는 else 문 바로 아래의 중괄호('{', '}')로 묶여있는 실행문2가 실행된다. 즉, if-else 문은 조건식이

[참]일 때 실행할 실행문과 [거짓]일 때 실행할 실행문을 따로 지정할 수 있다. 또한 실행문1이나 실행문2가 한 줄인 경우에는 중괄호('{', '}')를 생략할 수 있다.

if-else 문의 흐름도

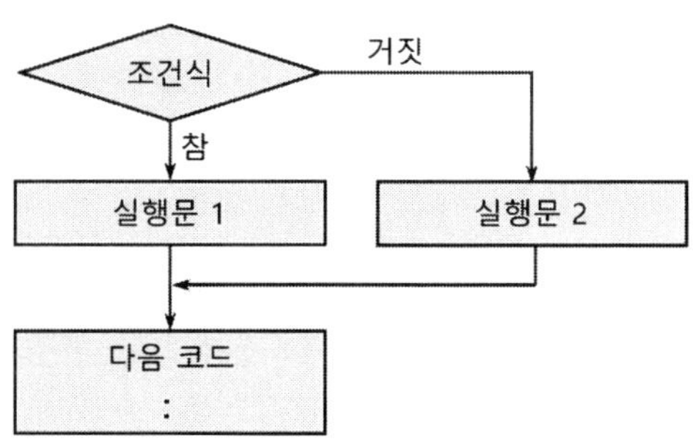

다음의 예제는 if-else 문을 이용한 프로그램이다.

프로그램 4-5

```
#include <stdio.h>
void main()
{
    int su;

    printf("점수를 입력하세요 :");
    scanf("%d", &su);

    if(su>95)
    {
        printf("우수한 성적입니다.\n");
    }
    else
    {
        printf("좀 더 노력하세요.\n");
    }

    printf("당신의 점수는 %d점입니다.\n", su);
}
```

실행 결과

```
점수를 입력하세요 : 98 Enter↵
우수한 성적입니다.
당신의 점수는 98점입니다.
```

```
점수를 입력하세요 : 45 Enter↵
좀 더 노력하세요.
당신의 점수는 45점입니다.
```

위의 예제에서 점수를 입력하도록 되어 있으므로 사람이 입력한 숫자에 따라 프로그램이 다르게 동작한다.

점수를 98을 입력하게 되면 95보다 큰 수이므로 if() 문의 조건식이 [참]이 되어 "우수한 성적입니다." 메시지를 출력하고, 45를 입력한 경우에는 조건식이 [거짓]이 되어 else 문의 "좀 더 노력하세요." 메시지를 출력한다.

4.1.4 if-else 문 블록

if-else 문에서도 조건식이 [참]인 경우에 실행할 실행문, 혹은 [거짓]인 경우에 실행할 실행문이 한 개 이상일 경우에는 반드시 중괄호('{', '}')를 사용하여 블록으로 지정해주어야 한다.

if-else 문 블록

```
if (조건식)
{
    실행문 1;
    실행문 2;
       :
}

else
{
    실행문 A;
    실행문 B;
       :
}
```

if() 문의 괄호 안의 조건식 결과는 [참], 혹은 [거짓]이 될 수 있는데, 조건식이 [참]인 경우에는 if() 문 바로 아래에 중괄호('{', '}')로 묶인 실행문이 모두 실행되며, [거짓]인 경우에는 else 문 바로 아래의 중괄호('{', '}')로 묶인 실행문이 모두 실행된다.

실행할 실행문이 여러 개인 if-else 문 블록

다음의 예제는 if-else 문 블록을 이용한 프로그램이다.

프로그램 4-6

```
#include <stdio.h>
void main()
{
    int su;
    printf("점수를 입력하세요 :");
    scanf("%d", &su);

    if(su>95)
    {
        printf("우수한 성적입니다.\n");
        printf("수고하였습니다.\n");
    }
    else
    {
        printf("저조한 성적입니다.\n");
        printf("좀 더 노력하세요.\n");
    }
    printf("당신의 점수는 %d점입니다.\n", su);
}
```

실행 결과

```
점수를 입력하세요 : 98 Enter↵
우수한 성적입니다.
수고하였습니다.
당신의 점수는 98점입니다.
```

```
점수를 입력하세요 : 45 Enter↵
저조한 성적입니다.
좀 더 노력하세요.
당신의 점수는 45점입니다.
```

위의 예제에서 점수를 98을 입력하게 되면 95보다 큰 수이므로 if() 문의 조건식이 [참]이 되어 중괄호로 묶여있는 “우수한 성적입니다.”와 “수고하였습니다.” 메시지가 모두 출력되고, 45를 입력한 경우에는 조건식이 [거짓]이 되어 else 문의 “저조한 성적입니다.”와 “좀 더 노력하세요.” 메시지가 모두 출력된다.

이번에는 다음의 [실습 4-2]와 같이 체중을 입력받고, 입력받은 체중이 100 보다 크면 “뚱뚱합니다.”와 “운동하세요.”라는 메시지를 출력하고, 체중이 100 이하이면 “날씬합니다.”와 “유지하세요.”라는 메시지를 출력하는 프로그램을 코딩하여 보자.

실습 4-2

```
체중을 입력하세요 : ★ [Enter↵]

뚱뚱합니다.
운동하세요.    (입력한 체중 ★이 100보다 크면)

날씬합니다.
유지하세요.    (입력한 체중 ★이 100 이하 이면)

당신의 체중은 ★ 키로 입니다.
```

Tip 실습문제 해결을 위한 팁

- 체중(숫자)을 입력 받기 위하여 scanf() 함수를 사용한다.
- 입력 받은 체중은 숫자형 변수 [muge]에 저장한다.
- 체중이 100보다 클 경우와, 이하인 경우에 실행할 실행문이 따로 존재하므로 if-else 문을 이용한다.
- 각각의 경우에 실행할 실행문이 2개씩이므로 중괄호를 이용하여 실행문을 묶어준다.
- if-else 문을 이용하여 [muge] 변수에 저장된 점수가 100보다 큰지 작은지를 판단하여 실행한다.

위의 실습 문제를 해결한 프로그램은 다음과 같다.

프로그램 4-7

```
#include <stdio.h>
void main()
{
    int  muge;

    printf("체중을 입력하세요 :");
    scanf("%d", &muge);

    if(muge>100)
    {
        printf("뚱뚱합니다.\n");
        printf("운동하세요.\n");
    }
    else
    {
        printf("날씬합니다.\n");
        printf("유지하세요.\n");
    }
    printf("당신의 체중은 %d 키로 입니다.\n", muge);
}
```

실행 결과

```
체중을 입력하세요 : 120 [Enter↵]
뚱뚱합니다.
운동하세요.
당신의 체중은 120 키로 입니다.
```

```
체중을 입력하세요 : 65 [Enter↵]
날씬합니다.
유지하세요.
당신의 체중은 65 키로 입니다.
```

4.1.5 다중 if-else 문

프로그램에서 처리하여야 할 조건이 여러 개이고 각 조건에 따라 실행해야 할 실행문이 각각 별도로 존재하는 경우에는 다중 if-else 문을 사용하여야 한다.

다중 if-else 문은 if-else 문을 반복하여 사용하는 형태로 해당 조건이 [거짓]이 되면 else 문이 적용되는데, 이때 다른 조건을 적용시키기 위하여 다시 if 문을 사용하는 형태이다. 다중 if-else 문의 사용 방법은 다음과 같다.

다중 if-else 문의 사용

```
if (조건식1)
  실행문1;        ☚ 조건식1이 참인 경우에만 실행된다
else if (조건식2)
  실행문2;        ☚ 조건식2가 참인 경우에만 실행된다
      :
else if (조건식N)
  실행문N;        ☚ 조건식N이 참인 경우에만 실행된다
else
  실행문;         ☚ 모든 조건식이 거짓인 경우에만 실행된다
```

다중 if-else 문의 처음 나오는 if() 문의 조건이 [참]이면 해당 실행문을 실행하고 끝난다. 첫 if() 문의 조건식이 [거짓]이면 바로 아래에 있는 else 문으로 넘어오는데, 다시 if() 문이 나오므로 해당 조건식을 보고 다시 if-else 문이 지정한 대로 수행된다.

모든 조건식이 [거짓]인 경우에는 맨 아래의 else 문의 실행문이 적용된다. 이렇게 if-else 문이 중첩되어 사용될 경우에는 각 조건식 마다 해당하는 실행문이 있으며, 모든 조건이 충족되지 않는 경우에는 맨 아래의 else 문의 실행문이 적용된다.

다중 if-else 문은 여러 개의 조건에 따라 실행문을 별도로 적용하고자 하는 경우에 많이 사용되며, if-else 문의 개수는 그 수에 상관없이 사용 가능하다. 그러나 순서대로 실행되므로 if-else 문을 사용함에 있어 매우 신중하게 사용하여야 한다.

다중 if-else 문의 흐름도

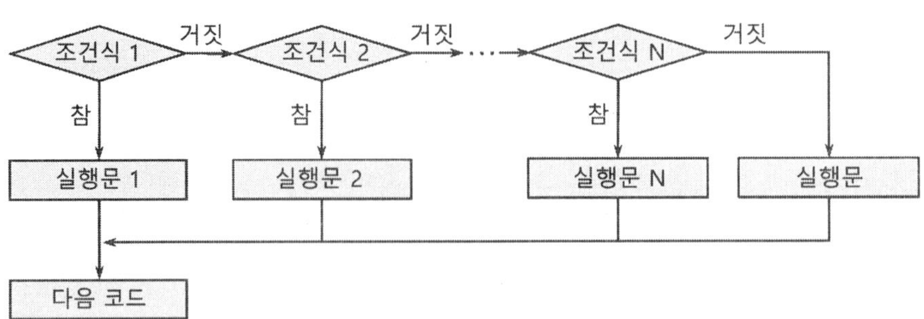

또한 다중 if-else 문에서도 조건에 부합되는 실행문이 2개 이상일 경우에는 반드시 중괄호를 사용하여 실행문 블록으로 지정해주어야 한다. 다음의 예제는 다중 if-else 문을 이용한 프로그램이다.

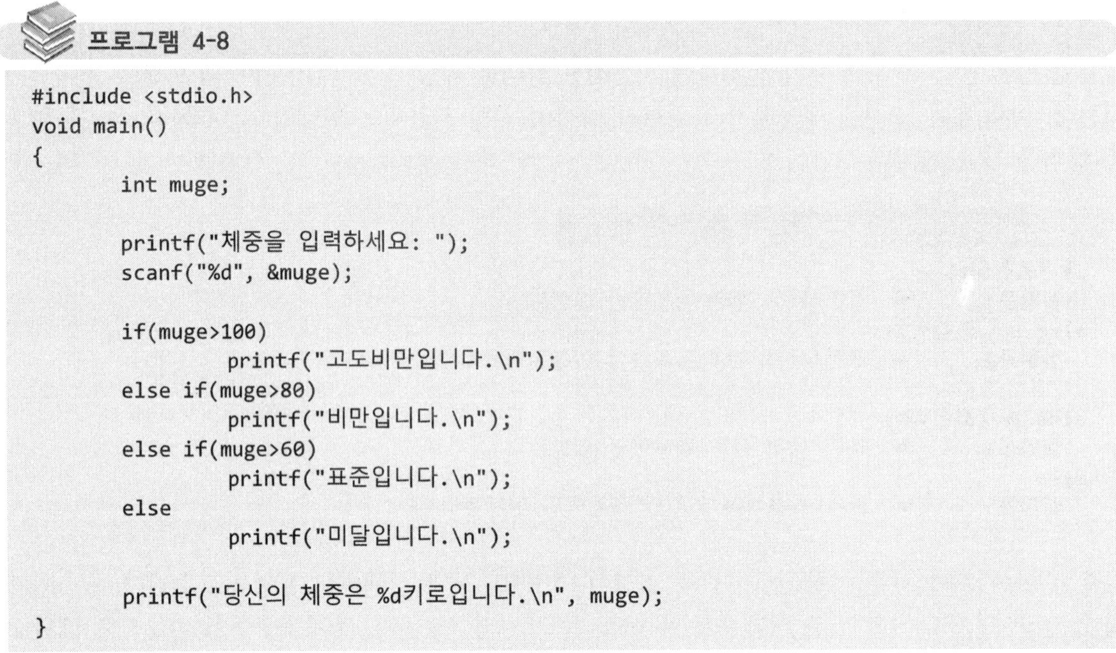

프로그램 4-8

```
#include <stdio.h>
void main()
{
        int muge;

        printf("체중을 입력하세요: ");
        scanf("%d", &muge);

        if(muge>100)
                printf("고도비만입니다.\n");
        else if(muge>80)
                printf("비만입니다.\n");
        else if(muge>60)
                printf("표준입니다.\n");
        else
                printf("미달입니다.\n");

        printf("당신의 체중은 %d키로입니다.\n", muge);
}
```

실행 결과

```
체중을 입력하세요: 85 Enter↵
비만입니다.
당신의 체중은 85키로입니다.
```

위의 예제에서 입력받은 체중이 85이므로 첫 번째 조건인 if(muge>100)은 [거짓]이 되어 else if (muge>90)의 조건식을 판단하게 된다. 이 조건 역시 [거짓]으로 판단되어 다음 조건식인 if(muge>80) 조건식을 판단하게 되는데, 이 식이 [참]이 되므로 "비만입니다" 메시지를 출력하게 된다. 이렇게 다중 if-else 문은 여러 개의 조건식을 판단하는 경우에 사용한다.

이번에는 다음의 [실습 4-3]과 같이 점수를 입력받아 주어진 조건에 맞게 점수에 따른 학점을 선정하는 프로그램을 다중 if-else 문을 이용하여 코딩하여 보자.

실습 4-3

```
점수를 입력하세요 : ★ Enter↵

점수 ★의 학점은 A입니다.     (점수 ★가 90 이상이면)
점수 ★의 학점은 B입니다.     (점수 ★가 90 미만, 80이상이면)
점수 ★의 학점은 C입니다.     (점수 ★가 80미만, 70이상이면)
점수 ★의 학점은 D입니다.     (점수 ★가 70미만, 60이상이면)
점수 ★의 학점은 F입니다.     (점수 ★가 60미만이면)
```

Tip 실습문제 해결을 위한 팁

- 점수(숫자)를 입력 받기 위하여 scanf() 함수를 사용한다.
- 입력 받은 점수는 숫자형 변수 [jum]에 저장한다.
- 다중 if-else 문을 이용하여 변수 [jum]에 저장되어 있는 수의 크기에 따라 학점을 출력한다.

위의 실습 문제를 해결한 프로그램은 다음과 같다.

프로그램 4-9

```
#include <stdio.h>
void main()
{
        int     jum;

        printf("점수를 입력하세요: ");
        scanf("%d", &jum);

        if(jum >= 90)
                printf("점수 %d의 학점은 A 입니다\n", jum);
        else if (jum >= 80)
                printf("점수 %d의 학점은 B 입니다\n", jum);
        else if (jum >= 70)
                printf("점수 %d의 학점은 C 입니다\n", jum);
        else if (jum >= 60)
                printf("점수 %d의 학점은 D 입니다\n", jum);
        else
                printf("점수 %d의 학점은 F 입니다\n", jum);

}
```

실행 결과

```
점수를 입력하세요: 97 Enter↵
점수 97의 학점은 A입니다
```

```
점수를 입력하세요: 85 Enter↵
점수 85의 학점은 B입니다
```

```
점수를 입력하세요: 71 Enter↵
점수 71의 학점은 C입니다
```

```
점수를 입력하세요: 64 Enter↵
점수 64의 학점은 D입니다
```

```
점수를 입력하세요: 45 Enter↵
점수 45의 학점은 F입니다
```

이번에는 다음의 [실습 4-4]와 같이 임의의 숫자를 입력받아 해당 수가 영, 음수, 짝수, 홀수 인지를 판단하는 프로그램을 다중 if-else 문을 이용하여 코딩하여 보자.

실습 4-4

```
수를 입력하세요 : ★ Enter↵

입력하신 숫자는 0입니다.      (숫자 ★가 0 이면)
숫자 ★는 음수입니다.          (숫자 ★가 음수이면)
숫자 ★는 짝수입니다.          (숫자 ★가 짝수이면)
숫자 ★는 홀수입니다.          (숫자 ★가 홀수이면)
```

Tip 실습문제 해결을 위한 팁

- 숫자를 입력 받기 위하여 scanf() 함수를 사용한다.
- 입력 받은 숫자는 숫자형 변수 [num]에 저장한다.
- 다중 if-else 문을 이용하여 변수 [num]에 저장되어 있는 수가 0인지, 음수인지, 혹은 짝수, 홀수 인지를 판단한다.
- 짝수인지 판단하기 위해서는 해당 수를 2로 나누어 나머지가 0인지를 판단하면 되며, 이는 if(num % 2 == 0) 조건식으로 판단한다.

프로그램 4-10

```
#include <stdio.h>
void main()
{
        int               num;

        printf("수를 입력하세요: ");
        scanf("%d", &num);
```

```
	if (num == 0)
		printf("입력하신 숫자는 0입니다\n");
	else if (num < 0)
		printf("숫자 %d는 음수 입니다\n", num);
	else if (num % 2 == 0)
		printf("숫자 %d는 짝수 입니다\n", num);
	else if (num % 2 == 1)
		printf("숫자 %d는 홀수 입니다\n", num);
}
```

실행 결과

```
수를 입력하세요: 0 Enter↵
입력하신 숫자는 0입니다
```

```
수를 입력하세요: -5 Enter↵
숫자 -5는 음수 입니다
```

```
수를 입력하세요: 8 Enter↵
숫자 8는 짝수 입니다
```

```
수를 입력하세요: 21 Enter↵
숫자 21는 홀수 입니다
```

4.2 while 문

프로그램의 흐름을 제어하기 위한 제어문에는 if() 문과 같이 프로그램의 흐름을 선택적으로 제어하는 선택 제어문과 특정 동작을 반복적으로 수행하도록 하는 반복 제어문이 있다. 반복 제어문은 지정한 동작을 반복적으로 수행하며, while 문과 do-while 문, 그리고 for 문 등이 있다.

4.2.1 while 문

while 문은 조건식이 [참]이면 지정한 수행문 블록을 반복적으로 수행하는 제어문이다. while 문의 사용 방법은 다음과 같다.

while 문의 사용

```
while (조건식)
{
    실행문1;
    실행문2;
      :
    실행문N;
}
```

while 문은 우선 조건식을 판단하여 [참]인지 [거짓]인지를 판단한다. 만일 while() 조건식이 [거짓]이면 실행문 블록을 실행하지 않고 다음 코드로 넘어간다. 조건식이 [참]인 경우에는 중괄호로 묶여있는 실행문 블록을 실행하고 다시 while 조건식을 판단한다. 따라서 while 조건식이 [참]일 때까지 실행문 블록은 계속 반복하여 실행된다. while 문의 흐름도는 다음의 그림과 같다.

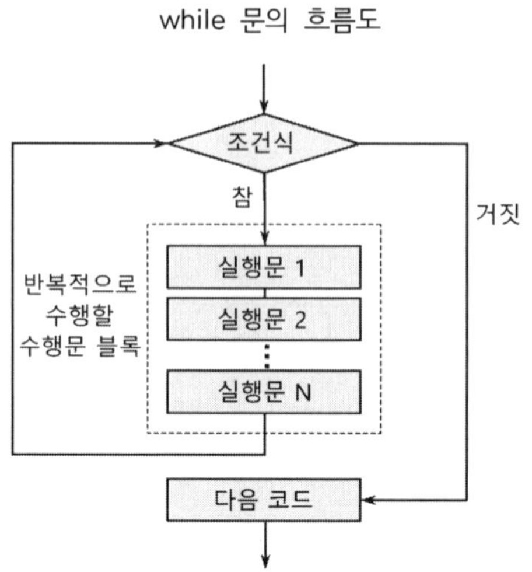

while 문의 조건식은 [참], 혹은 [거짓]의 결과가 나오는 논리식이다. 이 조건식을 이용하여 수행문 블록을 반복적으로 실행할 횟수를 지정하기도 한다. 다음의 예제는 while 문을 이용하여 특정 동작을 반복하여 실행하는 예제이다.

프로그램 4-11

```
#include <stdio.h>
void main()
{
        int      num;
        num = 0;

        while(num < 5)
        {
                printf("while 문을 이용하여 반복 실행됩니다\n");
                num++;
        }
}
```

실행 결과

```
while 문을 이용하여 반복 실행됩니다
while 문을 이용하여 반복 실행됩니다
while 문을 이용하여 반복 실행됩니다
while 문을 이용하여 반복 실행됩니다
while 문을 이용하여 반복 실행됩니다
```

위의 예제에서 while 문의 조건식은 (num < 5)이다. [num] 변수의 값은 초기에는 0이었으며, 반복문이 한번 실행될 때마다 1씩 증가한다. 따라서 처음에는 [num] 값이 0으로 참이 되어 반복문이 실행되며, 그 값은 1로 증가한다. 다시 조건식은 참이 되어 반복문이 실행되며, 그 값은 2로 증가한다. 이러한 방식으로 [num] 변수의 값이 4 까지는 조건식이 참이 되어 반복문이 실행되지만, 5가 되면 조건식이 거짓이 되어 반복문이 실행되지 않고 프로그램이 종료된다. 따라서 [num] 변수의 값이 0, 1, 2, 3, 4일 때, 즉 모두 5번 조건식이 참이 되어 반복문이 실행된다.

이번에는 위의 예제에서 반복하여 출력하였던 메시지 "while 문을 이용하여 반복 실행됩니다" 메시지를 7번 반복하여 출력하여 보자. 이를 위해서는 while 문의 조건식이 총 7번 [참]이 되어야 하므로 변수 [num]의 초기값이 0이면 조건식을 (num < 7)로 수정하면 된다.

프로그램 4-12

```
#include <stdio.h>
void main()
{
	int	num;
	num = 0;

	while(num < 7)
	{
		printf("while 문을 이용하여 반복 실행됩니다\n");
		num++;
	}
}
```

실행 결과

```
while 문을 이용하여 반복 실행됩니다
while 문을 이용하여 반복 실행됩니다
while 문을 이용하여 반복 실행됩니다
while 문을 이용하여 반복 실행됩니다
while 문을 이용하여 반복 실행됩니다
while 문을 이용하여 반복 실행됩니다
while 문을 이용하여 반복 실행됩니다
```

이번에는 다음의 [실습 4-5]와 같이 임의의 숫자를 입력받고, 입력받은 숫자의 횟수만큼 "while 문을 이용하여 반복 실행됩니다" 메시지를 반복하여 출력하는 프로그램을 코딩하여 보자.

실습 4-5

```
반복할 횟수를 입력하세요 : ★ Enter

while 문을 이용하여 반복 실행됩니다
while 문을 이용하여 반복 실행됩니다        (★ 회 반복하여 출력)
          :
while 문을 이용하여 반복 실행됩니다
```

Tip 실습문제 해결을 위한 팁

- 숫자를 입력 받기 위하여 scanf() 함수를 사용한다.
- 입력 받은 숫자는 숫자형 변수 [nu]에 저장한다.
- while 문의 반복할 횟수를 지정할 변수 [num]의 값을 0으로 초기화 한다.
- while 문의 조건식을 (num < nu)로 하고 반복할 수행문 블록을 작성한다.
- 수행문 블록 안에서 num++을 실행하여 지정한 횟수만큼만 반복하도록 한다.
- while 문의 조건식은 변수 [num]의 값이 0, 1, 2,.... nu-1까지 총 nu개 만큼 [참]이 된다.

이렇게 작성된 프로그램의 코드는 다음과 같다.

프로그램 4-13

```
#include <stdio.h>
void main()
{
	int	num;
	int	nu;

	printf("반복할 횟수를 입력하세요: ");
	scanf("%d", &nu);
	num = 0;

	while(num < nu)
	{
		printf("while 문을 이용하여 반복 실행됩니다\n");
		num++;
	}
}
```

실행 결과

```
반복할 횟수를 입력하세요: 6 Enter↵
while 문을 이용하여 반복 실행됩니다
while 문을 이용하여 반복 실행됩니다
while 문을 이용하여 반복 실행됩니다
while 문을 이용하여 반복 실행됩니다
while 문을 이용하여 반복 실행됩니다
while 문을 이용하여 반복 실행됩니다
```

위의 예제에서 반복할 횟수를 [6]을 입력하였으므로 변수 [nu]의 값은 6이 되며, 변수 [num]의 값이 0, 1, 2, 3, 4, 5까지 총 6번 참이 되므로 6번 메시지를 반복하여 출력하게 된다.

4.2.2 do-while 문

do-while 문은 while 문과 동일하게 조건식이 [참]일 때까지 지정한 수행문 블록을 반복적으로 수행하는 제어문이다. do-while 문의 사용 방법은 while 문과 거의 동일하며 구문은 다음과 같다.

while 문의 사용

```
do
{
    실행문1;
    실행문2;
      :
    실행문N;
}while (조건식);
```

do-while 문은 우선 중괄호로 묶여있는 실행문 블록의 실행문들을 실행한 후 조건식을 판단하여 [참]인지 [거짓]인지를 판단한다. 만일 while() 조건식이 [거짓]이면 실행문 블록을 실행하지 않고 다음 코드로 넘어간다.

조건식이 [참]인 경우에는 대괄호로 묶여있는 실행문 블록을 실행하고 다시 while 조건식을 판단한다. 따라서 while 조건식이 [참]일 때까지 실행문 블록은 계속 반복하여 실행된다. do-while 문은 while 문과 거의 동일하게 동작한다.

while 문과 다른 점은 while 문은 조건식이 처음부터 [거짓]인 경우 실행문이 한번도 실행되지 않을 수도 있지만, do-while 문은 실행문 블록이 최소한 한번은 실행된다는 점이다.

do-while 문의 흐름도

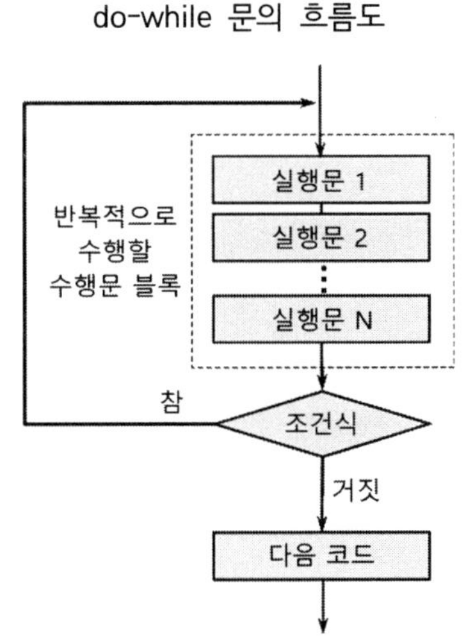

다음의 예제는 앞에서 while 문을 사용하여 코딩한 프로그램 4-13을 do-while 문을 사용하여 코딩한 것이다.

프로그램 4-14

```
#include <stdio.h>
void main()
{
	int	num;
	int	nu;

	printf("반복할 횟수를 입력하세요: ");
	scanf("%d", &nu);
	num = 0;

	do
	{
		printf("do-while 문을 이용하여 반복 실행됩니다\n");
		num++;
	}while(num < nu);
}
```

실행 결과

```
반복할 횟수를 입력하세요: 3 Enter
do-while 문을 이용하여 반복 실행됩니다
do-while 문을 이용하여 반복 실행됩니다
do-while 문을 이용하여 반복 실행됩니다
```

위의 예제에서 반복할 횟수를 [3]을 입력하였으므로 변수 [nu]의 값은 3이되며, 변수 [num]의 값이 0, 1, 2까지 총 3번 참이 되므로 3번 메시지를 반복하여 출력하게 된다. while 문과 비교하여 동일하게 동작함을 알 수 있다.

4.3 for 문

for 문은 while 문, do-while 문과 같이 특정 동작을 반복적으로 수행하는 반복 제어문이다. while 문과 거의 동일한 작업을 수행하지만, 반복할 횟수의 지정이나, 조건식이 한 줄에 모두 표시되어 while 문에 비하여 복잡한 작업을 좀 더 편리하게 코딩할 수 있다고 할 수 있다. for 문의 사용 방법은 다음과 같다.

for 문의 사용

```
for( 초기화식 ; 조건식 ; 증감식)
{
    실행문1;
    실행문2;
      :
    실행문N;
}
```

for 문의 괄호에는 변수의 초기화식, 조건식, 증감식이 세미콜론(;)으로 구분되어 위치한다. 초기화식은 for 문이 실행될 때 처음에 한번만 실행된다. 다음으로 조건식을 실행하는데, 조건식의 결과가 [거짓]이면 실행문 블록을 수행하지 않고 다음 코드로 넘어 간다. 조건식의 결과가 [참]이면 중괄호로 묶여진 실행문 블록을 실행하고, 증감식을 실행한다. 이후 다시 조건식을 판단하여 실행문을 반복하여 실행할 지를 판단한다.

for 문의 흐름도

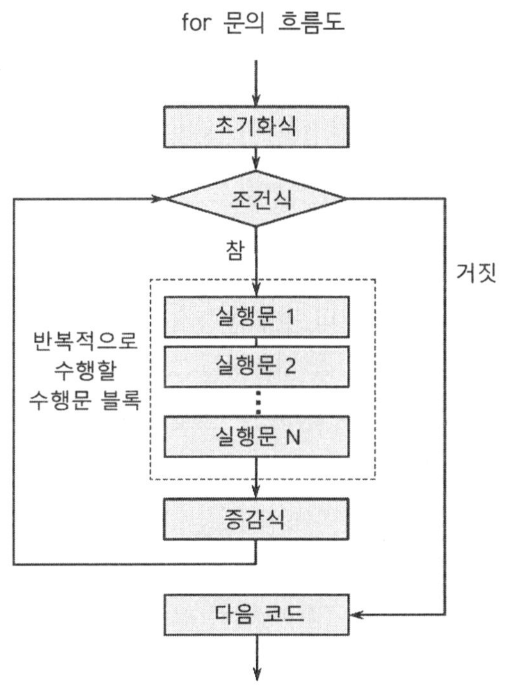

다음의 예제는 for 문을 이용하여 특정 동작을 반복하여 수행하는 프로그램을 코딩한 것이다.

프로그램 4-15

```
#include <stdio.h>
void main()
{
        int     num;
        int     nu;

        printf("반복할 횟수를 입력하세요: ");
        scanf("%d", &nu);
        num = 0;

        for(num = 0; num < nu; num++)
        {
                printf("for 문을 이용하여 반복 실행됩니다\n");
        }
}
```

실행 결과

```
반복할 횟수를 입력하세요: 5 [Enter]
for 문을 이용하여 반복 실행됩니다
for 문을 이용하여 반복 실행됩니다
for 문을 이용하여 반복 실행됩니다
for 문을 이용하여 반복 실행됩니다
for 문을 이용하여 반복 실행됩니다
```

예제에서 앞 절에서 설명한 while 문을 이용하여 반복 작업을 수행한 예제와 동일하게 반복할 횟수를 입력 받아 입력 받은 횟수만큼 반복 작업을 수행한다. for 문을 이용하여 반복 작업을 수행하는 방법은 while 문을 이용하는 방법과 거의 동일하다는 것을 알 수 있다. 반복할 횟수로 [5]를 입력하였으므로 for 문에서 사용하는 변수인 [num]의 값이 0, 1, 2, 3, 4의 5번 [참]이 되므로 총 5번 반복하여 수행되었음을 알 수 있다.

while 문을 사용할 경우에는 while 조건문이 시작되기 전에 변수의 초기화 작업을 수행하고, 반복문 블록안에서 변수의 증감식이 들어가 있었으나, for 문에서는 변수의 초기화식, 조건식, 증감식이 한 줄에 표시함으로써 프로그래머가 반복 작업을 지정하는 것이 한 눈에 보인다.

이번에는 다음의 예제와 같이 구구단 5단을 출력하는 프로그램을 for 문을 이용하여 코딩하여 보자.

프로그램 4-16

```
#include <stdio.h>
void main()
{
	int	num;

	printf("구구단 5단 입니다\n");

	for(num = 1; num < 10; num++)
	{
		printf("5 x %d = %d", num, 5*num);
		if (num % 3 == 0)
			printf("\n");
		else
			printf("\t");
	}
	printf("\n\n");
}
```

실행 결과

```
구구단 5단 입니다
5 x 1 = 5       5 x 2 = 10      5 x 3 = 15
5 x 4 = 20      5 x 5 = 25      5 x 6 = 30
5 x 7 = 35      5 x 8 = 40      5 x 9 = 45
```

위의 예제에서 for 문에서 사용하는 변수인 [num]이 1부터 9까지 참이 되게 하여 for 문의 구문을 사용하였다. for 문의 반복문 블록에서는 구구단 5단이 1부터 9까지 출력되도록 변수 [num]을 사용하여 출력하였다. 또한 구구단 5단을 3줄로 출력하기 위하여 if(num % 3 == 0) 조건을 이용하여 출력하였다.

이번에는 다음의 [실습 4-6]과 같이 임의의 숫자를 입력받고, 입력받은 숫자에 해당하는 구구단을 출력하는 프로그램을 for 문을 이용하여 코딩하여 보자.

실습 4-6

```
단을 입력하세요 : ★ Enter↲

구구단 ★단입니다.
★ x 1 = ◆      ★ x 2 = ◆      ★ x 3 = ◆
★ x 4 = ◆      ★ x 5 = ◆      ★ x 6 = ◆
★ x 7 = ◆      ★ x 8 = ◆      ★ x 9 = ◆
```

Tip 실습문제 해결을 위한 팁

- 숫자를 입력 받기 위하여 scanf() 함수를 사용한다.
- 입력 받은 숫자는 구구단 단에 해당되며 변수 [dan]에 저장한다.
- for 문을 이용하여 해당 구구단을 출력한다.

프로그램 4-17

```c
#include <stdio.h>
void main()
{
        int     num;
        int     dan;

        printf("단을 입력하세요: ");
        scanf("%d", &dan);

        printf("\n구구단 %d단 입니다\n", dan);

        for(num = 1; num < 10; num++)
        {
                printf("%d x %d = %d", dan, num, dan*num);
                if (num % 3 == 0)
                        printf("\n");
                else
                        printf("\t");
        }
        printf("\n\n");
}
```

실행 결과

```
단을 입력하세요: 7 Enter

구구단 7단 입니다
7 x 1 = 7        7 x 2 = 14        7 x 3 = 21
7 x 4 = 28       7 x 5 = 35        7 x 6 = 42
7 x 7 = 49       7 x 8 = 56        7 x 9 = 63
```

이번에는 다음의 [실습 4-7]과 같이 구구단 2단부터 9단까지 모든 단의 구구단을 출력하는 프로그램을 for 문을 이용하여 코딩하여 보자.

실습 4-7

```
구구단 2단입니다.
2 x 1 = 2       2 x 2 = 4       2 x 3 = 6
2 x 4 = 8       2 x 5 = 10      2 x 6 = 12
2 x 7 = 14      2 x 8 = 16      2 x 9 = 18
                :
구구단 9단입니다.
9 x 1 = 9       9 x 2 = 18      9 x 3 = 27
9 x 4 = 27      9 x 5 = 45      9 x 6 = 54
9 x 7 = 63      9 x 8 = 72      9 x 9 = 81
```

Tip 실습문제 해결을 위한 팁

- 구구단의 단에 해당하는 변수 [dan]을 2부터 9까지 [참]이 되도록 for 문을 작성한다. 이 for 문은 처음에는 구구단 2단, 다음에는 3단, 4단,.... 구구단 9단까지 증가하도록 하여 사용한다.
- 각 단의 구구단을 1부터 9까지 출력하도록 하는 변수 [num]을 1부터 9까지 [참]이 되도록 for 문을 작성한다. 이 for 문은 각 단의 구구단을 출력하는 데에 사용된다.
- 위에서 작성한 [num]을 이용한 for 문은 특정 단의 구구단을 출력하는 기능을 수행한다. 이 for 문을 구구단 2단부터 9단까지 출력하여야 하므로 [dan]을 이용한 for 문의 반복문 블록 안에 작성함으로써 구구단을 2단부터 9단까지 모든 구구단을 출력한다.

이렇게 작성된 프로그램의 코드는 다음과 같다.

프로그램 4-18

```
#include <stdio.h>
void main()
{
        int     num;
        int     dan;
```

```
        for(dan = 2; dan <= 9; dan++)
        {
            printf("\n구구단 %d단 입니다\n", dan);

            for(num = 1; num < 10; num++)
                 {
                      printf("%d x %d = %d", dan, num, dan*num);
                      if (num % 3 == 0)
                                printf("\n");
                      else
                                printf("\t");
                 }
            printf("\n");
        }
}
```

실행 결과

```
구구단 2단 입니다
2 x 1 = 2        2 x 2 = 4        2 x 3 = 6
2 x 4 = 8        2 x 5 = 10       2 x 6 = 12
2 x 7 = 14       2 x 8 = 16       2 x 9 = 18

구구단 3단 입니다
3 x 1 = 3        3 x 2 = 6        3 x 3 = 9
3 x 4 = 12       3 x 5 = 15       3 x 6 = 18
3 x 7 = 21       3 x 8 = 24       3 x 9 = 27
                     :
                     :
구구단 9단 입니다
9 x 1 = 9        9 x 2 = 18       9 x 3 = 27
9 x 4 = 36       9 x 5 = 45       9 x 6 = 54
9 x 7 = 63       9 x 8 = 72       9 x 9 = 81
```

4.3.1 반복 제어문의 활용

while 문이나 for 문 등의 반복제어문은 동일한 작업을 반복하여 수행할 수 있을 뿐 아니라 매우 다양한 기능을 수행할 수 있다. 특히 반복 횟수를 지정하기 위하여 사용되는 변수는 여러 가지 다양한 용도로 사용 가능하다. 이번에는 다음의 예제를 구동하여 보자.

프로그램 4-19

```
#include <stdio.h>
void main()
{
        int    n;

        for(n = 0; n < 5; n++)
        {
                 printf("%d번째 반복문입니다\n", n+1);
        }
}
```

실행 결과

```
1번째 반복문입니다
2번째 반복문입니다
3번째 반복문입니다
4번째 반복문입니다
5번째 반복문입니다
```

위의 예제는 반복문을 수행하면서 몇 번째 반복 수행하는 것인지를 표기하는 예제이다. 이를 위하여 for 문에서 사용되는 변수를 사용하였는데, 변수[n]이 0부터 4까지 5번 참이 되므로 [n]의 값에 1을 더하여 출력함으로써 반복하는 횟수를 표기할 수 있다.

이번에는 1부터 10까지의 합을 구하는 문제를 for 문을 이용하여 작성하여 보자. 1부터 10까지의 합을 구하기 위해서는 1+2+3+,.....+9+10을 수행하여야 한다. 이를 위해서는 합이 저장되는 변수 [sum]과 for 문을 사용하기 위한 변수 [n]을 사용한다. 변수 [n]은 1부터 10까지 [참]이 되도록 for 문을 구성하고 합을 구하여 보자.

프로그램 4-20

```
#include <stdio.h>
void main()
{
        int     n;
        int     sum;

        sum = 0;

        for(n = 1; n <= 10; n++)
        {
                sum = sum + n;
        }

        printf("1부터 10까지의 합은 %d입니다\n", sum);
}
```

실행 결과

```
1부터 10까지의 합은 55입니다
```

위의 예제에서 변수 [sum]은 변수 [n]에 저장되어 있는 값을 for 문을 이용하여 더해나가는 용도로 사용되었다. 여기에서 주의할 점은 초기 값을 0으로 하여야만 정확한 값을 계산할 수 있다. 또한 for 문에서 반복적으로 수행하는 작업은 [sum] 변수에 합을 더해나가는 작업만을 수행하며, printf() 문을 이용하여 출력하는 작업은 for 문 밖에서 이루어짐을 주의하여야 한다.

이번에는 다음의 [실습 4-8]과 같이 임의의 숫자를 입력받고 1부터 해당 수까지의 합을 구하는 프로그램을 코딩하여 보자.

실습 4-8 

수를 입력하세요 : ★ Enter

1부터 ★까지의 합은 ◆입니다

Tip 실습문제 해결을 위한 팁

- 이 프로그램에서 사용할 변수는 임의의 수를 입력받기 위하여 필요한 정수형 변수 [nu]와, 합을 더해나가기 위하여 필요한 변수 [sum], 그리고 for 문에서 사용할 변수 [n], 3개의 정수형 변수가 필요하다.
- 숫자를 입력받기 위하여 scanf() 함수를 사용한다.
- for 문은 1부터 입력받은 수 [nu]까지 [참]이 되도록 구성한다.
- for 문 안에서는 [sum] 변수에 [n]의 값을 더해나감으로써 합을 구한다.
- for 문이 끝나면 결과를 출력한다.

이렇게 작성된 프로그램의 코드는 다음과 같다.

프로그램 4-21

```
#include <stdio.h>
void main()
{
	int n;
	int sum;
	int nu;

	printf("수를 입력하세요: ");
	scanf("%d", &nu);

	sum = 0;

	for(n = 1; n <= nu; n++)
	{
		sum = sum + n;
	}
	printf("1부터 %d까지의 합은 %d입니다\n", nu, sum);
}
```

실행 결과

```
수를 입력하세요: 250 Enter
1부터 250까지의 합은 31375입니다
```

위의 예제에서 임의의 수를 250을 입력하였다 이 값은 변수 [nu]에 저장되며, for 문의 변수 [n]은 1부터 [nu]까지 [참]이 된다. 따라서 변수 [sum]에는 1부터 250까지의 값이 더해나가게 된다. 이렇게 반복 제어문은 단순히 특정 동작을 반복하는 기능 이외에도 매우 다양한 기능을 수행할 수 있다. 특히 if 문과 같은 선택제어문과 같이 사용되면 매우 다양하고 복잡한 기능을 제공할 수 있다.

이번에는 다음의 [실습 4-9]과 같이 임의의 2개의 숫자 nu1과 nu2를 입력받고 nu1부터 nu2까지의 합을 구하는 프로그램을 코딩하여 보자.

실습 4-9

```
첫번째 수를 입력하세요 : ★ Enter↵
두번째 수를 입력하세요 : ♥ Enter↵

★부터 ♥까지의 합은 ♦입니다
```

실습문제 해결을 위한 팁

- 이 프로그램에서 사용할 변수는 임의의 수를 입력받기 위하여 필요한 정수형 변수 [nu1]과 [nu2], 합을 더해나가기 위하여 필요한 변수 [sum], 그리고 for 문에서 사용할 변수 [n], 4개의 정수형 변수가 필요하다.
- 숫자를 입력받기 위하여 scanf() 함수를 사용한다.
- for 문은 [nu1]부터 [nu2]까지 [참]이 되도록 구성한다.
- for 문 안에서는 [sum] 변수에 [n]의 값을 더해나감으로써 합을 구한다.

이렇게 작성된 프로그램의 코드는 다음과 같다.

프로그램 4-22

```c
#include <stdio.h>
void main()
{
	int n;
	int sum;
	int nu1, nu2;

	printf("첫번째 수를 입력하세요: ");
	scanf("%d", &nu1);
	printf("두번째 수를 입력하세요: ");
	scanf("%d", &nu2);

	sum = 0;

	for(n = nu1; n <= nu2; n++)
	{
		sum += n;
	}
	printf("%d부터 %d까지의 합은 %d입니다\n", nu1, nu2, sum);
}
```

실행 결과

```
첫번째 수를 입력하세요: 23 [Enter↵]
두번째 수를 입력하세요: 512 [Enter↵]
23부터 512까지의 합은 131075입니다
```

4.4 기타 제어문

프로그램을 제어하기 제어문으로는 선택 제어문과 반복 제어문이 있으며, 선택 제어문으로 if() 문과 if-else 문, 다중 if-else 문을 설명하였다. 또한 반복 제어문으로는 while 문과 do-while 문, for 문을 설명하였다. 이 2가지 형태의 제어문은 프로그램의 흐름을 제어하고 원하는 동작을 코딩하는 데에 매우 중요한 역할을 수행한다. C 언어에서는 이 이외에도 switch 문과, goto 문, break 문, continue 문 등의 기타 제어문을 제공하고 있다. 이번 절에서는 몇 가지 기타 제어문에 대하여 설명한다.

4.4.1 switch 문

switch 문은 프로그램에서 처리하여야 할 조건이 여러 개이고 각 조건에 따라 실행해야 할 실행문이 각각 별도로 존재하는 경우에 사용된다. 앞에서 설명한 다중 if-else 문도 이러한 경우에 사용할 수 있는데, 조건의 개수가 작은 경우에는 다중 if-else 문을 주로 사용하고, 조건식의 개수가 많은 경우에는 switch 문이 주로 사용된다. switch 문과 다중 if-else 문은 동일한 동작을 수행하지만, 조건의 수가 많은 경우에는 switch 문을 사용하는 것이 프로그램을 코딩하고 관리하는 데에 편리하다고 할 수 있다. switch 문의 사용 방법은 다음과 같다.

switch 문의 사용

```
switch ( 수식 혹은 변수 )
{
    case 레이블1:
          실행문 블록1;
          break;

    case 레이블2:
          실행문 블록2;
          break;
             :
             :
    default:
         기본실행문 블록;
}
```

switch 문의 괄호에는 수식, 혹은 변수가 위치하며, 그 값의 경우가 case 문의 레이블에 표시된다. 해당 값의 레이블이 존재하는 경우에는 해당 실행문 블록이 실행되고 switch 문이 종료되며, 해당 값이 존재하지 않는 경우에는 default 문의 기본 실행문이 실행된다.

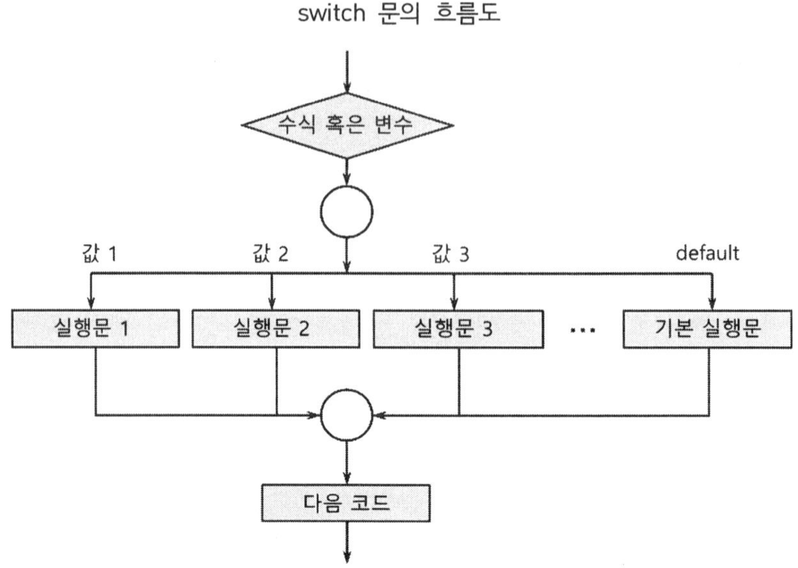

다음의 예제는 switch 문을 사용하여 코딩된 프로그램이다.

프로그램 4-23

```
#include <stdio.h>
void main()
{
        int   num;

        printf("1~3 사이의 숫자를 입력하세요: ");
        scanf("%d", &num);

        switch(num)
        {
        case 1:
                printf("숫자 1을 입력하였습니다.\n");
                break;
        case 2:
                printf("숫자 2를 입력하였습니다.\n");
                break;
        case 3:
                printf("숫자 3을 입력하였습니다.\n");
                break;
        default:
           printf("1~3 사이의 숫자가 아닌 다른 수가 입력되었습니다.\n");
        }
}
```

실행 결과

```
1~3 사이의 숫자를 입력하세요: 2 Enter↵
숫자 2를 입력하였습니다.
```

```
1~3 사이의 숫자를 입력하세요: 7 Enter↵
1~3 사이의 숫자가 아닌 다른 수가 입력되었습니다.
```

위의 예제에서 숫자 2를 입력한 경우에는 switch 문에서 case 2: 문장에 적용되어 해당 실행문을 실행하였다. 숫자 7을 입력한 경우에는 case 1, 2, 3에 모두 해당되지 않아 default: 문이 적용되었다. 즉, default: 문장은 어떠한 case 문에도 적용되지 않는 경우에 실행되는 문장이다.

4.4.2 break 문

break 문은 switch 문이나 for 문, while 문에서 빠져나오는 기능을 수행한다. 즉, 반복문의 루프(loop), 혹은 switch 문의 괄호에서 빠져나온다. break 문의 사용 방법과 의미는 다음과 같다.

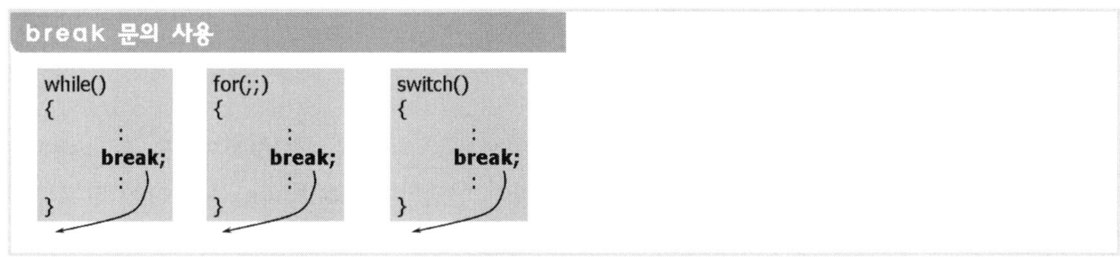

switch 문에서는 각 case 문의 실행문 블록마다 break 문을 실행하여야 switch 문을 빠져나가게 된다. 만일 case 문에서 break 문을 사용하지 않는다면, 다음 case 문이 실행되게 된다. while 문이나 for 문과 같은 반복문의 경우에는 필요에 따라 break 문을 프로그래머가 적절히 사용하면 매우 유용한 기능이다. 일반적으로 반복 제어문의 경우에는 반복할 횟수를 변수를 사용하여 지정하게 되지만, 특정 조건을 만나면 반복문의 루프를 빠져나가게 하는 경우에 break 문이 유용하게 사용된다.

프로그램 4-24

```
#include <stdio.h>
void main()
{
        int    sum;
        int    nu;
        int    num;

         sum = 0;
         num = 1;

         printf("수를 입력하세요: ");
         scanf("%d", &nu);

         while(1)
         {
```

```
                sum += num;
                num++;

                if (num > nu)
                        break;
        }
        printf("1부터 %d까지의 합은 %d입니다\n", nu, sum);
}
```

실행 결과

```
수를 입력하세요: 100 Enter↲
1부터 100까지의 합은 5050입니다
```

위의 예제는 1부터 입력한 숫자까지의 합을 구하는 예제로 while 문을 이용하여 코딩하였다. 입력한 숫자까지만 더하기 위하여 break 문을 사용하였으며, if() 조건문과 같이 사용되었다. while 문의 조건식으로 [1]을 사용하였는데, 이는 [참]을 나타낸 것이다.

4.4.3 continue 문

continue 문은 for 문이나 while 문, do-while 문의 반복문 블록을 다시 시작하는 기능을 수행한다. 즉, 반복문의 루프(loop)의 처음 부분부터 다시 반복하여 실행한다. continue 문의 사용 방법과 의미는 다음과 같다.

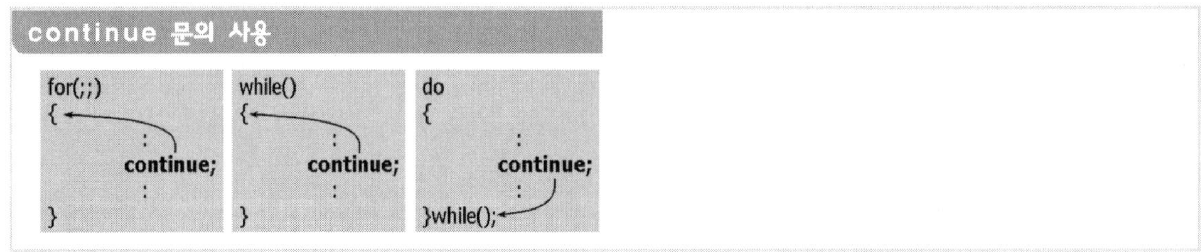

반복문 안에서 continue 문을 만나게 되면 continue 문 아래의 실행문은 실행하지 않고 다시 반복문 블록의 처음부터 시작하게 된다. 다음의 예제는 continue 문을 이용한 예제이다.

프로그램 4-25

```
#include <stdio.h>
void main()
{
        int n;

        for(n = 1; n <= 10; n++)
        {
                if (n % 2 == 1)
                        continue;
```

```
            printf("%d\t", n);
        }
        printf("\n짝수만 출력되었군요\n");
}
```

실행 결과

```
2       4       6       8       10
짝수만 출력 되었군요
```

위의 예제는 for 문을 이용한 반복문 루프안에서 홀수인 경우에는 continue 문을 실행함으로써 그 아래의 printf() 문을 실행하지 않음으로써 짝수만 출력하게 된 것이다. 이와 같이 continue 문은 반복문의 실행문 블록 안에서 if() 문과 같이 사용하여 특정 조건을 만나게 되면 반복문을 다시 시작하도록 할 경우에 주로 사용된다.

4.4.4 goto 문

C 언어는 프로그램 안에서 지정한 순서대로 수행문들을 실행하여 나간다. goto 문은 프로그램을 순서대로 실행하지 않고 프로그램의 특정 위치로 이동하여 그 곳으로부터 실행하도록 점프(jump) 하는 기능을 수행한다. goto 문을 이용하기 위해서는 프로그램 내에 점프할 위치를 지정하는 label을 지정하여야 한다. goto 문의 사용 방법은 다음과 같다.

goto 문을 사용하기 위해서는 프로그램 안에 반드시 Label 이 필요하다. Label은 goto 문을 이용하여 점프하고자 하는 위치를 지정한 것으로 Label의 이름은 변수 이름을 정하는 것과 동일한 방법으로 만들 수 있다. Label의 지정은 프로그램의 특정 위치에 Label 명과 콜론(:)을 기입하는 것으로 지정된다. goto Label명의 실행문을 만나면 프로그램은 해당 위치로 점프하게 된다.

goto 문을 이용하면 자유자재로 프로그램의 위치로 이동할 수 있다. 프로그래머에 따라서 goto 문을 자주 사용하는 경우도 많이 있다. 그러나 goto을 많이 사용하다 보면 프로그램의 흐름을 파악하기 힘들어지게 된다. 따라서 특별한 경우를 제외하고는 goto 문의 사용을 줄이는 것이 좋다. 다음의 예제는 goto 문을 이용하여 합을 구하는 예제이다.

프로그램 4-26

```
#include <stdio.h>
void main()
{
	int	sum;
	int	nu;
	int	num;

	 sum = 0;
	 num = 1;

	 printf("수를 입력하세요: ");
	 scanf("%d", &nu);
loop:
	 if (num > nu)
	      goto end;

	 sum += num;
	 num++;

	 goto loop;
end:
	 printf("1부터 %d까지의 합은 %d입니다\n", nu, sum);
}
```

실행 결과

```
수를 입력하세요: 100 [Enter]
1부터 100까지의 합은 5050입니다
```

위의 예제에서는 goto 문을 사용하기 위하여 loop:과 end:의 2개의 Label을 사용하였다. 반복문을 사용하지는 않았지만 goto 문을 사용하여 원하는 위치로 점프함으로써 반복문을 사용한 것과 동일한 효과를 나타내었으며, 1부터 입력한 수까지의 합을 구하였다.

4.5 제어문의 응용

선택 제어문과 반복 제어문 및 기타 제어문을 사용하면 여러 가지 다양한 기능을 수행할 수 있다. 제어문을 사용하지 않고 프로그래밍을 한다는 것은 거의 상상하기 힘들다. 이번 절에서는 제어문을 사용하여 해결할 수 있는 몇 가지 응용 프로그램을 코딩하여 보자.

▸ **배수 구하기**

어떤 수의 배수인지 판별하기 위해서는 그 수로 나누어 나머지가 0인지를 판별하면 된다. 짝수는 2의 배수이므로 2로 나누어 나머지가 0이 된다. 5의 배수란 5로 나누어 나머지가 0인 수이다. 나머지는 앞에서 배운 나머지 연산자(%)를 이용하여 구할 수 있으며, 이 나머지 연산자는 매우 다양한 분야에서 사용될 수 있다. 이번에는 다음의 [실습 4-10]과 같이 임의의 숫자 nu를 입력받고 1부터 nu까지의 수 중에서 3의 배수를 출력하는 프로그램을 코딩하여 보자.

실습 4-10

```
수를 입력하세요 : ♥ [Enter↵]

1부터 ♥까지의 수 중에서 3의 배수는 ♡♡♡......♡입니다.
```

실습문제 해결을 위한 팁

- 이 프로그램에서 사용할 변수는 임의의 수를 입력받기 위하여 필요한 정수형 변수 [nu]과 for 문에서 사용할 변수 [n], 2개의 정수형 변수가 필요하다.
- 숫자를 입력받기 위하여 scanf() 함수를 사용한다.
- for 문은 변수 [n]이 1부터 [nu]까지 [참]이 되도록 구성한다.
- for 문 안에서는 변수 [n]을 3으로 나누어 나머지가 0이면 3의 배수이므로 그 때의 [n] 값을 출력한다.

이렇게 작성된 프로그램의 코드는 다음과 같다.

프로그램 4-27

```
#include <stdio.h>
void main()
{
        int    n;
        int    num;

        printf("수를 입력하세요: ");
        scanf("%d", &num);

        printf("1부터 %d까지의 수 중에서 3의 배수는\n", num);
        for(n = 1; n <= num; n++)
        {
                if (n % 3 == 0)
                        printf("%d\t", n);
        }
        printf("입니다\n");
}
```

실행 결과

```
수를 입력하세요: 30 [Enter↵]
1부터 30까지의 수 중에서 3의 배수는
3	6	9	12	15	18	21	24	27	30 입니다
```

for 문 안에서 변수 [n]의 값은 1부터 [num]까지 증가하게 된다. 이때 3의 배수로 판명되면 printf() 문을 이용하여 그 [n]의 값을 출력하면 된다.

이번에는 다음의 [실습 4-11]과 같이 임의의 숫자 nu와 배수 bae를 입력받고 1부터 nu까지의 수 중에서 bae의 배수를 출력하고 1부터 nu까지의 수중 bae의 배수의 개수를 출력하는 프로그램을 코딩하여 보자.

실습 4-11

```
수를 입력하세요 : ♥ [Enter↵]
배수를 입력하세요 : ★ [Enter↵]

1부터 ♥까지의 수 중 ★의 배수는 ♡♡♡......♡이며 총 ♠개 입니다
```

Tip 실습문제 해결을 위한 팁

- 이 프로그램에서 사용할 변수는 임의의 수를 입력받기 위하여 필요한 정수형 변수 [nu]과 배수를 입력받기 위한 변수 [bae], for 문에서 사용할 변수 [n], 그리고 배수의 개수를 세기 위한 [count]의 4개의 정수형 변수가 필요하다.
- 숫자를 입력받기 위하여 scanf() 함수를 사용한다.
- for 문은 변수 [n]이 1부터 [nu]까지 [참]이 되도록 구성한다.
- for 문 안에서는 변수 [n]을 [bae]로 나누어 나머지가 0이면 [bae]의 배수이므로 그 때의 [n] 값을 출력한다.
- 배수를 출력할 때마다 [count] 변수의 값을 증가하여 배수의 개수를 카운트하며, 프로그램이 종료하기 전에 총 개수를 출력한다.

이렇게 작성된 프로그램의 코드는 다음과 같다.

프로그램 4-28

```
#include <stdio.h>
void main()
{
        int n;
        int num;
        int bae;
        int count = 0;

        printf("수를 입력하세요: ");
        scanf("%d", &num);
```

```
        printf("배수를 입력하세요: ");
        scanf("%d", &bae);

        printf("1부터 %d까지의 수 중 %d의 배수는\n", num, bae);
        for(n = 1; n <= num; n++)
        {
                if (n % bae == 0)
                {
                        printf("%d\t", n);
                        count++;
                }
        }
        printf("이며 총 %d 개 입니다\n", count);
}
```

실행 결과

```
수를 입력하세요: 100 Enter
배수를 입력하세요: 7 Enter
1부터 100까지의 수 중 7의 배수는
7       14      21      28      35      42      49      56      63      70      77      84      91
98 이며 총 14 개 입니다
```

입력한 수의 배수를 구하기 위하여 변수 [bae]에 저장되어 있는 값으로 나누었으며, 그 개수를 카운트하기 위하여 변수 [count]를 사용하였다. 변수 [count]의 값은 초기값을 0으로 하고, 배수임이 판명되면 화면에 출력함과 동시에 [count]의 값을 증가시킴으로써 그 개수를 카운트 하고, 최종 개수는 프로그램 종료 전에 출력하였다.

▸ 비만도 측정

비만도는 키와 몸무게를 기준으로 하여 신체의 비만한 정도를 측정하는 지수로 물론 의학적으로는 좀 더 과학적이고 복잡한 방법으로 측정하겠지만 본 예제에서는 가장 간단하면서도 보편적으로 비만도를 계산하는 프로그램을 작성해보고자 한다. 일반적으로 널리 사용되는 BMI 비만도의 계산식은 다음과 같다.

$$\text{비만도} = \frac{\text{체중}(Kg)}{\text{키} \times \text{키}(m)}$$

BMI 수치에 따른 비만 등급

BMI 수치	비만 등급
18.5 이하	저체중
18.6 ~ 22.9	정상
23 ~ 24.9	과체중
25 ~ 29.9	비만
30 이상	고도비만

이 식을 바탕으로 다음의 [실습 4-12]와 같이 키와 몸무게를 입력받고 이를 기준으로 BMI 수치를 계산하여 비만 등급을 표시해주는 프로그램을 코딩하여 보자.

실습 4-12

```
당신의 키(m)를 입력하세요 : ♥ [Enter↵]
당신의 체중(Kg)을 입력하세요 : ★ [Enter↵]

당신의 키는 ♥m이고 체중은 ★Kg 으로 비만도(BMI)는 ♠입니다.
당신의 비만등급은 저체중입니다. 체중 증가 요망    (18.5 이하)
                  정상입니다. 아주 좋습니다       (18.6~22.9)
                  과체중입니다. 꾸준한 관리 요망  (23~24.9)
                  비만입니다. 다이어트 요망       (25~29.9)
                  고도비만입니다. 특별관리 요망   (30 이상)
```

Tip 실습문제 해결을 위한 팁

- 이 프로그램에서 사용할 변수는 키와 체중을 입력받기 위하여 정수형으로 [ki]와 [muge], 그리고 입력받은 키를 미터(m) 단위로 환산한 키를 저장할 실수형 변수 [mki]와 계산된 비만도를 저장할 실수형 변수 [bmi]의 4개의 변수를 사용한다.
- scanf() 함수를 이용하여 2개의 정수 데이터를 입력 받는다.
- 입력받은 키는 미터(m) 단위로 변환하고 이 키와 체중을 이용하여 비만도를 계산하고 [bmi] 변수에 그 값을 저장한다.
- 키와 체중, 비만도를 형식에 맞게 출력한다.
- [bmi] 변수의 값에 따라 다중 if-else 문을 사용하여 비만등급을 판정하여 출력한다.

프로그램 4-29

```
#include <stdio.h>
void main()
{
	int ki, muge;
	double mki, bmi;

	printf("당신의 키(cm)를 입력하세요: ");
	scanf("%d", &ki);

	mki = (double)ki/100;

	printf("당신의 체중(Kg)을 입력하세요: ");
	scanf("%d", &muge);
```

```
        bmi = (double)muge/(mki*mki);
        printf("당신의 키는 %2.2fm 이고 체중은 %dKg으로 비만도(BMI)는
                                %2.2f입니다\n", mki, muge, bmi);

        if (bmi <= 18.5)
            printf("당신의 비만등급은 저체중입니다. 체중증가 요망\n");
        else if (bmi <= 22.9)
            printf("당신의 비만등급은 정상입니다. 아주 좋습니다\n");
        else if (bmi <= 24.9)
            printf("당신의 비만등급은 과체중입니다. 꾸준한 관리요망\n");
        else if (bmi <= 29.9)
            printf("당신의 비만등급은 비만입니다. 다이어트 요망\n");
        else
            printf("당신의 비만등급은 고도비만입니다. 특별관리 요망\n");
}
```

실행 결과

```
당신의 키(cm)를 입력하세요: 178 Enter↵
당신의 체중(Kg)을 입력하세요: 50 Enter↵
당신의 키는 1.78m 이고 체중은 50Kg으로 비만도(BMI)는 15.78입니다
당신의 비만등급은 저체중입니다. 체중증가 요망
```

```
당신의 키(cm)를 입력하세요: 178 Enter↵
당신의 체중(Kg)을 입력하세요: 70 Enter↵
당신의 키는 1.78m 이고 체중은 70Kg으로 비만도(BMI)는 22.09입니다
당신의 비만등급은 정상입니다. 아주 좋습니다
```

```
당신의 키(cm)를 입력하세요: 175 Enter↵
당신의 체중(Kg)을 입력하세요: 72 Enter↵
당신의 키는 1.75m 이고 체중은 72Kg으로 비만도(BMI)는 23.51입니다
당신의 비만등급은 과체중입니다. 꾸준한 관리요망
```

```
당신의 키(cm)를 입력하세요: 168 Enter↵
당신의 체중(Kg)을 입력하세요: 78 Enter↵
당신의 키는 1.68m 이고 체중은 78Kg으로 비만도(BMI)는 27.64입니다
당신의 비만등급은 비만입니다. 다이어트 요망
```

```
당신의 키(cm)를 입력하세요: 172 Enter↵
당신의 체중(Kg)을 입력하세요: 98 Enter↵
당신의 키는 1.72m 이고 체중은 98Kg으로 비만도(BMI)는 33.13입니다
당신의 비만등급은 고도비만입니다. 특별관리 요망
```

▸ 공약수 구하기

어떤 수의 약수란 어떤 수를 나머지 없이 나눌 수 있는 수를 말한다. 공약수란 2개 이상의 자연수에 공통인 약수를 말한다. 약수 및 공약수, 최대 공약수를 구하는 문제는 수학에서 나오는 문제로 제법 복잡한 계산을 통하여 구할 수 있는 문제로, 프로그램에서 제어문을 사용하면 쉽게 구할 수 있다.

이번에는 다음의 [실습 4-13]과 같이 임의의 수를 입력 받고 해당 수의 약수를 출력하는 프로그램을 코딩하여 보자.

실습 4-13

```
수를 입력하세요 : ★ Enter↵
★의 약수는 ♡♡♡...♡입니다.
```

실습문제 해결을 위한 팁

- 어떤 수의 약수를 구하기 위해서는 입력받은 수를 1부터 입력받은 수까지의 모든 수로 나누어야 한다. 나누어 나머지가 없는 수가 약수이므로 그 수를 출력한다.
- 1부터 입력받은 수까지의 모든 수로 나누기 위해서는 for 문을 사용하여야 하며, for 문에서 사용하는 변수는 1부터 입력받은 수까지 증가한다.
- 이 프로그램에서 사용할 변수는 임의의 수를 입력받기 위한 정수형 변수 [num]과 for 문에서 사용할 변수 [n], 2개로 한다. 이렇게 작성된 프로그램의 코드는 다음과 같다.

프로그램 4-30

```
#include <stdio.h>
void main()
{
        int num;
        int n;

        printf("수를 입력하세요: ");
        scanf("%d", &num);

        printf("%d의 약수는 ", num);

        for(n = 1; n <= num; n++)
        {
                if (num % n == 0)
                        printf("%d\t", n);
        }
        printf("입니다\n");
}
```

실행 결과

```
수를 입력하세요: 100 Enter↵
100의 약수는 1  2  4  5  10  20  25  50  100 입니다
```

위의 예제는 입력한 수의 약수를 모두 출력하는 프로그램이다. 약수를 구하기 위하여 for 문과 if 문이 사용되었음을 알 수 있다. 이번에는 다음의 [실습 4-14]와 같이 2개의 임의의 수를 입력 받고 2수의 공약수를 출력하는 프로그램을 코딩하여 보자.

실습 4-14

```
첫 번째 수를 입력하세요 : ★ [Enter]
두 번째 수를 입력하세요 : ◆ [Enter]
★와 ◆의 공약수는 ♡♡♡...♡입니다.
```

Tip 실습문제 해결을 위한 팁

- 어떤 2개의 수의 공약수는 두 수의 공통의 약수를 말하는 것으로 나머지 없이 나누어지는 수이다. 공약수의 범위는 1부터 두 개의 수 중 작은 수까지 공약수가 될 가능성이 있다.
- 이 프로그램에서 사용할 변수는 임의의 두 수를 입력받기 위한 정수형 변수 [num1]과 [num2], 두 수 중에서 작은 수를 저장할 변수 [min], 그리고 for 문에서 사용할 변수 [n], 4개로 한다.
- 우선 2개의 수 중에서 작은 수를 판별하고 1부터 작은 수까지 참이 되는 for 문을 작성한다.
- for 문 안에서는 for 문에서 1부터 작은 수까지 증가하는 변수[n]을 이용하여 [num1]과 [num2]를 나누어 본다.
- 2개의 수가 모두 나누어지는 수가 공약수이므로 출력한다.

이렇게 작성된 프로그램의 코드는 다음과 같다.

프로그램 4-31

```
#include <stdio.h>
void main()
{
	int num1, num2;
	int min;
	int n;

	printf("첫번째 수를 입력하세요: ");
	scanf("%d", &num1);
	printf("두번째 수를 입력하세요: ");
	scanf("%d", &num2);

	min = (num1 < num2) ? num1: num2;

	printf("%d와 %d의 공약수는 ", num1, num2);

	for(n = 1; n <= min; n++)
	{
		if ( (num1 % n == 0) && (num2 % n == 0) )
			printf("%d\t", n);
	}
	printf("입니다\n");
}
```

실행 결과

```
첫번째 수를 입력하세요: 60 [Enter↵]
두번째 수를 입력하세요: 300 [Enter↵]
60와 300의 공약수는 1  2  3  4  5  6  10  12  15  20  30  60 입니다
```

위의 예제에서 for 문의 변수로 num1과 num2가 모두 나누어지는지를 판단하기 위하여 논리 연산자 AND(&&)를 사용하였다. 즉, num1이 n으로 나누어지면서 num2가 n으로 나누어지는 수가 공약수인 것이다. 이번에는 다음의 [실습 4-15]와 같이 3개의 임의의 수를 입력 받고 3 수의 공약수를 출력하는 프로그램을 코딩하여 보자.

실습 4-15

```
첫 번째 수를 입력하세요 : ★ [Enter↵]
두 번째 수를 입력하세요 : ♦ [Enter↵]
세 번째 수를 입력하세요 : ♠ [Enter↵]
★, ♦, ♠의 공약수는 ♡♡♡...♡입니다.
```

Tip 실습문제 해결을 위한 팁

- 이 프로그램에서 사용할 변수는 임의의 3수를 입력받기 위한 정수형 변수 [num1]과 [num2], [num3], 3수 중에서 작은 수를 저장할 변수 [min], 그리고 for 문에서 사용할 변수 [n], 5개로 한다.
- 우선 3개의 수 중에서 가장 작은 수를 판별하고 1부터 작은 수까지 참이 되는 for 문을 작성한다.
- for 문 안에서는 for 문에서 1부터 작은 수까지 증가하는 변수[n]을 이용하여 [num1]과 [num2], [num3]를 나누어 본다.
- 3개의 수가 모두 나누어지는 수가 공약수이므로 출력한다.

프로그램 4-32

```
#include <stdio.h>
void main()
{
	int num1, num2, num3;
	int min;
	int n;

	printf("첫번째 수를 입력하세요: ");
	scanf("%d", &num1);
	printf("두번째 수를 입력하세요: ");
	scanf("%d", &num2);
	printf("세번째 수를 입력하세요: ");
	scanf("%d", &num3);
```

```
        min = (num1 < num2) ? num1: num2;
        min = (min < num3) ? min: num3;

        printf("%d, %d, %d 의 공약수는 ", num1, num2, num3);

        for(n = 1; n <= min; n++)
        {
                if ( (num1%n==0)&&(num2%n==0)&&(num3%n==0) )
                        printf("%d\t", n);
        }
        printf("입니다\n");
}
```

실행 결과

```
첫번째 수를 입력하세요: 60 Enter↵
두번째 수를 입력하세요: 300 Enter↵
세번째 수를 입력하세요: 1200 Enter↵
60, 300, 1200 의 공약수는 1  2  3  4  5  6  10  12  15  20  30  60 입니다
```

최대 공약수는 공약수 중에서 가장 큰 수를 말한다. 3개의 임의의 수가 주어졌을 때 최대 공약수를 구하기 위해서는 3개의 수를 동시에 나누어지는 수를 나눌 때 큰 수부터 시작하여 1까지 감소하면서 나누기를 하여 가장 첫 번째로 나누어지는 수가 바로 최대 공약수라 할 수 있다. 이번에는 다음의 [실습 4-16]과 같이 3개의 임의의 수를 입력 받고 3 수의 최대공약수를 출력하는 프로그램을 코딩하여 보자.

실습 4-16

```
첫 번째 수를 입력하세요 : ★ Enter↵
두 번째 수를 입력하세요 : ◆ Enter↵
세 번째 수를 입력하세요 : ♠ Enter↵
★, ◆, ♠의 최대공약수는 ♡ 입니다.
```

Tip 실습문제 해결을 위한 팁

- 이 프로그램에서 사용할 변수는 임의의 3수를 입력받기 위한 정수형 변수 [num1]과 [num2], [num3], 3수 중에서 작은 수를 저장할 변수 [min], 그리고 for 문에서 사용할 변수 [n], 5개로 한다.
- 우선 3개의 수 중에서 가장 작은 수를 판별하고 그 수부터 1까지 참이 되는 for 문을 작성한다.
- for 문 안에서는 가장 작은 수부터 1까지 감소하는 변수[n]을 이용하여 [num1]과 [num2], [num3]를 나누어 본다.
- 3개의 수가 모두 나누어지는 첫 번째 수가 최대 공약수이다. 이를 출력하기 위하여 첫 번째로 나누어지면 break 문을 이용하여 for 문에서 빠져 나와 최대 공약수를 출력한다.

프로그램 4-33

```
#include <stdio.h>
void main()
{
	int num1, num2, num3;
	int min;
	int n;

	printf("첫번째 수를 입력하세요: ");
	scanf("%d", &num1);
	printf("두번째 수를 입력하세요: ");
	scanf("%d", &num2);
	printf("세번째 수를 입력하세요: ");
	scanf("%d", &num3);

	min = (num1 < num2) ? num1: num2;
	min = (min < num3) ? min: num3;

	printf("%d, %d, %d 의 최대공약수는 ", num1, num2, num3);

	for(n = min; n >0; n--)
	{
		if ( (num1%n==0)&&(num2%n==0)&&(num3%n==0) )
			break;
	}
	printf("%d 입니다\n", n);
}
```

실행 결과

```
첫번째 수를 입력하세요: 32 Enter↵
두번째 수를 입력하세요: 48 Enter↵
세번째 수를 입력하세요: 80 Enter↵
32, 48, 80 의 최대공약수는 16 입니다
```

▸ **소수 구하기**

소수란 1과 자기 자신 이외에는 나누어지는 수가 없는, 즉 1과 자기 자신이외에는 약수가 없는 수를 말한다. 1은 제외되며 소수 중 가장 작은 수는 2가 된다. 쉽게 판별 가능한 소수로는 2, 3, 5, 7, 11, 13, 17 등이 있으며 2를 제외하면 짝수는 2로 나누어지므로 소수가 될 수 없음을 알 수 있다. 그러나 수가 커질수록 어떠한 수가 소수인지를 판별하기가 쉽지 않으며, 컴퓨터의 도움 없이 어떤 수가 소수인지를 판별하는 것은 매우 어려운 일이다.

컴퓨터에서 프로그램을 이용하여 소수를 판별하는 방법은 2에서부터 판별할 수까지의 모든 수로 나누어보는 방법이 가장 보편적인 방법이다. 이번에는 다음의 [실습 4-17]과 같이 임의의 수를 입력 받고 해당 수가 소수인지를 판별하는 프로그램을 작성해보자.

실습 4-17

```
수를 입력하세요 : ★ Enter↵
★는 소수입니다.          (소수인 경우)
★는 소수가 아닙니다.      (소수가 아닌 경우)
```

Tip 실습문제 해결을 위한 팁

- 이 프로그램에서 사용할 변수는 임의의 수를 입력받기 위한 정수형 변수 [num]과 for 문에서 사용할 변수 [n], 2개로 한다.
- printf()와 scanf() 함수를 이용하여 판별할 수를 변수 [num]에 저장한다.
- [num]에 저장되어 있는 수가 소수인지를 판별하기 위해서 for 문을 2부터 [num]까지 [참]이 되도록 구성한다.
- for 문 안에서는 for 문의 변수 [n]을 이용하여 [num]을 2부터 [num]까지의 모든 수로 1씩 증가하면서 나누어본다.
- 나머지 없이 나누어지면 일단 break 문을 이용하여 for 문을 빠져나간다.
- 나머지 없이 나누어진 그 때의 [n] 값이 [num] 보다 작은 경우에는 [num]은 소수가 아니며, [n] 값이 [num]과 같은 경우에는 [num]은 소수이므로 각각의 경우에 대하여 그 결과를 출력한다.

프로그램 4-34

```c
#include <stdio.h>
void main()
{
        int num, n;

        printf("수를 입력하세요: ");
        scanf("%d", &num);

        for(n = 2; n <= num; n++)
        {
                if (num % n == 0)
                        break;
        }

        if (n < num)
                printf("%d 는 소수가 아닙니다\n", num);
        else
                printf("%d 는 소수입니다\n", num);
}
```

실행 결과

```
수를 입력하세요: 97 Enter↵
97 는 소수입니다
```

```
수를 입력하세요: 102 Enter↵
102 는 소수가 아닙니다
```

위의 예제에서 for 문 안에 있는 조건식, 즉 입력된 수를 나누어 나머지가 없는 경우에는 더 이상 나눌 필요가 없으므로 break 문을 이용하여 for 문을 빠져 나간다. 입력된 수를 나머지 없이 나눈 [n]의 값이 [num] 보다 작다는 것은 [num]의 약수로 자신의 수가 아닌 [n]이 존재한다는 것이므로 이 경우에 [num]은 소수가 아니다. 그러나 나머지 없이 나눈 [n]의 값이 [num]과 같은 경우에는 자신 이외에는 약수가 없다는 것이므로 [num]은 소수가 된다. 위의 예제는 다음과 같이 수정하여도 동일한 기능을 수행한다.

프로그램 4-35

```
#include <stdio.h>
void main()
{
	int num, n;

	printf("수를 입력하세요: ");
	scanf("%d", &num);

	for(n = 2; n <= num; n++)
	{
		if (num % n == 0)
			break;
	}

	if (n == num)
		printf("%d 는 소수입니다\n", num);
	else
		printf("%d 는 소수가 아닙니다\n", num);
}
```

이번에는 다음의 [실습 4-18]과 같이 임의의 수를 입력 받고 2부터 해당 수까지의 수 중에서 모든 소수를 출력하는 프로그램을 작성해보자.

실습 4-18

```
수를 입력하세요 : ★ Enter↵
2부터 ★까지의 수중 소수는 ♡♡♡...♡입니다.
```

실습문제 해결을 위한 팁

- 어떤 수가 소수인지를 판별하기 위해서는 for 문이 필요하다. 그런데 2부터 입력받은 수까지의 수중 모든 소수를 판별하여야 하므로 2부터 입력받은 수까지 [참]이 되는 for 문 안에 각 숫자가 소수인지를 판별하기 위한 for 문이 들어있어야 한다.
- 이 프로그램에서 사용할 변수는 임의의 수를 입력받기 위한 정수형 변수 [num]과 2개의 for 문에서 사용할 변수 [i]와 [j], 3개로 한다.
- printf()와 scanf() 함수를 이용, 임의의 수를 변수 [num]에 저장한다.
- 변수 [i]가 2부터 [num]까지 증가하도록 for 문을 구성한다. 이때의 변수 [i]는 각 [i]값이 소수이면 출력하고, 소수가 아니면 출력하지 않는다.
- [i] 값을 1씩 증가하면서 소수인지를 판별하기 위하여 변수 [j]를 2부터 [i]까지 [참]이 되도록 for 문을 구성하여 [i] 값을 [j]로 나누어 본다. 나머지 없이 나누어지면 break 문을 이용하여 빠져 나온다.
- 나머지 없이 나누어진 [j]의 값이 [i] 같으면 [i]가 소수이므로 그 때의 [i] 값을 출력한다.

프로그램 4-36

```
#include <stdio.h>
void main()
{
        int num;
        int i, j;

        printf("수를 입력하세요: ");
        scanf("%d", &num);

        printf("2부터 %d까지의 수중 소수는\n", num);
        for(i = 2; i <= num; i++) {
                for(j = 2; j <= i; j++) {
                        if (i % j == 0)
                                break;
                }
                if (i == j)
                        printf("%d\t", i);
        }
        printf("입니다\n");
}
```

실행 결과

```
수를 입력하세요: 70 [Enter]
2부터 70까지의 수중 소수는
2 3 5 7 11 13 17 19 23 29 31 37 41 43 47 53 59 61 67 입니다
```

이번에는 다음의 [실습 4-19]와 같이 [실습 4-18]과 동일하게 임의의 수를 입력 받고 2부터 해당 수까지의 수 중에서 모든 소수를 출력하면서 소수의 총 개수까지 출력해주는 프로그램을 작성해보자.

실습 4-19

```
수를 입력하세요 : ★ [Enter↵]
2부터 ★까지의 수중 소수는
♡♡♡...♡ 로 총 ♣개 입니다.
```

Tip 실습문제 해결을 위한 팁

- 소수의 개수를 카운트 하기 위한 변수 [count]를 추가로 사용한다.
- [count]의 값은 처음에 [0]으로 초기화하고, [i]의 값이 소수로 판별되어 출력할 때 [count]의 값을 1씩 증가한다.
- 프로그램의 종료 전에 [count]의 값을 출력한다.

프로그램 4-37

```
#include <stdio.h>
void main()
{
        int num;
        int i, j;
        int count = 0;

        printf("수를 입력하세요: ");
        scanf("%d", &num);

        printf("2부터 %d까지의 수중 소수는\n", num);

        for(i = 2; i <= num; i++)
        {
                for(j = 2; j <= i; j++)
                {
                        if (i % j == 0)
                                break;
                }
                if (i == j)
                {
                        printf("%d\t", i);
                        count++;
                }
        }
        printf("로 총 %d 개입니다\n", count);
}
```

실행 결과

```
수를 입력하세요: 50 [Enter↲]
2부터 50까지의 수중 소수는
2 3 5 7 11 13 17 19 23 29 31 37 41 43 47 로 총 15 개입니다
```

제5장 함수

프로그래밍에서 수행하여야 하는 작업이 많아질수록 코딩된 프로그램의 구조는 점점 복잡해진다. 아무리 복잡한 프로그램이라 해도 컴퓨터는 정해진 수행문들을 수행해나가기만 하면 되지만, 프로그램을 코딩해야 하는 프로그래머의 입장에서는 프로그램의 구조를 좀 더 간단하고 알아보기 쉽게 하고자 노력하게 된다. 함수는 복잡한 기능을 블록화 하여 프로그램의 구조를 단순하고 쉽게 구성할 수 있도록 한다. 따라서 좀 더 기능이 많은 프로그램을 코딩하기 위해서는 함수의 사용방법을 익혀야 한다. 이번 장에서는 함수의 개요, 정의 및 사용방법 등에 대하여 설명한다.

5.1 함수의 개요

프로그램을 이용하여 컴퓨터에 지시하는 내용이 많아질수록 프로그램 코드의 양은 점점 많아지게 된다. 컴퓨터는 프로그램에서 지시하는 대로 작업을 수행할 뿐이며 스스로 판단할 수 있는 기능을 갖고 있지 않다. 스스로 판단하는 기능 역시 프로그램에서 지정한 경우 이외에는 판단할 수 없으며, 모든 경우 및 수행문들은 프로그램에서 지정하여야 한다. 프로그램에서 지시하는 내용이 많아지고 복잡해져도 컴퓨터는 지시한 대로만 수행하면 되지만, 프로그램을 코딩하는 프로그래머는 다른 사람이 코딩한, 혹은 자신이 코딩한 프로그램의 내용을 정확히 판단하기 어려워진다.

따라서 프로그램의 기능이 복잡해지고 다양해질수록 프로그램의 구조를 단순화하고 명확하게 할 필요가 있으며, 특히 프로그램에서 수행하여야 하는 기능을 기준으로 블록화하거나 모듈화하는 것이 필요하다.

함수란 지정된 특정 기능을 수행하는 하나의 프로그램 모듈(module)로 원하는 위치에서 해당 함수를 호출하면 지정된 기능을 수행한다. 간단한 기능을 수행하는 프로그램의 경우에는 굳이 함수를 사용할 필요가 없으나, 복잡한 기능을 수행하는 프로그램의 경우에는 이러한 함수를 적절히 사용하는 것이 좋다. 복잡한 기능을 수행하면서 프로그램에서 자주 사용되는 기능은 함수로 정의하여 사용하는 것이 프로그램의 구조를 명확하고 단순하게 하는 데에 도움이 된다. 함수를 이용하여 프로그램을 코딩하였을 때 얻을 수 있는 장점은 다음과 같다.

함수의 장점

- 프로그램 코드의 양이 작아진다.
- 프로그램을 분석하고 이해하기가 쉬워진다.
- 프로그램을 체계적으로 코딩하고 관리할 수 있다.
- 프로그램의 수정 및 유지보수가 편리하다.
- 한번 코딩된 함수를 다른 프로그램에서도 이용 가능하다.

함수를 사용했을 때의 장점을 알아보기 위하여 다음의 예제 프로그램을 실행하여 보자.

프로그램 5-1

```
#include <stdio.h>
void main()
{
   printf("####################################\n");
   printf("##########  함수 이용 시 장점  ########\n");
   printf("####################################\n");

   printf("1. 프로그램 코드의 양이 작아진다.\n");

   printf("####################################\n");
   printf("##########  함수 이용 시 장점  ########\n");
   printf("####################################\n");
```

```
    printf("2. 프로그램을 분석하고 이해하기가 쉬워진다.\n");

    printf("################################\n");
    printf("##########  함수 이용 시 장점  ########\n");
    printf("################################\n");

    printf("3. 프로그램의 수정 및 유지보수가 편리하다.\n");

    printf("################################\n");
    printf("##########  함수 이용 시 장점  ########\n");
    printf("################################\n");

    printf("4. 프로그램을 체계적으로 코딩하고 관리할 수 있다.\n");

    printf("################################\n");
    printf("##########  함수 이용 시 장점  ########\n");
    printf("################################\n");
}
```

실행 결과

```
#######################################
#############  함수 이용 시 장점  ############
#######################################
1. 프로그램 코드의 양이 작아진다.
#######################################
#############  함수 이용 시 장점  ############
#######################################
2. 프로그램을 분석하고 이해하기가 쉬워진다.
#######################################
#############  함수 이용 시 장점  ############
#######################################
3. 프로그램의 수정 및 유지보수가 편리하다.
#######################################
#############  함수 이용 시 장점  ############
#######################################
4. 프로그램을 체계적으로 코딩하고 관리할 수 있다.
#######################################
#############  함수 이용 시 장점  ############
#######################################
```

위의 프로그램은 함수 기능을 사용하지 않고 작성한 프로그램으로 printf()를 이용하여 함수를 이용했을 때의 장점을 단순히 출력하는 프로그램이다.

그런데 프로그램에서 "함수 이용 시 장점"이라는 메시지와 '#' 기호가 반복적으로 출력되고 있다. 이 부분을 함수를 사용하여 코딩하게 되면 다음의 프로그램과 같게 된다.

프로그램 5-2

```
#include <stdio.h>
void print_head()
{
   printf("##################################\n");
   printf("##########  함수 이용 시 장점  ########\n");
   printf("##################################\n");
}
void main()
{
        print_head();
        printf("1. 프로그램 코드의 양이 작아진다.\n");
        print_head();
        printf("2. 프로그램을 분석하고 이해하기가 쉬워진다.\n");
        print_head();
        printf("3. 프로그램의 수정 및 유지보수가 편리하다.\n");
        print_head();
        printf("4. 프로그램을 체계적으로 코딩하고 관리할 수 있다.\n");
        print_head();
}
```

위의 프로그램을 살펴보면 자주 사용되는 메시지를 출력하는 부분의 기능을 print_head()라는 함수로 정의하여 사용한 것이다. 프로그램 코드의 양이 줄고 프로그램의 내용이 이해하기에 쉽게 구성되어 있음을 알 수 있다. 물론 프로그램의 실행 결과는 위의 [프로그램 5-1]과 동일하다.

5.2 함수의 정의 및 호출

함수란 특정 기능을 수행하도록 만들어진 프로그램 코드로 이 함수를 사용하기 위해서는 함수를 정의하는 방법과 함수를 호출하는 방법, 2가지를 알아야 한다. 함수의 정의란 함수에서 수행할 수행문들을 작성하는 것을 말하며, 함수의 호출은 정의되어 있는 함수의 기능을 불러 실행하는 것을 말한다. 이렇게 함수를 사용하기 위해서는 함수의 정의 및 호출에 대한 내용을 익혀야 한다.

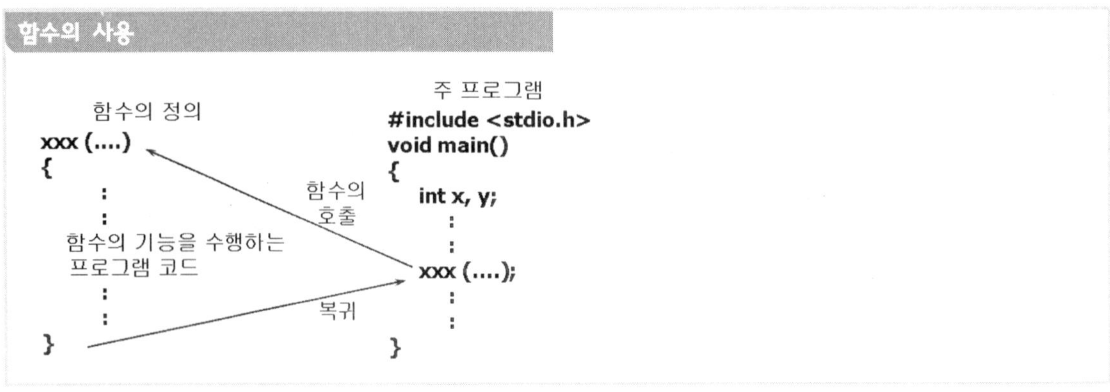

5.2.1 함수의 정의

함수를 사용하기 위해서는 지정된 기능을 수행하도록 함수를 정의하여야 한다. 함수의 정의란 특정 기능을 수행하도록 프로그램을 코딩하고 여기에 함수의 이름을 주어 등록하는 것을 말한다. 함수의 정의는 프로그래머가 필요할 때에 정의하여 사용할 수도 있고, 시스템에 라이브러리 형태로 제공되는 경우도 있다.

시스템에서 제공되는 함수는 프로그래머가 따로 정의하는 것이 아니라 기존에 정의되어 있는 함수를 호출하여 사용하는 것이다. 우리가 그동안 많이 사용하던 printf()나 scanf() 등은 시스템에서 제공되는 함수로 시스템에서 미리 정의되어 있어 우리는 사용만 하는 함수이다.

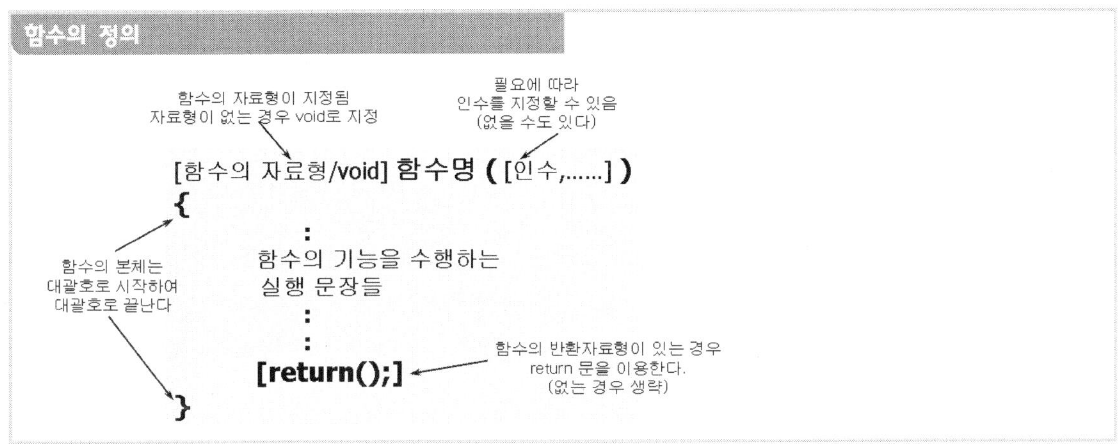

시스템에서 제공하지 않은 기능을 함수로 만들기 위해서는 함수를 새롭게 정의하여야 한다. 우리가 그동안 코딩한 프로그램에서도 main()이라는 새로운 함수를 정의하였다. main()이라는 이름의 함수는 프로그램이 실행되기 위하여 반드시 필요한 함수이며, 프로그램을 실행하면 main()이라는 이름의 함수에서부터 프로그램이 시작된다. 함수를 정의하는 방법은 위의 그림과 같다.

▸ 함수명

함수를 정의하기 위해서는 반드시 함수의 이름을 정해야 한다. 함수명은 변수명을 지정하는 것과 동일한 방법과 규칙으로 정할 수 있다. 일반적으로 함수명은 함수에서 수행하는 기능을 대표할 수 있는 것으로 이름을 만드는 것이 프로그램을 이해하는 데에 도움이 된다. 함수명 뒤에는 괄호가 나오는데 괄호 뒤에는 세미콜론(;)이 없다. 세미콜론이 있는 경우에는 함수를 호출하여 실행하는 것이 되지만 세미콜론이 없는 경우에는 지정된 함수명의 함수를 정의하는 것이다.

▸ 중괄호('{', '}')

함수명과 괄호 뒤에는 중괄호가 시작된다. 함수를 정의하기 위해서는 반드시 중괄호로 시작하여 대괄호로 끝이 나도록 함수의 본체를 구성하여야 한다. 중괄호 사이에는 해당 함수에서 수행하여야 하는 실행문들이 코딩된다. 실행문 안에서도 중괄호가 사용될 수 있는데, 중괄호의 열고 닫음의 숫자는 정확히 일치하게 그 쌍이 맞아야 한다.

▸ **함수의 자료형**

함수는 자신을 호출하게 되면 함수의 본체에서 지정된 기능들을 수행하고 다시 자신을 호출한 곳으로 복귀하게 된다. 자신을 호출한 곳으로 복귀할 때 자료를 반환할 수도 있는데, 자료를 반환할 때에는 return 문을 이용한다. return 문을 이용하여 반환하는 자료는 이 함수의 출력값이 된다. 함수가 return 문을 이용하여 자료를 반환하는 경우에는 반환하는 자료의 형태를 함수의 자료형으로 지정해주어야 한다. 예를 들어 정수형의 자료를 반환하는 경우의 함수 자료형은 int이다. 자료를 반환하지 않는 함수는 return 문을 사용할 필요가 없으며 함수의 자료형은 void로 지정해주어야 한다.

▸ **return 문**

return 문은 자신을 호출한 곳으로 자료를 반환할 때에 사용된다. return 문을 이용하여 반환이 가능한 자료형은 기본 자료형뿐만 아니라 구조체나 포인터 등이 모두 가능하다. return 문을 이용하여 자료를 반환하고자 할 경우에는 함수의 반환 자료형을 반드시 지정하여야 하며, 함수의 반환 자료형과 return 문에서 반환하는 자료의 형태는 동일하여야 한다.

▸ **인수**

인수란 함수의 입력값을 말하는 것으로 함수가 지정된 작업을 수행할 때 필요한 자료를 전달하기 위하여 사용하는 것이다. 함수를 정의할 때 인수는 함수명 뒤의 괄호에 위치하며, 인수의 개수는 한 개도 없을 수도 있지만 여러 개가 올 수도 있다. 함수를 정의할 때 인수가 지정되면, 해당 함수를 호출할 때에는 반드시 인수를 지정하여 호출하여야 한다. 인수의 사용에 대한 자세한 내용은 뒤에 설명하기로 한다.

5.2.2 함수의 호출

함수란 미리 코딩되어 있는, 지정된 작업을 수행할 수 있는 프로그램 모듈이다. 프로그램을 코딩할 때 함수에서 코딩되어 있는 작업을 수행하고자 하는 경우에는 해당 함수의 기능을 호출하여 수행할 수 있다. 함수를 호출한다는 것은 해당 함수의 기능을 수행하도록 명령을 내리는 작업을 의미한다. 함수의 호출 방법은 다음과 같다.

함수의 호출

```
#include <stdio.h>
void main()
{
    int x, y;
      :
      :
    [y = ]  xxx ( [인수,....] );
      :
      :
}
```

반환자료형이 있는 함수의 경우 반환값을 변수에 저장할 수 있다

인수가 있는 함수의 경우 반드시 인수를 사용하여 호출한다

함수를 호출하면 해당 함수의 기능을 수행한 후 다시 이곳으로 복귀된다

5.3 함수의 사용

함수를 사용하기 위하여 함수의 정의 및 호출에 대하여 설명하였다. 이번 절에서는 실제 프로그램을 코딩하면서 함수를 정의하고 호출하는 방법에 대하여 설명하도록 한다. 프로그램이 복잡하고 양이 많아질수록 함수를 사용하여야 프로그램의 구조가 간단해 지며, 프로그래머가 쉽게 작업을 할 수 있다. 프로그램을 코딩할 때 어떠한 기능을 함수로 만들 것인지는 프로그래머가 정하여야 한다. 유능한 프로그래머일수록 함수를 잘 활용한다. 따라서 함수의 사용 방법을 잘 습득하면 좀 더 많은 기능을 수행하는, 복잡한 프로그램을 코딩할 수 있을 것이다.

5.3.1 단순한 형태의 함수

우선 가장 단순한 형태의 함수인 반환형이 없고 인수가 없는 함수에 대하여 살펴보자. 함수를 만들 때에 반환형을 만들지, 혹은 인수를 몇 개나 줄지는 오로지 프로그래머의 계획에 의하여 결정된다. 반환형이나 인수가 없다고 해서 함수의 기능이 단순하다는 것을 의미하는 것은 아니며, 함수의 구조가 단순한 형태라는 것이다. 다음의 예제는 반환형과 인수가 없는 단순한 형태의 함수를 이용한 프로그램이다.

프로그램 5-3

```
#include <stdio.h>
void print_head()
{
   printf("###################################\n");
   printf("##########  함수 이용 시 장점  ########\n");
   printf("###################################\n");
}
void main()
{
        printf("단순한 형태의 함수 예제입니다\n");
        print_head();
}
```

실행 결과

```
단순한 형태의 함수 예제입니다
###################################
##########  함수 이용 시 장점  ##########
###################################
```

위의 예제에서는 print_head()라는 이름의 함수를 정의하였다. 이 함수는 반환형이 없으므로 반환형으로 [void]를 지정해주었고, 인수를 사용하지 않았다. print_head() 함수에서 수행하는 기능은 3 줄의 메시지를 출력하도록 코딩되어 있다. 위의 예제 프로그램을 실행하면 main() 함수에서부터 프로그램이 시작된다. 처음에는 printf() 함수를 이용하여 메시지가 출력되며, 다음으로 print_head() 함수를 호출하여 해당 메시지가 출력하였다. print_head() 함수는 인수가 없으므로 호출할 때 괄호 안에 인수를 지정하지 않고 호출하였다.

5.3.2 함수의 선언

위의 프로그램을 살펴보면 print_head()라는 이름의 함수를 정의하고 호출하였다. 그런데, print_head() 함수를 정의한 위치가 main() 프로그램이 시작되기 전이라는 것 알 수 있다. 즉, print_head() 함수가 정의되고 그 뒤에 main() 함수가 정의된 것이다. 그 이유는 무엇일까? 그 이유는 main() 함수 안에서 print_head() 함수를 사용하기 위해서는 처음 print_head() 함수를 호출하기 전에 print_head() 함수가 정의되어 있어야 하기 때문이다. 즉, 정의되기 전에 호출하게 되면 컴파일 시 오류가 발생된다. 따라서 함수를 호출하기 전에 반드시 정의를 하여야 한다. 따라서 함수를 사용하여 프로그램을 코딩할 때에는 필요한 함수를 먼저 정의하고 main() 함수는 맨 뒤에 코딩하여야 한다.

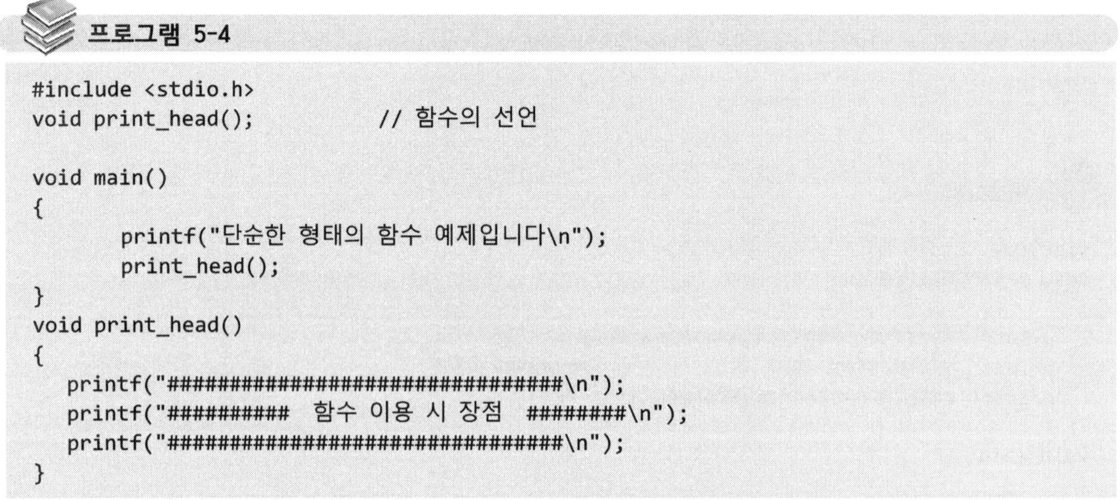

프로그램 5-4

```
#include <stdio.h>
void print_head();              // 함수의 선언

void main()
{
        printf("단순한 형태의 함수 예제입니다\n");
        print_head();
}
void print_head()
{
   printf("####################################\n");
   printf("###########  함수 이용 시 장점  #########\n");
   printf("####################################\n");
}
```

그러나 main() 함수를 맨 마지막에 코딩하기 어려운 경우도 많이 있으며, 코딩을 하는 도중에 새로운 함수를 코딩할 필요성이 발생할 경우도 있다. main() 함수에서 먼저 함수를 호출하고 그 뒤에 해당 함수를 정의하는 것이 편리한 경우도 발생한다. 이 경우에는 프로그램의 맨 위에 해당 함수를 선언하여 사용할 수도 있다. 위의 [프로그램 5-4]는 함수를 선언만 하고 main() 함수 뒤에서 함수를 정의한 예제 프로그램이다.

위 프로그램에서 print_head() 함수는 main() 함수의 뒤에서 정의되었다. main() 함수에서 print_head() 함수를 사용하기 위하여 프로그램의 앞 부분에 선언한 것을 볼 수 있다. 따라서 함수를 정의하는 위치는 사용하기 전에 정의를 하는 것이 원칙이나, 정의를 뒤에서 하거나, 혹은 다른 파일이나 외부의 라이브러리에 위치한 함수를 사용하고자 할 경우에는 위와 같이 함수를 선언한 후에 사용하여야 한다.

5.3.3 인수가 있는 함수

인수가 있는 함수의 사용

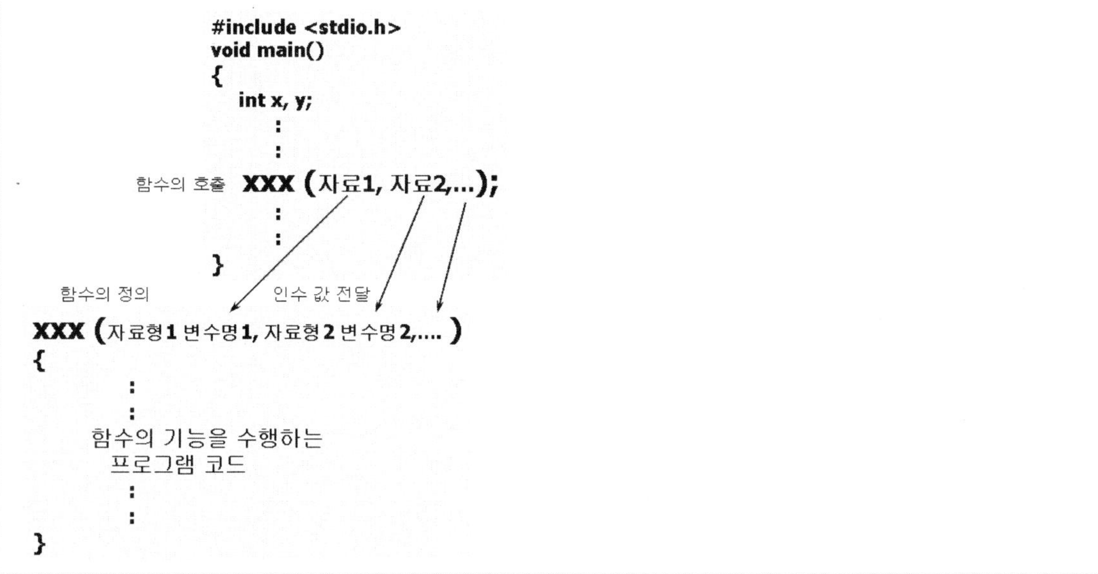

```
#include <stdio.h>
void main()
{
    int x, y;
      :
      :
함수의 호출  XXX (자료1, 자료2,...);
      :
      :
}
함수의 정의          인수 값 전달
XXX (자료형1 변수명1, 자료형2 변수명2,.... )
{
      :
      :
   함수의 기능을 수행하는
     프로그램 코드
      :
      :
}
```

인수는 함수가 지정된 동작을 수행하기 위하여 필요한 자료를 입력하는 것을 말한다. 인수는 한 개 이상 존재할 수 있으며, 여러 개의 인수를 지정하기 위해서는 콤마(,)로 구분하여 지정할 수 있다. 함수에서 인수를 지정하는 방법은 위의 그림과 같다.

함수가 요청한 기능을 수행할 때 필요한 자료는 인수로 지정하여 정의하는 것이 편리하다. 함수의 정의 시 인수의 지정은 괄호 안에 자료형과 변수명을 지정하게 되며, 여러 개의 인수를 지정할 때에는 콤마로 구분하여 지정한다. 인수가 지정되어 있는 함수를 호출할 경우에는 정의된 함수와 동일한 자료형을 사용하여야 하며, 인수의 개수도 동일하게 사용하여야 한다. 함수를 호출하게 되면 호출할 때 지정된 자료의 값이 그대로 함수에 전달되어 함수가 실행될 때 사용할 수 있게 된다. 다음의 예제는 정수형의 인수를 받아 짝수/홀수를 판별하는 기능을 수행하는 함수에 대한 예제이다.

프로그램 5-5

```
#include <stdio.h>
void hol(int num)
{
        if (num % 2 == 1)
                printf("%d 는 홀수입니다\n", num);
        else
                printf("%d 는 짝수입니다\n", num);
}
void main()
{
        printf("함수를 이용한 짝/홀수 판별입니다\n");
```

```
        hol(5);
        hol(12);
}
```

실행 결과

```
함수를 이용한 짝/홀수 판별입니다
5 는 홀수입니다
12 는 짝수입니다
```

위의 예제에서 함수 hol()은 int 형태의 인수 [num]이 지정되었다. hol() 함수는 인수 [num]을 입력받아 짝수인지, 홀수인지를 판별하여 출력하는 기능을 수행한다. main() 프로그램에서는 hol() 함수를 호출할 때 한번은 5를, 또 한번은 12를 인수로 하여 호출하는데, 호출할 때마다 각 자료를 인수로 전달받은 hol() 함수는 각각에 대하여 짝/홀수 판별 기능을 수행한다. 이번에는 다음의 예제와 같이 2개의 인수를 입력받아 그 합을 구하여 출력해주는 기능을 수행하는 프로그램을 작성하여 보자.

프로그램 5-6

```
#include <stdio.h>
void add(int a, int b)
{
        int c;

        c = a + b;
        printf("%d 더하기 %d 는 %d입니다\n", a, b, c);
}
void main()
{
        printf("함수를 이용한 더하기 기능입니다\n");
        add(5, 12);
        add(27, 35);
}
```

실행 결과

```
함수를 이용한 더하기 기능입니다
5 더하기 12 는 17입니다
27 더하기 35 는 62입니다
```

위의 예제는 2개의 수를 입력받아 덧셈 기능을 수행하기 위하여 2개의 정수 형태의 인수를 지정하였다. main() 함수에서 add() 함수를 호출할 때 인수로 사용되는 자료의 값은 add() 함수의 인수인 a, b로 각각 전달되어 덧셈 기능을 수행하기 위한 자료로 사용되었다.

이번에는 다음의 [실습 5-1]과 같이 3개의 수를 입력받고, 함수를 이용하여 입력받은 3개의 수를 더하는 기능을 수행하는 프로그램을 코딩하여 보자. 함수는 인수로 3개의 정수형 변수를 사용한다.

실습 5-1

```
첫 번째 수를 입력하세요 : ★ [Enter↵]
두 번째 수를 입력하세요 : ♦ [Enter↵]
세 번째 수를 입력하세요 : ♥ [Enter↵]

★ + ♦ + ♥ = ♡ 입니다.
```

Tip 실습문제 해결을 위한 팁

- 덧셈 기능을 수행하는 함수 이름은 add3()로 하고, 이 함수에는 3개의 정수형 인수를 지정한다.
- add3() 함수는 3개의 정수를 입력받아 덧셈을 한 후 그 결과를 출력하는 기능을 수행한다.
- main() 함수는 3개의 수를 입력받기 위하여 3개의 정수형 변수를 사용하며, printf()와 scanf() 함수를 이용하여 수를 입력받는다.
- add3() 함수를 이용하여 덧셈 기능을 수행한다.

프로그램 5-7

```c
#include <stdio.h>
void add3(int a, int b, int c)
{
	printf("%d + %d + %d = %d입니다\n", a, b, c, a+b+c);
}

void main()
{
	int n1, n2, n3;

	printf("첫 번째 수를 입력하세요: ");
	scanf("%d", &n1);
	printf("두 번째 수를 입력하세요: ");
	scanf("%d", &n2);
	printf("세 번째 수를 입력하세요: ");
	scanf("%d", &n3);

	add3(n1, n2, n3);
}
```

실행 결과

```
첫 번째 수를 입력하세요: 4 [Enter↵]
두 번째 수를 입력하세요: 34 [Enter↵]
세 번째 수를 입력하세요: 9 [Enter↵]
4 + 34 + 9 = 47입니다
```

이번에는 4장에서 구현해보았던 구구단 프로그램을 함수를 이용해서 코딩해보자. 다음의 [실습 5-2]와 같이 구구단 2단부터 9단까지 모든 구구단을 출력하는 프로그램을 for 문과 함수를 이용하여 코딩하여 보자.

실습 5-2

```
구구단 2단입니다.
2 x 1 = 2       2 x 2 = 4       2 x 3 = 6
2 x 4 = 8       2 x 5 = 10      2 x 6 = 12
2 x 7 = 14      2 x 8 = 16      2 x 9 = 18
                :
구구단 9단입니다.
9 x 1 = 9       9 x 2 = 18      9 x 3 = 27
9 x 4 = 27      9 x 5 = 45      9 x 6 = 54
9 x 7 = 63      9 x 8 = 72      9 x 9 = 81
```

이 프로그램을 4장에서는 2개의 for 문을 이용하여 작성을 해보았다. 4장에서 작성했던 프로그램은 다음과 같다.

2개의 for 문 이용(함수 미사용)

```
#include <stdio.h>
void main()
{
        int     num;
        int     dan;

        for(dan = 2; dan <= 9; dan++)
        {
            printf("\n구구단 %d단 입니다\n", dan);

            for(num = 1; num < 10; num++)
            {
                 printf("%d x %d = %d", dan, num, dan*num);
                 if (num % 3 == 0)
                          printf("\n");
                 else
                          printf("\t");
            }
            printf("\n");
        }
}
```

이 프로그램을 함수를 이용하여 작성해보자.

실습문제 해결을 위한 팁

• 구구단은 2단부터 9단까지의 구구단을 출력해야 하므로 for 문을 이용하여 2부터 9까지 증가하도록

구성한다.

* 특정 단의 구구단을 출력하는 함수를 gugu()라는 함수로 구성한다.
* gugu() 함수는 단을 인수로 입력을 받고 해당 단의 구구단을 출력한다. 구구단을 출력하기 위하여 for 문이 필요하며, 1부터 9까지 참이 되는 for 문을 이용한다.
* main() 함수에서는 2부터 9까지 증가하는 for 문에서 gugu() 함수를 호출하여 구구단을 출력한다.

프로그램 5-8

```
#include <stdio.h>
void gugu(int dan)
{
        int n;
        printf("\n구구단 %d단 입니다\n", dan);

       for(n = 1; n < 10; n++)
        {
            printf("%d x %d = %d", dan, n, dan*n);
            if (n % 3 == 0)
                      printf("\n");
                 else
                      printf("\t");
        }
}

void main()
{
        int dan;
        for(dan = 2; dan <= 9; dan++)
        {
            gugu(dan);
            printf("\n");
        }
}
```

실행 결과

```
구구단 2단 입니다
2 x 1 = 2        2 x 2 = 4        2 x 3 = 6
2 x 4 = 8        2 x 5 = 10       2 x 6 = 12
2 x 7 = 14       2 x 8 = 16       2 x 9 = 18

구구단 3단 입니다
3 x 1 = 3        3 x 2 = 6        3 x 3 = 9
3 x 4 = 12       3 x 5 = 15       3 x 6 = 18
3 x 7 = 21       3 x 8 = 24       3 x 9 = 27
                     :
                     :
구구단 9단 입니다
9 x 1 = 9        9 x 2 = 18       9 x 3 = 27
9 x 4 = 36       9 x 5 = 45       9 x 6 = 54
9 x 7 = 63       9 x 8 = 72       9 x 9 = 81
```

구구단 프로그램을 4장에서와 같이 함수를 사용하지 않고 구현하는 경우에는 for 문 안에 for 문이 들어가는 형태로 프로그램을 코딩할 때 매우 신중하게 프로그램을 작성해야 한다. 그러나 gugu()라는 함수를 이용하게 되면 gugu() 함수 안에 for 문이 들어가 있어 프로그램 작성 시 비교적 수월하게 코딩이 가능하다.

이번에는 4장에서 구현해보았던 소수 판별 프로그램을 함수를 이용해서 코딩해보자. 다음의 [실습 5-3]과 같이 임의의 수를 입력 받고 2부터 해당 수까지의 수 중에서 모든 소수를 출력하는 프로그램을 작성해보자.

실습 5-3

```
수를 입력하세요 : ★ [Enter↵]
2부터 ★까지의 수중 소수는 ♡♡♡...♡입니다.
```

소수란 1과 자신 이외에는 약수가 존재하지 않는 수를 말한다. 어떤 수가 소수인지를 판별하기 위해서는 2부터 자신의 수까지 모든 수로 나누어봐야 한다. 2부터 자신의 수까지 모든 수로 나누어보기 위해서는 for 문을 이용하여 반복적으로 나누어봐야 한다. 또한 2부터 입력받은 임의의 수까지의 수 중 모든 소수를 찾아내기 위해서는 다시 for 문을 이용하여야 한다. 4 장에서는 임의의 수를 입력받고 2부터 입력받은 수까지의 수 중에서 모든 소수를 출력하기 위해서 두 개의 for 문을 사용하였다. 4장에서 작성했던 프로그램은 다음과 같다.

2개의 for 문 이용(함수 미사용)

```
#include <stdio.h>
void main()
{
	int num;
	int i, j;

	printf("수를 입력하세요: ");
	scanf("%d", &num);

	printf("2부터 %d까지의 수중 소수는\n", num);
	for(i = 2; i <= num; i++) {
		for(j = 2; j <= i; j++) {
			if (i % j == 0)
				break;
		}
		if (i == j)
			printf("%d\t", i);
	}
	printf("입니다\n");
}
```

이 프로그램을 함수를 이용하여 다시 작성해보자.

Tip 실습문제 해결을 위한 팁

- 우선 임의의 수를 인수로 입력받아 해당 수가 소수인지를 판별하고, 소수이면 해당 수를 출력해주는 함수를 sosu()라는 이름으로 작성한다.
- sosu() 함수에서는 인수로 받은 수가 소수인지를 판별하기 위하여 2부터 인수로 받은 수까지 증가하는 for 문을 작성하고 for 문의 변수로 나누어 소수인지 판별한다.
- main() 프로그램에서는 임의의 수를 입력받고 2부터 입력받은 수까지 증가하는 for 문을 작성한다.
- for 문 안에서는 for 문에서 사용하는 변수를 sosu() 함수의 인수로 하여 각 수가 소수인지 판별하고 소수이면 출력하도록 프로그램을 구성한다.

프로그램 5-9

```
#include <stdio.h>
void sosu(int su)
{
        int i;
        for(i = 2; i <= su; i++)
        {
                if (su % i == 0)
                        break;
        }
        if (su == i)
                printf("%d\t", su);
}

void main()
{
        int num;
        int n;

        printf("수를 입력하세요: ");
        scanf("%d", &num);

        printf("2부터 %d까지의 수중 소수는\n", num);
        for(n = 2; n <= num; n++)
        {
                sosu(n);
        }
        printf("입니다\n");
}
```

실행 결과

```
수를 입력하세요: 70 [Enter]
2부터 70까지의 수중 소수는
2 3 5 7 11 13 17 19 23 29 31 37 41 43 47 53 59 61 67 입니다
```

5.3.4 반환값이 있는 함수(return 문 사용)

이번에는 return 문을 사용하여 자신을 호출한 곳으로 자료를 반환하는 함수에 대하여 알아보자. 함수를 호출하고 그 결과를 다시 받아 사용하고자 하는 경우에는 함수에 반환값을 지정하여 사용하여야 한다. 함수에 반환값을 두기 위해서는 return 문을 이용하여야 하며, 함수의 자료형을 해당 자료형으로 지정하여야 한다. 함수에서 반환값을 사용하는 방법은 다음과 같다.

반환값이 있는 함수의 사용 방법

```
#include <stdio.h>
void main()
{
   int x, y;
     :
     :
   변수 = xxx (,...);        ← 자료의 반환
     :
     :                       함수의 호출
}

자료형 xxx (,.... )  함수의 정의
{
     :
     :
   함수의 기능을 수행하는
     프로그램 코드
     :
   return(자료);
}
```

함수에 반환값을 사용하는 이유는 매우 다양하게 존재할 수 있으며, 그 판단은 프로그래머에게 달려 있다. 단지 함수의 실행 결과를 호출한 곳에서 받아 사용한다는 것은 동일하다.

프로그램 5-10

```
#include <stdio.h>
int sum(int a, int b)
{
        int res;
        res = a + b;
        return(res);
}
void main()
{
        int     nu1, nu2;
        int res;

        printf("첫 번째 수를 입력하세요: ");
        scanf("%d", &nu1);
        printf("두 번째 수를 입력하세요: ");
        scanf("%d", &nu2);

        res = sum(nu1, nu2);
        printf("%d 더하기 %d 는 %d 입니다\n", nu1, nu2, res);
}
```

실행 결과

```
첫 번째 수를 입력하세요: 12 Enter↵
두 번째 수를 입력하세요: 23 Enter↵
12 더하기 23 는 35 입니다
```

위의 예제는 두 개의 정수형 인수를 받아 덧셈 기능을 수행한 후 그 결과를 반환해주는 함수에 대한 예제이다. 프로그램에서 sum() 함수는 덧셈의 기능을 수행한 후 그 결과를 출력하지 않고 자신을 호출한 곳으로 반환한다. main() 프로그램에서는 덧셈 기능이 필요할 때 더할 숫자를 인수로 하여 sum() 함수를 호출하고, 그 결과를 받아 화면에 출력한다. sum() 함수의 반환 값은 덧셈의 결과 값을 반환하게 되며 반환형은 정수형이다.

이번에는 반환 값이 좀 다른 형태로 사용되는 예제에 대하여 살펴보자. 4장에서 다루었던 소수 판별 관련 예제 중 다음의 [실습 5-4]와 같이 임의의 수를 입력 받고 2부터 해당 수까지의 수 중에서 모든 소수를 출력하면서 소수의 총 개수까지 출력해주는 프로그램에 대하여 살펴보자.

실습 5-4

```
수를 입력하세요 : ★ Enter↵
2부터 ★까지의 수중 소수는
♡♡♡...♡ 로 총 ♣개 입니다.
```

이 예제를 해결하기 위하여 4장에서 작성한 프로그램은 다음과 같다.

2개의 for 문 이용(함수 미사용)

```
#include <stdio.h>
void main()
{
        int num;
        int i, j;
        int count = 0;

        printf("수를 입력하세요: ");
        scanf("%d", &num);

        printf("2부터 %d까지의 수중 소수는\n", num);

        for(i = 2; i <= num; i++)
        {
                for(j = 2; j <= i; j++)
                {
                        if (i % j == 0)
                                break;
                }
                if (i == j)
                {
```

```
                printf("%d\t", i);
                count++;
            }
        }
        printf("로 총 %d 개 입니다\n", count);
}
```

4장에서 위의 문제를 해결하기 위하여 사용한 방법은, 임의의 수를 입력받고 2부터 입력받은 수까지의 수 중에서 모든 소수를 출력하기 위해서 두 개의 for 문을 사용하였다. for 문 안에 for 문이 존재하는 경우, 변수의 사용이나, 구문의 사용 등에 있어 매우 신중하게 코딩하여야 하며, 실수도 발생할 가능성이 높다. 이 문제를 함수를 사용하여 코딩해보자.

Tip 실습문제 해결을 위한 팁

- 우선 임의의 정수를 인수로 입력받아 해당 수가 소수인지를 판별하는 함수를 sosu()라는 이름으로 작성한다.
- sosu() 함수에서는 인수로 받은 수가 소수인지를 판별하기 위하여 2부터 인수로 받은 수까지 증가하는 for 문을 작성하고 for 문에서 사용하는 변수로 나누어 소수인지 판별한다.
- 임의의 수가 소수로 판별되면 그 결과를 호출한 곳으로 알려준다.
- main() 프로그램에서는 임의의 수를 입력받고 2부터 입력받은 수까지 증가하는 for 문을 작성한다.
- for 문 안에서는 for 문에서 사용하는 변수를 sosu() 함수의 인수로 하여 호출한다. 해당 수가 소수로 판별되면 그 수를 출력하고 소수의 개수를 카운트한다.
- sosu() 함수에서는 인수로 넘어온 수가 소수이면 해당 수를 반환해주고, 소수가 아니면 [0]을 반환한다.
- main() 함수와 sosu() 함수에서 지정된 수가 소수이면 그 수가 반환되고, [0]이 반환되면 소수가 아니라는 것을 약속하여 프로그램을 완성한다.

프로그램 5-11

```
#include <stdio.h>
int sosu(int su)
{
        int n;
        for(n = 2; n <= su; n++)
        {
                if (su % n == 0)
                        break;
        }
        if (su == n)                    //su 는 소수임
                return (su);
        else                            //su는 소수가 아님
                return (0);
```

```
}
void main()
{
        int num, i;
        int count = 0;
        printf("수를 입력하세요: ");
        scanf("%d", &num);
        printf("2부터 %d까지의 수중 소수는\n", num);
        for(i = 2; i <= num; i++)
        {
                if (sosu(i) > 0)
                {
                        count++;
                        printf("%d\t", i);
                }
        }
        printf("로 총 %d 개입니다\n", count);
}
```

위의 예제에서 sosu() 함수의 반환값은 어떠한 계산의 결과값이 아니라 단순히 소수의 판별 여부만 알려주는 값으로 호출하는 곳에서도 그 의미를 약속한대로 사용하여야 원하는 동작을 수행할 수 있다. 이렇게 함수의 반환값은 여러 가지 형태로 사용될 수 있다.

5.4 함수를 이용한 메뉴 프로그램

함수를 이용하는 이유는 복잡하고 다양한 형태의 기능을 수행해야하는 프로그램의 구조를 단순하게 하기 위함이다. 여러 가지의 기능이 한 프로그램에 들어가야 하는 복잡한 형태의 프로그램 중에서 메뉴 형태의 프로그램이 있다. 이번 절에서는 함수를 이용하여 메뉴 형태의 프로그램을 작성해보기로 한다.

▸ 메뉴의 기본 구성하기

메뉴를 구성하는 방법은 여러 가지가 있을 수 있지만 가장 보편적으로 방법으로 메뉴 프로그램의 기본 구성을 해보도록 하자. 우선 다음의 [실습 5-5]와 같이 총 6개의 메뉴를 갖는 프로그램을 생각해 보자. 프로그램을 실행하면 6개의 메뉴가 출력되고, 이 중 하나의 번호를 선택하면 해당하는 메시지가 출력되도록 프로그램을 작성해 보자.

실습 5-5

```
1. 합 구하기 프로그램
2. 두 수의 덧셈 프로그램
3. 구구단 출력 프로그램
4. 소수 판별 프로그램
```

```
5. 최대 공약수 프로그램
6. 프로그램 종료
실행할 프로그램을 선택하세요:          (총 6개의 메뉴 중 하나의 번호 선택)

1부터 입력한 수까지의 합을 구합니다.          ('1' 입력 시 출력 메시지)
입력한 두 수의 덧셈을 구합니다.              ('2' 입력 시 출력 메시지)
입력한 단의 구구단을 출력합니다.              ('3' 입력 시 출력 메시지)
입력한 수가 소수인지 판별합니다.              ('4' 입력 시 출력 메시지)
입력한 두 수의 최대공약수를 구합니다.          ('5' 입력 시 출력 메시지)
프로그램을 종료합니다.                      ('6' 입력 시 출력 메시지)
메뉴를 잘못 입력하였습니다.               ('1~5' 이외 입력 시 출력 메시지)
```

Tip 실습문제 해결을 위한 팁

- 우선 메뉴를 선택하기 위한 숫자를 입력받으면 해당 메시지를 출력해야 하므로 입력받은 숫자를 기준으로 switch 문을 작성한다.
- switch 문의 각 case 에서는 해당 메시지를 출력하는 기능을 수행하는데, 바로 메시지를 출력하지 않고 해당 기능의 함수를 호출한다.
- main() 함수를 정의하기 전에 각각의 메시지를 출력하는 함수를 미리 정의한다.

프로그램 5-12

```
#include <stdio.h>

void sum()
{
	printf("1부터 입력한 수까지의 합을 구합니다.\n");
}

void add()
{
	printf("입력한 두 수의 덧셈을 구합니다.\n");
}

void gugu()
{
	printf("입력한 단의 구구단을 출력합니다.\n");
}

void sosu()
{
	printf("입력한 수가 소수인지 판별합니다.\n");
}

void gong()
{
	printf("입력한 두 수의 최대공약수를 구합니다.\n");
}
```

```
void jong()
{
        printf("프로그램을 종료합니다.\n");
}

void main()
{
        int sel;

        printf("1. 합 구하기 프로그램\n");
        printf("2. 두 수의 덧셈 프로그램\n");
        printf("3. 구구단 출력 프로그램\n");
        printf("4. 소수 판별 프로그램\n");
        printf("5. 최대 공약수 프로그램\n");
        printf("6. 프로그램 종료\n");
        printf("실행할 프로그램을 선택하세요: ");

        scanf("%d", &sel);

        switch(sel)
        {
        case 1:
                sum();
                break;
        case 2:
                add();
                break;
        case 3:
                gugu();
                break;
        case 4:
                sosu();
                break;
        case 5:
                gong();
                break;
        case 6:
                jong();
                break;
        default:
                printf("메뉴를 잘못 입력하였습니다. \n");
                break;
        }
}
```

위의 예제는 각 메뉴의 기능을 함수로 정의하여 호출하였다. main() 프로그램의 switch 문에서는 단지 각 함수를 호출하도록 구성함으로써 프로그램의 구조가 단순하며 파악하기 용이하다. 각각의 함수는 단지 메시지만 출력하는 기능을 수행하지만 함수의 기능을 추가하고자 할 경우에는 각 함수만 수정하면 되며, main() 함수의 프로그램은 수정할 필요가 없다.

위의 프로그램은 한번 실행을 하고 나면 프로그램이 종료된다. 이번에는 위의 프로그램의 메뉴를 한번 실행하고 나면 다시 처음의 상태로 돌아와서 다른 메뉴를 선택할 수 있는 상태가 되도록 프로그램을 수정해보자. 또한, 프로그램을 종료하고자 할 경우에는 6번을 선택하여야 프로그램이 종료되도록 수정해보자.

Tip 실습문제 해결을 위한 팁

- 하나의 메뉴가 실행되면 main() 프로그램이 다시 시작되어야 한다. 이를 위해서는 while() 문을 이용하여 프로그램을 반복한다.
- while() 문의 조건식은 항상 [참]이 되도록 [1]로 지정하고, 프로그램을 종료하는 6번 메뉴가 선택되면 exit() 함수를 사용하여 프로그램이 종료되도록 한다.

프로그램 5-13

```
#include <stdio.h>
void sum()
{
	printf("1부터 입력한 수까지의 합을 구합니다.\n");
}
void add()
{
	printf("입력한 두 수의 덧셈을 구합니다.\n");
}
void gugu()
{
	printf("입력한 단의 구구단을 출력합니다.\n");
}
void sosu()
{
	printf("입력한 수가 소수인지 판별합니다.\n");
}
void gong()
{
	printf("입력한 두 수의 최대공약수를 구합니다.\n");
}
void jong()
{
	printf("프로그램을 종료합니다.\n");
	exit();
}

void main()
{
	int sel;

	while(1)
	{

		printf("\n1. 합 구하기 프로그램\n");
		printf("2. 두 수의 덧셈 프로그램\n");
		printf("3. 구구단 출력 프로그램\n");
```

```
            printf("4. 소수 판별 프로그램\n");
            printf("5. 최대 공약수 프로그램\n");
            printf("6. 프로그램 종료\n");
            printf("실행할 프로그램을 선택하세요: ");

            scanf("%d", &sel);
            switch(sel)
            {
            case 1:
                    sum();
                    break;
            case 2:
                    add();
                    break;
            case 3:
                    gugu();
                    break;
            case 4:
                    sosu();
                    break;
            case 5:
                    gong();
                    break;
            case 6:
                    jong();
                    break;
            default:
                    printf("메뉴를 잘못 입력하였습니다. \n");
                    break;
            }
        }
}
```

위의 프로그램을 실행해보면 각 메뉴를 실행한 후 다시 프로그램이 처음부터 실행되는 것을 알 수 있다. 따라서 원하는 기능을 메뉴를 통해 실행할 수 있으며 6번 메뉴를 통해서 프로그램을 종료할 수 있다. 마지막으로 다음의 [실습 5-6]과 같이 위에서 작성한 프로그램의 각 메뉴의 기능을 완성해 보자. 각 메뉴의 기능들은 함수로 구성되어 있으므로 기능의 추가는 각 함수에서만 이루어지면 된다.

실습 5-6

1. 합 구하기 프로그램
2. 두 수의 덧셈 프로그램
3. 구구단 출력 프로그램
4. 소수 판별 프로그램
5. 최대 공약수 프로그램
6. 프로그램 종료
실행할 프로그램을 선택하세요: (총 6개의 메뉴 중 하나의 번호 선택)

```
1부터 입력한 수까지의 합을 구합니다.              ('1' 입력 시 출력 메시지)
    숫자를 입력하세요 : ★ Enter↵
    1부터 ★까지의 합은 ♡입니다.

입력한 두 수의 덧셈을 구합니다.                  ('2' 입력 시 출력 메시지)
    첫 번째 수를 입력하세요 : ★ Enter↵
    두 번째 수를 입력하세요 : ◆ Enter↵
    ★ 더하기 ◆는 ♡입니다.

입력한 단의 구구단을 출력합니다.                  ('3' 입력 시 출력 메시지)
    단을 입력하세요 : ★ Enter↵
    구구단 ★ 단입니다.
        :

입력한 수가 소수인지 판별합니다.                  ('4' 입력 시 출력 메시지)
    숫자를 입력하세요 : ★ Enter↵
    ★는 소수입니다/소수가 아닙니다

입력한 두 수의 최대공약수를 구합니다.              ('5' 입력 시 출력 메시지)
    첫 번째 수를 입력하세요 : ★ Enter↵
    두 번째 수를 입력하세요 : ◆ Enter↵
    ★ 와 ◆의 최대공약수는 ♡입니다.

프로그램을 종료합니다.                           ('6' 입력 시 출력 메시지)
    프로그램 끝

메뉴를 잘못 입력하였습니다.                   ('1~5' 이외 입력 시 출력 메시지)
    프로그램 다시 시작
```

Tip 실습문제 해결을 위한 팁

- 각 메뉴에서 실행할 기능들은 위에서 정의한 함수에 추가하여 지정된 기능들을 코딩한다.
- 그 동안 코딩했던 몇 가지 프로그램들을 참조하여 각 기능을 수행하는 함수들을 구성한다.
- 결국 하나의 프로그램 안에 여러 프로그램들을 함수의 형태로 하나로 합치는 형태이다.

프로그램 5-14

```
#include <stdio.h>

void sum()
{
        int n, num;
        int sum = 0;

        printf("1부터 입력한 수까지의 합을 구합니다.\n");
        printf("숫자를 입력하세요: ");
        scanf("%d", &num);
        for(n = 1; n <= num; n++)
        {
```

```
            sum += n;
        }
        printf("1부터 %d까지의 합은 %d 입니다\n", num, sum);
}

void add()
{
        int n1, n2;

        printf("입력한 두 수의 덧셈을 구합니다.\n");
        printf("첫 번째 수를 입력하세요: ");
        scanf("%d", &n1);
        printf("두 번째 수를 입력하세요: ");
        scanf("%d", &n2);

        printf("%d 더하기 %d 는 %d 입니다\n", n1, n2, n1+n2);
}
void gugu()
{
        int num, dan;

        printf("입력한 단의 구구단을 출력합니다.₩n");
        printf("단을 입력하세요: ");
        scanf("%d", &dan);

        printf("₩n구구단 %d단 입니다₩n", dan);
        for(num = 1; num < 10; num++)
        {
            printf("%d x %d = %d", dan, num, dan*num);
            if (num % 3 == 0)
                    printf("₩n");
            else
                    printf("₩t");
        }
        printf("₩n");
}

void sosu()
{
        int num, n;

        printf("입력한 수가 소수인지 판별합니다.\n");
        printf("수를 입력하세요: ");
        scanf("%d", &num);

        for(n = 2; n <= num; n++)
        {
                if (num % n == 0)
                        break;
        }

        if (n == num)
                printf("%d 는 소수입니다\n", num);
```

```
	else
		printf("%d 는 소수가 아닙니다\n", num);
}

void gong()
{
	int num1, num2;
	int min;
	int n;

	printf("입력한 두 수의 최대공약수를 구합니다.\n");
	printf("첫번째 수를 입력하세요: ");
	scanf("%d", &num1);
	printf("두번째 수를 입력하세요: ");
	scanf("%d", &num2);

	min = (num1 < num2) ? num1: num2;

	printf("%d, %d의 최대공약수는 ", num1, num2);

	for(n = min; n >0; n--)
	{
		if ( (num1 % n == 0) && (num2 % n == 0) )
			break;
	}
	printf("%d 입니다\n", n);
}

void jong()
{
	printf("프로그램을 종료합니다.\n");
	exit();
}

void main()
{
	int sel;
	while(1)
	{
		printf("\n1. 합 구하기 프로그램\n");
		printf("2. 두 수의 덧셈 프로그램\n");
		printf("3. 구구단 출력 프로그램\n");
		printf("4. 소수 판별 프로그램\n");
		printf("5. 최대 공약수 프로그램\n");
		printf("6. 프로그램 종료\n");
		printf("실행할 프로그램을 선택하세요: ");
		scanf("%d", &sel);

		switch(sel)
		{
		case 1:
			sum();
			break;
```

```
			case 2:
					add();
					break;
			case 3:
					gugu();
					break;
			case 4:
					sosu();
					break;
			case 5:
					gong();
					break;
			case 6:
					jong();
					break;
			default:
					printf("메뉴를 잘못 입력하였습니다. \n");
					break;
			}
	}
}
```

5.5 기억 클래스

기억 클래스는 자료를 저장하는 메모리에 변수를 저장하는 영역을 할당하는 방법을 말한다. 변수의 문자형, 정수형, 실수형 등의 데이터 형에 따라 메모리나 레지스터에 데이터를 기억시켜야 한다. 데이터를 기억시키기 위해서는 레지스터나 메모리 중 하나를 선택해서 결정하고 변수의 기억 기간이나 변수가 선언되는 위치와 통용 범위를 결정해 주어야 한다.

변수를 정의하는 방법에 따라 메모리와 레지스터 중 어디에 기억시킬 것인지를 결정해 주고, 기억 기간, 유효 범위까지도 규정해 준다.

- 변수를 저장할 기억 장소를 결정한다.
- 변수의 생존 기간(life cycle)을 결정한다.
- 변수가 선언된 위치에 따라 통용 범위를 규정한다.

변수를 기억장소에 할당시키는 방법에는 정적 기억 할당법과 자동 기억 할당법이 있다. 정적 기억장소 할당은 프로그램이 실행하는 동안에만 기억장소가 유지되는 것을 말한다. 자동 기억 장소는 변수가 선언된 블록을 실행하는 동안만 기억장소를 유지한다. 변수를 기억장소에 저장하는 기억 클래스는 다음의 표와 같이 크게 4가지로 나눌 수 있다.

기억 클래스의 종류

종류	기억 장소	사용 범위
auto (자동 변수)	스택	지역 변수로서 변수가 선언된 블록 내에서만 기억 장소를 유지한다.
static (정적 변수)	메모리	지역 변수 또는 전역 변수로서 변수가 선언된 블록 내에서 사용하지만 블록을 벗어나도 변수의 기억 장소를 유지할 수 있다.
register (레지스터)	CPU 내의 레지스터	지역 변수로서 변수가 선언된 블록 내에서만 그 값을 유지할 수 있다.
extern (외부 변수)	메모리	전역 변수로서 변수가 외부 프로그램에서 선언된 후 정적 변수로서 프로그램 전역에서 사용된다.

지역 변수(Local Variable)는 자동 변수(Automatic Variable)라고도 불리며, 함수나 블록의 내부에서 선언되어 이 범위 내에서만 통용할 수 있다. 전역 변수(Global Variable)는 함수나 블록의 외부에서 선언되어 전체 프로그램 내의 모든 함수에서 사용할 수 있는 변수로서 외부 변수(External Variable)라고도 한다.

5.5.1 자동 변수(Automatic Variable)

자동 변수는 특정 함수의 내부나 함수의 블록 내에서만 선언되고 사용할 수 있는 변수이다. 함수의 블록이란 중괄호({....})로 묶여있는 블록을 말하며, 일반적으로 함수의 내부를 일컫는다.

자동 변수의 값은 변수가 선언된 함수나 블록의 내부에서만 유효하며, 그 함수 블록의 외부에서는 유효하지 않다. 자동 변수로 선언하는 방법은 다음과 같다.

자동 변수의 선언

```
[auto] 기본 자료형  변수명;
```

위에서 [auto] 키워드는 생략 가능하며, 일반적으로는 생략하여 사용한다. 우리가 지금까지 작성한 대부분의 프로그램에서 사용한 변수는 바로 자동 변수이다.

자동 변수의 특징은 다음과 같다.

자동 변수의 특징

- 특정 함수의 내부에서 선언된다.
- 선언된 함수 내에서만 그 값이 유효하다.
- 다른 함수에서도 동일한 이름의 변수를 선언할 수 있으나, 그 값은 독립적으로 적용된다.
- 변수가 저장되는 장소는 스택이며 동적으로 할당된다.

자동 변수는 함수내부에서 일반적으로 선언되는 변수를 말하며, 해당 함수 내에서만 그 값이 유효하다.

다음의 예제는 자동 변수의 특징을 알아보기 위한 예제이다.

 프로그램 5-15

```
#include <stdio.h>

void auto_func1()
{
	int v1;
	auto int v2;

	v1 = 100;
	v2 = 200;

	printf("함수 auto_func1() 에서의 v1=%d v2=%d\n", v1, v2);
}

void main()
{
	auto int v1;
	int v2;

	v1 = 10;
	v2 = 20;
	{
		int v1;
		int v2;

		v1 = 50;
		v2 = 70;

		printf("블록안에서의 v1=%d v2=%d\n", v1, v2);
	}
	printf("main()함수에서의 v1=%d v2=%d\n", v1, v2);

	auto_func1();
}
```

실행 결과

```
블록안에서의 v1=50 v2=70
main()함수에서의 v1=10 v2=20
함수 auto_func1() 에서의 v1=100 v2=200
```

위의 예제에서 v1과 v2라는 이름의 변수가 3번 선언되었다. 같은 이름으로 선언되어 독립적으로 사용된 것이며, 이를 위해서는 v1과 v2변수는 자동 변수로 선언되어야 한다. 자동 변수로 선언하기 위해서는 특정 함수의 내부에서 선언되어야 하며 auto가 지정되거나 생략될 수 있다. 위의 예제에서는 auto_func1() 함수와 main() 함수, 그리고 main() 함수내부의 별도의 블록안에서 선언되었으며, 각각 다른 값을 저장하여 독립적으로 사용되었음을 알 수 있다.

5.5.2 정적 변수(Static Variable)

정적 변수란 프로그램의 실행이 끝날 때까지 기억영역을 유지하는 변수로서 블록으로 구성된 프로그램이나 여러 개의 사용자 정의함수들로 구성된 프로그램에서 공통적으로 사용하는 변수이다. 정적 변수로 선언하는 방법은 다음과 같다.

자동 변수의 선언

```
static 기본 자료형  변수명;
```

위에서 static 키워드는 생략할 수 없다. 정적 변수는 메모리의 정적 영역에 상주하여 프로그램의 실행이 종료될 때까지 변수의 값을 그대로 유지한다. 그러므로 다른 블록이나 다른 함수에서도 사용이 가능하다. 또한 정적 변수는 초기값을 지정하지 않으면 자동으로 초기값이 부여되는데, 문자형인 경우에는 '\0', 정수형은 0, 실수형은 0.0000이란 값이 자동으로 변수의 값으로 부여된다. 정적 변수는 선언되는 위치에 따라 내부 정적 변수와 외부 정적 변수로 구분되어진다.

▸ 내부 정적 변수(Internal Static Variable)

내부 정적 변수는 함수나 블록 내부에서 선언하여 해당 영역에서만 사용하는 지역(Local) 변수이다. 자동 변수와 다른 점은 자동 변수는 변수 값을 스택에 저장하므로 함수나 블록을 벗어나면 변수의 값이 지워진다. 그러나 내부 정적 변수는 프로그램이 종료될 때까지 변수의 값이 보존된다. 내부 정적 변수를 사용하는 이유는 함수의 내부에서만 사용하지만, 프로그램이 종료될 때까지 변수의 값을 유지하거나 혹은 지속적으로 사용하기 위하여 사용한다.

내부 정적 변수의 특징은 다음과 같다.

내부 정적 변수의 특징

- 특정 함수의 내부에서 선언된다.
- 선언된 함수 내에서만 그 값이 유효하다.
- 초기값이 0으로 자동 설정된다.
- 프로그램이 종료될 때까지 그 값이 유효하게 사용된다.

다음의 예제는 내부 정적 변수의 특징을 자동 변수와 비교하여 알아보기 위한 예제이다.

프로그램 5-16

```
#include <stdio.h>
void func()
{
        static int static_v=10;  //내부 정적 변수
        auto int auto_v=10;      //자동 변수

        static_v++;
        auto_v++;
```

```
    printf("정적변수 static_v=%d 자동변수 auto_v=%d\n", static_v, auto_v);
}

void main()
{
    int i;

    for(i = 0; i < 5; i++)
        func();
}
```

실행 결과

```
정적변수 static_v=11 자동변수 auto_v=11
정적변수 static_v=12 자동변수 auto_v=11
정적변수 static_v=13 자동변수 auto_v=11
정적변수 static_v=14 자동변수 auto_v=11
정적변수 static_v=15 자동변수 auto_v=11
```

위의 예제에서 정적 변수인 static_v와 자동변수인 auto_v는 함수 func() 안에서 선언되었으므로 이 함수 내에서만 사용 가능하다. main() 함수에서는 func() 함수를 총 5번 호출하였는데, 자동변수인 auto_v는 함수가 한번 실행될 때마다 그 값이 10으로 초기화되었다가 1이 증가하여 11이 된다. func() 함수가 종료되면 그 값은 사라지게 되어 다음에 func() 함수가 실행되면 다시 10으로 초기화되고, 11을 값으로 증가된다. 그러나 정적 변수인 static_v는 func() 함수가 한번 실행되면 그 값이 11이 되었다가 함수가 종료되어도 그 값이 유지된다. 따라서 func() 함수가 2번째 실행되면 12가 되며, 함수가 호출될 때마다 기존의 값이 유지되므로 계속 증가함을 알 수 있다.

▸ **외부 정적 변수(External Static Variable)**

외부 정적 변수는 함수나 블록의 외부에서 선언하며, 동일한 파일 내의 어느 곳에서나 사용이 가능한 전역 변수이다. 외부 정적 변수의 값 역시 프로그램이 종료될 때까지 그 값이 유지되며, 하나의 파일 안의 모든 함수에서 그 값을 공통으로 사용할 수 있다. 따라서 함수 간의 인수 값을 전달할 때에도 외부 정적 변수를 선언하여 사용하면 전달 인수나 반환값을 사용하지 않고도 원하는 데이터 값을 전달할 수 있다. 내부 정적 변수는 해당 영역에서만 사용이 가능하며, 외부 정적 변수는 파일 내에서 전역적으로 사용이 가능하다. 외부 정적 변수의 특징은 다음과 같다.

외부 정적 변수의 특징

- 특정 함수에 속하지 않고 함수의 외부에서 선언된다.
- 선언된 파일의 내부 어느 곳에서도 그 값이 유효하다.
- 초기값이 0으로 자동 설정된다.
- 프로그램이 종료될 때까지 그 값이 유효하게 사용된다.

다음의 예제는 외부 정적 변수의 특징을 알아보기 위한 예제이다.

프로그램 5-17

```
#include <stdio.h>

static int sum;  //외부 정적 변수 선언

void add(int n)
{
        printf("%d + %d = ", sum, n);
        sum = sum + n;
        printf("%d\n", sum);
}

void main()
{
        int i;

        for(i = 1; i <=10; i++)
        {
                printf("sum=%d: ", sum);
                add(i);
        }
}
```

실행 결과

```
sum=0: 0 + 1 = 1
sum=1: 1 + 2 = 3
sum=3: 3 + 3 = 6
sum=6: 6 + 4 = 10
sum=10: 10 + 5 = 15
sum=15: 15 + 6 = 21
sum=21: 21 + 7 = 28
sum=28: 28 + 8 = 36
sum=36: 36 + 9 = 45
sum=45: 45 + 10 = 55
```

위의 예제에서 [sum] 변수는 함수의 회부에서 선언된 외부 정적 변수이다. 따라서 이 프로그램 안에 있는 main()과 add() 함수에서 모두 공통의 값을 이용하여 사용 가능하다.

add() 함수에서는 현재 [sum] 변수에 저장되어 있는 값에 인수로 넘어온 값을 더하는 기능을 수행하는데, add() 함수를 호출될 때마다 [sum] 변수의 값은 기존에 저장되어 있는 값에 새로운 값을 더하게 된다.

main() 함수에서도 [sum] 변수의 값을 공통으로 참조할 수 있음을 알 수 있다.

5.5.3 레지스터 변수(Register Variable)

일반적으로 변수는 컴퓨터의 주 메모리에 기억되어 사용되지만 레지스터 변수는 CPU 내의 레지스터에 저장된다. 레지스터는 연산 속도가 주 메모리 장치보다 빠르므로 자주 빈번하게 사용되는 변수를 레지스터에 저장하게 되면 프로그램의 실행속도가 빨라지게 된다. 그러나 CPU의 레지스터는 그 용량이 한정되어 있으므로 레지스터 변수를 많이 지정할 수는 없다. 일반적으로 매우 빈번하게 사용되는 변수를 3개 정도까지 레지스터 변수로 지정하게 된다. 레지스터 변수의 사용 영역은 지역적이며 자동 변수로 취급된다. 레지스터 변수의 사용 방법은 다음과 같다.

레지스터 변수의 선언

```
register 기본 자료형  변수명;
```

레지스터 변수는 자동변수와 마찬가지로 초기값이 자동으로 할당되지 않는다. 함수 내에서 보통 3개 데이터까지 레지스터 변수로서 사용할 수 있으며 3개를 넘으면 나머지 레지스터 변수들은 자동 변수로 인식이 된다. 레지스터 변수는 CPU 내의 임시 기억 장소인 레지스터를 사용하기 때문에 번지 연산자(&)를 사용할 수 없지만 함수의 처리속도가 빠르다는 장점을 갖는다.

빠른 실행속도가 필요한 변수로는 배열의 인덱스로 사용되는 변수나 for 문이나 while 문 등의 반복 제어문에서 사용되는 변수가 있다. 이러한 변수는 빠른 시간 내에 빈번하게 변수의 값을 사용하여야 하므로 속도에 민감한 프로그램을 작성하는 경우 이러한 변수는 레지스터 변수로 선언하여 사용하기도 한다. 다음의 예제는 레지스터 변수를 사용하여 1부터 100까지의 합을 구하는 프로그램이다.

프로그램 5-18

```
#include <stdio.h>
void main()
{
	register int sum=0;  //레지스터 변수
	register int n;       //레지스터 변수

	for(n = 1; n <= 100; n++)
		sum += n;

	printf("1부터 100까지의 합은 %d입니다\n", sum);
}
```

실행 결과

```
1부터 100까지의 합은 5050입니다
```

5.5.4 외부 변수(External Variable)

외부 변수는 함수 밖에서 선언하여 사용한다. 일반적으로 외부 변수는 여러 개의 파일에서 공통으로

사용하는 데에 사용된다. 앞서 설명한 외부 정적 변수와 대부분의 특성이 동일하지만 다른 파일에서 정의된 변수를 사용할 수 있다는 데에 차이점이 있다. 외부 변수를 참조하여 선언하는 방법은 다음과 같다.

외부 변수의 참조 선언

```
extern 기본 자료형  변수명;
```

외부 변수의 특징은 다음과 같다.

외부 변수의 특징

- 특정 함수에 속하지 않고 함수의 외부에서 선언된다.
- 선언된 파일의 내부 어느 곳에서도 그 값이 유효하다.
- 외부의 다른 파일에서 선언된 변수를 공통으로 사용한다.
- 프로그램이 종료될 때까지 그 값이 유효하게 사용된다.

외부 변수는 다른 파일에서 선언된 변수를 사용하기 위한 방법이다. 외부 파일이란 현재 외부 변수를 참조 선언한 파일이 아닌 다른 헤더파일(*.h)이나 다른 C 프로그램 파일을 말한다.

제6장 배열

프로그램이 지정된 작업을 수행할 때 필요한 데이터를 저장하기 위해서는 메모리를 사용한다. 메모리를 사용하기 위한 방법으로 기본 자료형을 이용하여 변수를 사용하였다. 그러나 데이터의 개수가 많아지면 선언하여야 하는 변수의 개수도 많아지게 되며, 변수명도 같이 많아지게 된다. 변수의 개수가 지나치게 많아지면 프로그램의 양도 많아지고 복잡해진다. 배열은 이러한 단점을 해소하고 단순한 방법으로 많은 양의 데이터를 다룰 수 있도록 해준다. 이번 장에서는 많은 양의 데이터를 다루기 위한 배열에 개요 및 배열을 활용한 응용 프로그램의 구성 등에 대하여 설명한다.

6.1 배열의 개요

6.1.1 배열의 필요성

프로그램에서 데이터를 메모리에 저장하기 위한 방법으로 기본 자료형을 이용한 변수를 사용하였다. 변수는 메모리를 다룰 수 있는 가장 단순하고 쉬운 방법이다.

그러나 변수의 개수가 많아지면 프로그램의 양이 많아지고 복잡해져 프로그램의 분석이 어려워 질 수 있다.

프로그램 6-1

```
#include <stdio.h>
void main()
{
	int nu1, nu2, nu3, nu4, nu5;
	int nu6, nu7, nu8, nu9, nu10;
	double avg;
	printf("1번째 수를 입력하세요: ");
	scanf("%d", &nu1);
	printf("2번째 수를 입력하세요: ");
	scanf("%d", &nu2);
	printf("3번째 수를 입력하세요: ");
	scanf("%d", &nu3);
	printf("4번째 수를 입력하세요: ");
	scanf("%d", &nu4);
	printf("5번째 수를 입력하세요: ");
	scanf("%d", &nu5);
	printf("6번째 수를 입력하세요: ");
	scanf("%d", &nu6);
	printf("7번째 수를 입력하세요: ");
	scanf("%d", &nu7);
	printf("8번째 수를 입력하세요: ");
	scanf("%d", &nu8);
	printf("9번째 수를 입력하세요: ");
	scanf("%d", &nu9);
	printf("10번째 수를 입력하세요: ");
	scanf("%d", &nu10);

	avg = (double)(nu1+nu2+nu3+nu4+nu5+nu6+nu7+nu8+nu9+nu10)/10;

	printf("입력한 수는 %d %d %d %d %d %d %d %d %d %d이고 평균은 %f입니다\n",
nu1,nu2,nu3,nu4,nu5,nu6,nu7,nu8,nu9,nu10,avg);
}
```

실행 결과

```
1번째 수를 입력하세요: 5 [Enter↵]
2번째 수를 입력하세요: 8 [Enter↵]
3번째 수를 입력하세요: 12 [Enter↵]
4번째 수를 입력하세요: 3 [Enter↵]
5번째 수를 입력하세요: 56 [Enter↵]
6번째 수를 입력하세요: 23 [Enter↵]
7번째 수를 입력하세요: 87 [Enter↵]
8번째 수를 입력하세요: 12 [Enter↵]
9번째 수를 입력하세요: 52 [Enter↵]
10번째 수를 입력하세요: 9 [Enter↵]
입력한 수는 5 8 12 3 56 23 87 12 52 9이고 평균은 26.700000입니다
```

위의 예제는 10개의 숫자를 입력받고 그 평균을 구하는 프로그램이다. 10개의 숫자를 입력받기 위하여 10개의 정수형 변수와 평균을 구하기 위한 1개의 실수형 변수를 사용하였다. 변수의 개수가 많아지면서 프로그램의 양이 많아짐을 알 수 있다.

만일 평균을 구할 숫자의 개수가 더 많아진다면 프로그램의 양은 변수의 수에 비례하여 많아질 것이다. 수천 개의 숫자를 입력받는 프로그램을 작성한다고 가정해보자. 변수의 개수가 수천 개이므로 변수를 선언하기 위하여 변수명을 정하는 것만으로도 프로그램이 무척 복잡해질 것이다.

배열을 사용하여야 하는 이유는 많은 양의 데이터를 손쉽게 다루기 위하여 변수의 선언을 줄이고 프로그램의 구조를 단순하게 하기 위함이다.

6.1.2 배열의 개요

배열은 여러 개의 데이터를 하나의 배열 이름으로 다룰 수 있도록 여러 개의 메모리 저장소를 제공하는 자료형이다. 배열은 한 개의 배열 이름으로 여러 개의 저장소를 제공하며, 저장할 수 있는 데이터의 개수를 지정할 수 있다.

변수를 사용하기 위해서는 변수를 선언해야 하듯이 배열도 사용하기 위해서 배열의 선언이 필요하다. 배열을 선언하는 방법은 다음과 같다.

배열의 선언

```
자료형    배열명[배열개수];
```

자료형은 앞에서 배운 기본 자료형을 포함하여 C 언어에서 제공하는 모든 자료형을 사용할 수 있다. 배열명은 변수명을 지정하는 것과 동일한 방법으로 지정할 수 있으며 배열 개수는 지정된 자료형의 데이터를 저장하고자 하는 저장소의 개수를 지정하면 된다.

예를 들어 정수형의 데이터를 7개 저장하기 위해서는 다음과 같이 배열 개수 7을 지정하면 된다.

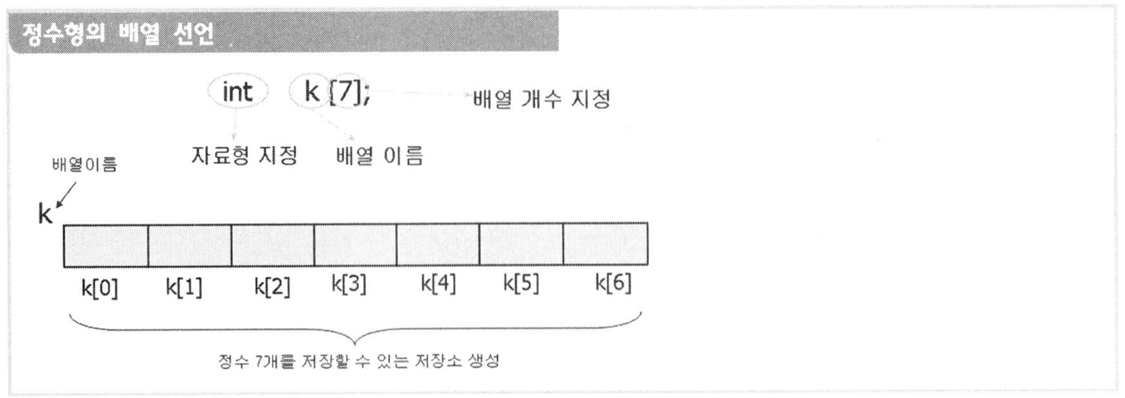

배열을 선언하면 위의 그림과 같이 하나의 배열 이름에 지정된 개수만큼의 저장소가 생성된다. 위에서는 배열 개수로 7을 지정하였으므로 정수를 7개 저장할 수 있는 저장소가 생성되었다.

▸ **인덱스(index) 번호**

배열을 사용하면 하나의 이름으로 여러 개의 데이터를 다룰 수 있게 된다. 그런데, 여러 개의 데이터를 하나의 이름으로 다루기 위해서는 각 저장소에 저장되어 있는 각각의 개별 데이터를 구분할 수 있어야 한다. 이를 위해서 배열에서는 인덱스 번호를 이용한다. 인덱스 번호란 각 저장소를 구분하기 위한 일종의 순차 번호로 항상 0부터 시작한다. 인덱스 번호의 개념은 다음과 같다.

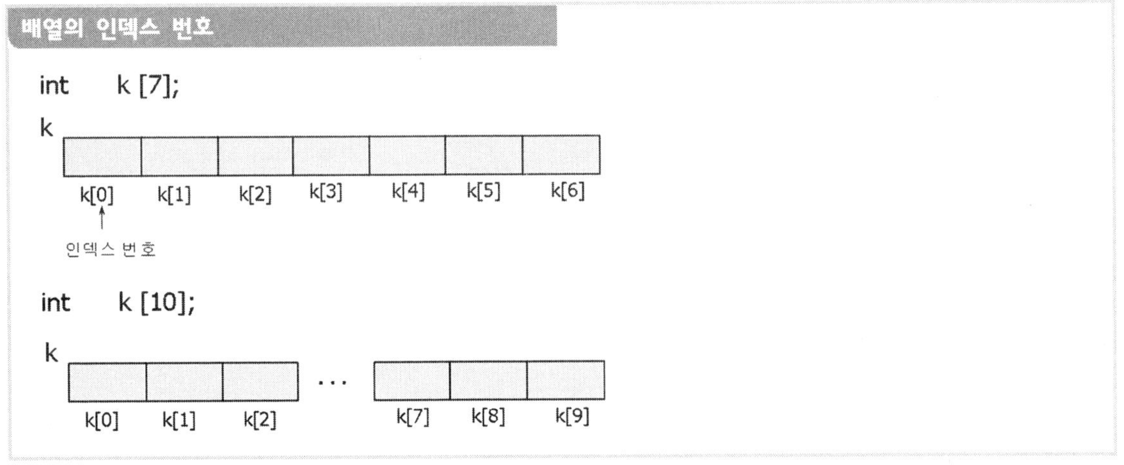

예를 들어 7개의 정수형 배열을 k라는 이름으로 선언한 경우, 인덱스 번호는 0부터 시작하여 1, 2, ..., 6까지 부여되며, 각 저장소의 이름은 인덱스 번호를 이용하여 k[0], k[1], k[2], ..., k[6]까지 7개가 자동으로 부여된다. 첫 번째 저장소는 k[0]이 되고, 두 번째 저장소는 k[1],.. 7번째 마지막 저장소는 k[6]이 된다.

즉, 각 저장소는 인덱스 번호를 사용하여 구분할 수 있다. 10개의 정수형 배열의 경우에는 인덱스 번호가 0부터 시작하여 9까지 10개가 생성되며, 100개의 배열의 경우의 인덱스 번호는 0부터 시작하여 99까지 100개가 생성된다. 배열에서는 이렇게 여러 개의 저장소를 구분하기 위해서 인덱스 번호를 사용한다.

▸ for 문의 사용

배열을 사용하면 하나의 이름의 여러 개의 데이터 저장소를 사용할 수 있다. 따라서 여러 개의 변수를 각각 따로 선언하지 않으므로 코드의 양을 줄일 수 있다. 그러나 개별 데이터를 다루기 위해서는 인덱스 번호를 사용하여 각 저장소를 구분하여 사용하여야 한다. 배열을 사용하면 각각의 개별 데이터를 사용할 때 for 문을 이용하면 코드의 양도 줄일 수 있으며, 프로그램의 구조를 단순화 할 수 있다. 배열을 사용할 때 for 문을 이용하는 개념을 다음과 같다.

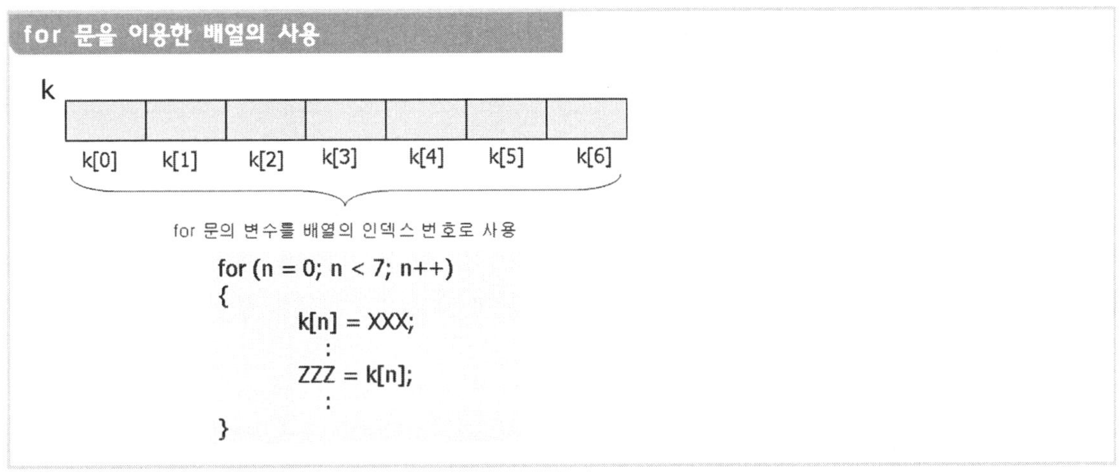

이제 배열을 이용하여 앞의 [프로그램 6-1]에서 작성한 프로그램을 다시 코딩해보자.

프로그램 6-2

```
#include <stdio.h>
void main()
{
	int nu[10];
	int n;
	int total=0;
	double avg;

	for(n = 0; n < 10; n++)
	{
		printf("%d 번째 수를 입력하세요: ", n+1);
		scanf("%d", &nu[n]);
		total += nu[n];
	}
	avg = (double)total/10;

	printf("입력한 수는 ");

	for(n = 0; n < 10; n++)
		printf("%d\t", nu[n]);

	printf("이고 평균은 %f 입니다\n", avg);
}
```

실행 결과

```
1번째 수를 입력하세요: 5 [Enter]
2번째 수를 입력하세요: 8 [Enter]
3번째 수를 입력하세요: 12 [Enter]
4번째 수를 입력하세요: 3 [Enter]
5번째 수를 입력하세요: 56 [Enter]
6번째 수를 입력하세요: 23 [Enter]
7번째 수를 입력하세요: 87 [Enter]
8번째 수를 입력하세요: 12 [Enter]
9번째 수를 입력하세요: 52 [Enter]
10번째 수를 입력하세요: 9 [Enter]
입력한 수는 5 8 12 3 56 23 87 12 52 9이고 평균은 26.700000입니다
```

위의 프로그램은 배열을 사용함으로써 선언하는 변수의 수가 줄어들었으며, 배열의 인덱스 번호를 for 문의 변수로 사용함으로써 프로그램의 구조가 단순해지고 코드의 양이 줄어들었음을 알 수 있다. 배열은 이렇게 많은 개수의 데이터를 다룰 때 편리한 방법이며, 인덱스 번호와 for 문을 이용한다는 것을 항상 유념하여야 한다.

6.2 배열의 활용

6.2.1 배열을 이용한 다수의 데이터 처리

프로그램에서 다루어야 할 데이터의 개수가 여러 개일 경우에 배열을 사용한다. 그런데 처리하여야 할 데이터의 개수가 한정되어 있을 수도 있지만 몇 개의 데이터를 처리하여야 할지가 정해지지 않은 경우가 대부분이다. 예를 들어 오늘 한강 다리를 건너는 자동차의 무게를 측정하는 프로그램을 구현한다고 가정해보자. 프로그램에서는 자동차의 무게를 합산하기 위하여 정수형으로 배열을 사용하여야 할 것이다. 그러나 자동차가 몇 대가 지나갈 지 알 수 없으므로 최대로 지나갈 수 있는 자동차의 대수만큼 배열의 개수를 지정하고, 실제 통과한 자동차의 대수 만큼만의 배열을 사용하여야 한다. 즉, 프로그램에서 배열을 이용하여 그 수가 정확히 지정되지 않은 많은 수의 데이터를 처리할 경우, 배열의 개수는 최대로 발생 가능한 데이터의 수만큼 지정하게 되며, 실제 배열의 사용은 데이터가 발생할 때마다 그 수만큼의 배열을 사용한다.

▸ 발생한 데이터의 개수만큼 배열 사용

이번에는 프로그램에서 데이터가 발생한 개수만큼 배열을 사용하는 예제를 살펴보자. 다음의 [실습 6-1]과 같이 여러 개의 수를 입력받고, 입력받은 숫자들을 다시 출력해주는 프로그램을 작성해보자. 숫자는 최대 100개까지의 숫자를 입력받을 수 있는데, 숫자 100개를 모두 입력하기 전에 데이터 입력을 멈추고 싶은 경우에 숫자 0을 입력하면 데이터의 입력을 종료하도록 프로그램을 작성해보자. 물론 프로그램에서 데이터의 입력을 종료하는 방법은 여러 가지 형태가 있을 수 있지만, 이 예제에서는 숫자 0을 입력하는 것으로 정하였다.

실습 6-1

```
1번째 수를 입력하세요 : ★ Enter↵
2번째 수를 입력하세요 : ★ Enter↵
3번째 수를 입력하세요 : ★ Enter↵          (최대 100개의 수 입력)
        :                                  (숫자 0을 입력하면 입력 종료)
100번째 수를 입력하세요 : ★ Enter↵

입력한 수는 ★★★★........★입니다.
```

Tip 실습문제 해결을 위한 팁

- 최대 100개의 숫자를 입력받을 수 있어야 하므로 정수형으로 100개의 저장소를 갖는 배열을 선언한다.
- 데이터의 입력은 for 문 안에서 printf()와 scanf() 함수를 번갈아가며 사용하여 입력받는다.
- 입력받은 데이터는 인덱스 번호를 이용하여 배열에 순서대로 저장한다.
- 입력받은 숫자가 0인 경우 break 문을 이용하여 입력을 종료한다.
- 데이터의 출력은 for 문을 이용하여 출력한다.
- 출력 시에도 인덱스 번호를 이용하여 순서대로 출력한다.

프로그램 6-3

```
#include <stdio.h>
void main()
{
        int    nu[100];
        int    i;

        for(i = 0; i < 100; i++)
        {
                printf("%d번째 수를 입력하세요: ", i+1);
                scanf("%d", &nu[i]);

                if (nu[i] == 0)
                        break;
        }

        printf("입력한 수는 ");
        for (i = 0; i < 100; i++)
        {
                printf("%d\t", nu[i]);
        }
        printf("입니다\n");
}
```

실행 결과

```
1번째 수를 입력하세요: 1 [Enter]
2번째 수를 입력하세요: 2 [Enter]
3번째 수를 입력하세요: 3 [Enter]
4번째 수를 입력하세요: 4 [Enter]
5번째 수를 입력하세요: 5 [Enter]
6번째 수를 입력하세요: 0 [Enter]
입력한 수는 1 2 3 4 5 0 -858993460 -858993460 -858993460 -858993460 -858993460 -
858993460 -858993460 -858993460 -858993460 -858993460 -858993460 -858993460 -858
993460 -858993460 -858993460 -858993460 -858993460 -858993460 -858993460 -858993
                    :
-858993460 -858993460 -858993460 -858993460 -
858993460  -858993460  -858993460  -858993460  -858993460  -858993460  -858993460
-858993460 -858993460 입니다
```

위의 예제에서는 5개의 숫자를 입력한 후 6번째 수를 입력할 때 0을 입력하여 입력을 종료하였다. 그런데 입력한 수를 출력할 때 5번째 수까지는 입력한 수가 출력되었고, 6번째 수는 0이 그대로 출력되고, 그 이후의 숫자는 이상한 숫자들이 출력되었다. 그 이유는 무엇일까? 6번째로 입력한 수는 0이지만, 실제로는 입력을 종료하기 위한 일종의 신호이며, 실제 사용하는 데이터는 아니다. 따라서 6번째 수인 0은 출력하지 말아야 하며, 그 이후의 수는 입력하지 않았지만, 최대 100의 수를 입력받기 위하여 100개의 저장소를 갖는 배열을 선언하였으므로 나머지 배열의 저장소에 있는 값들을 출력하다보니 이상한 값들이 출려된 것이다.

따라서 이 프로그램을 원하는 형태로 바꾸기 위해서는 입력된 숫자의 개수를 파악하고, 출력할 때에는 입력한 숫자의 개수만큼만 출력하여야 한다. 이번에는 다음의 [실습 6-2]와 같이 앞의 [실습 6-1]과 동일하게 여러 개의 수를 입력받고, 입력받은 숫자들을 다시 출력해주는데, 입력한 숫자만 출력해주며, 입력받은 숫자의 개수를 알려주도록 수정해보자.

실습 6-2

```
1번째 수를 입력하세요 : ★ [Enter]
2번째 수를 입력하세요 : ★ [Enter]
3번째 수를 입력하세요 : ★ [Enter]          (최대 100개의 수 입력)
          :                                (숫자 0을 입력하면 입력 종료)
100번째 수를 입력하세요 : ★ [Enter]

입력한 수는 ★★★★........★입니다.
총 ♥개의 수를 입력하였습니다.
```

Tip 실습문제 해결을 위한 팁

- 앞에서 작성한 실습 6-1과 동일하게 프로그램을 구성한다.
- 입력받은 숫자의 개수를 저장하기 위한 변수 [num]을 추가한다.

- 0이 입력되면 입력을 종료하는데, 이때의 for 문의 변수 값이 입력받은 숫자의 개수이므로 이 값을 [num]에 저장한다.
- 숫자를 출력할 때 배열의 인덱스 번호를 for 문에서 0부터 [num-1] 까지만 출력한다.
- 마지막으로 입력받은 숫자의 개수 [num]을 출력한다.

프로그램 6-4

```
#include <stdio.h>
void main()
{
	int nu[100];
	int i;
	int num;

	for(i = 0; i < 100; i++)
	{
		printf("%d번째 수를 입력하세요: ", i+1);
		scanf("%d", &nu[i]);

		if (nu[i] == 0)
			break;
	}

	num = i;		//입력받은 숫자의 개수 저장

	printf("입력한 수는 ");
	for (i = 0; i < num; i++)
	{
		printf("%d\t", nu[i]);
	}
	printf("입니다\n");
	printf("총 %d개의 수를 입력하였습니다.\n", num);
}
```

실행 결과

```
1번째 수를 입력하세요: 1 Enter↵
2번째 수를 입력하세요: 2 Enter↵
3번째 수를 입력하세요: 3 Enter↵
4번째 수를 입력하세요: 4 Enter↵
5번째 수를 입력하세요: 5 Enter↵
6번째 수를 입력하세요: 6 Enter↵
7번째 수를 입력하세요: 7 Enter↵
8번째 수를 입력하세요: 8 Enter↵
9번째 수를 입력하세요: 9 Enter↵
10번째 수를 입력하세요: 10 Enter↵
11번째 수를 입력하세요: 0 Enter↵
입력한 수는 1 2 3 4 5 6 7 8 9 10 입니다
총 10개의 수를 입력하였습니다.
```

▸ **배열의 순서**

배열을 이용하여 여러 개의 데이터를 처리할 때에는 for 문을 이용하여 배열의 인덱스 번호를 사용하여 개별 데이터를 처리한다. 이 인덱스 번호는 배열에 데이터를 처리하는 순서로 사용되는데, 이 인덱스 번호를 잘 활용하면 여러 가지 기능을 구현할 수 있다. 이번에는 다음의 [실습 6-3]과 같이 앞의 [실습 6-1]과 동일하게 여러 개의 수를 입력받고, 입력받은 숫자들을 다시 출력해주는데, 한 번은 원래 입력한 순서대로 출력해주고, 또 한 번은 입력한 순서의 역순으로 출력하는 프로그램을 작성해보자.

실습 6-3

```
1번째 수를 입력하세요 : ★ Enter↵
2번째 수를 입력하세요 : ★ Enter↵
3번째 수를 입력하세요 : ★ Enter↵          (최대 100개의 수 입력)
          :                              (숫자 0을 입력하면 입력 종료)
100번째 수를 입력하세요 : ★ Enter↵

입력한 수는 ★★★★........★입니다.
입력한 수를 거꾸로 하면 ★★★★........★입니다.
```

Tip 실습문제 해결을 위한 팁

- 앞에서 작성한 실습 6-2와 동일하게 프로그램을 구성한다.
- 입력받은 숫자의 개수를 변수 [num]에 저장한다.
- 입력받은 수를 출력할 때 원래 입력받은 순서대로 출력할 때에는 인덱스 번호를 0부터 [num-1]까지 1씩 증가하면서 출력한다.
- 입력받은 수를 입력받은 순서의 역순으로 출력할 경우에는 인덱스 번호를 [num-1]부터 0까지 1씩 감소시키면서 출력한다.

프로그램 6-5

```c
#include <stdio.h>
void main()
{
        int nu[100];
        int i;
        int num;

        for(i = 0; i < 100; i++)
        {
                printf("%d번째 수를 입력하세요: ", i+1);
                scanf("%d", &nu[i]);
```

```
            if (nu[i] == 0)
                    break;
    }
    num = i;        //입력받은 숫자의 개수 저장

    printf("입력한 수는 ");
    for (i = 0; i < num; i++)
    {
            printf("%d\t", nu[i]);
    }
    printf("입니다\n");

    printf("입력한 수를 거꾸로 하면 ");
    for (i = num-1; i >= 0; i--)
    {
            printf("%d\t", nu[i]);
    }
    printf("입니다\n");
}
```

실행 결과

```
1번째 수를 입력하세요: 1 Enter↵
2번째 수를 입력하세요: 2 Enter↵
3번째 수를 입력하세요: 3 Enter↵
4번째 수를 입력하세요: 4 Enter↵
5번째 수를 입력하세요: 5 Enter↵
6번째 수를 입력하세요: 6 Enter↵
7번째 수를 입력하세요: 7 Enter↵
8번째 수를 입력하세요: 8 Enter↵
9번째 수를 입력하세요: 9 Enter↵
10번째 수를 입력하세요: 10 Enter↵
11번째 수를 입력하세요: 0 Enter↵
입력한 수는 1 2 3 4 5 6 7 8 9 10 입니다
입력한 수를 거꾸로 하면 10 9 8 7 6 5 4 3 2 1 입니다
```

6.2.2 배열을 이용한 성적 처리

여러 개의 데이터를 처리하는 프로그램 중 가장 단순한 프로그램 중 하나가 성적을 처리하는 프로그램이다. 물론 성적처리 프로그램의 기능도 매우 다양하지만 여기에서는 우선 성적을 입력받고 평균을 구하고, 가장 높은 성적을 구하는 단순한 프로그램을 생각해보자.

이번에는 다음의 [실습 6-4]와 같이 최대 100명의 성적을 입력받고 입력받은 성적의 평균을 구하는 프로그램을 작성해보자.

실습 6-4

```
1번째 학생의 성적을 입력하세요 : ★ Enter↵
2번째 학생의 성적을 입력하세요 : ★ Enter↵
3번째 학생의 성적을 입력하세요 : ★ Enter↵      (최대 100개의 성적 입력)
          :                                  (숫자 0을 입력하면 입력 종료)
100번째 학생의 성적을 입력하세요 : ★ Enter↵

입력한 성적은 ★★★★........★입니다.
입력한 성적의 평균은 ♥입니다.
```

Tip 실습문제 해결을 위한 팁

- 앞에서 작성한 실습 6-3과 동일하게 프로그램을 구성한다.
- 평균을 구하기 위한 변수로 정수형의 [total]과 실수형 변수 [avg]를 선언하고, 성적을 입력받을 때 입력받은 성적을 [total] 변수에 더해 나간다.
- 입력이 종료되면 [total]의 값을 입력받은 성적의 개수로 나누어 평균을 구한다.

프로그램 6-6

```
#include <stdio.h>
void main()
{
        int nu[100];
        int i;
        int num;
        int total = 0;
        double avg;

        for(i = 0; i < 100; i++)
        {
                printf("%d번째 학생의 성적을 입력하세요: ", i+1);
                scanf("%d", &nu[i]);

                if (nu[i] == 0)
                        break;

                total += nu[i];
        }

        num = i;        //입력받은 숫자의 개수 저장
        avg = (double)total/num;

        printf("입력한 성적은 ");
        for (i = 0; i < num; i++)
        {
        printf("%d\t", nu[i]);
```

```
        }
        printf("입니다\n");

        printf("입력한 성적의 평균은 %f입니다\n", avg);
}
```

실행 결과

```
1번째 학생의 성적을 입력하세요: 50 Enter↵
2번째 학생의 성적을 입력하세요: 70 Enter↵
3번째 학생의 성적을 입력하세요: 89 Enter↵
4번째 학생의 성적을 입력하세요: 100 Enter↵
5번째 학생의 성적을 입력하세요: 48 Enter↵
6번째 학생의 성적을 입력하세요: 86 Enter↵
7번째 학생의 성적을 입력하세요: 95 Enter↵
8번째 학생의 성적을 입력하세요: 0 Enter↵
입력한 성적은 50 70 89 100 48 86 95 입니다
입력한 성적의 평균은 76.857143입니다
```

이번에는 다음의 [실습 6-5]와 같이 최대 100명의 성적을 입력받고 입력받은 성적의 평균을 구하고 입력받은 성적 중 가장 높은 성적의 점수를 구하는 프로그램을 작성해보자.

실습 6-5

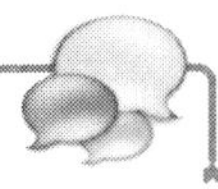

```
1번째 학생의 성적을 입력하세요 : ★ Enter↵
2번째 학생의 성적을 입력하세요 : ★ Enter↵
3번째 학생의 성적을 입력하세요 : ★ Enter↵      (최대 100개의 성적 입력)
          :                                   (숫자 0을 입력하면 입력 종료)
100번째 학생의 성적을 입력하세요 : ★ Enter↵

입력한 성적은 ★★★★........★입니다.
입력한 성적의 평균은 ♥입니다.
이중 가장 높은 성적은 ♠점입니다.
```

Tip 실습문제 해결을 위한 팁

- 앞에서 작성한 실습 6-4와 동일하게 프로그램을 구성한다.
- 입력받은 성적을 출력하고 입력 성적의 평균을 구하는 기능은 실습 6-4와 동일하게 구성한다.
- 입력받은 성적 중 가장 높은 성적을 판단하기 위해서 [max]라는 정수형의 변수를 사용한다. 이 변수는 현재까지 입력된 성적 중 가장 높은 점수를 저장하기 위하여 사용된다.
- [max] 변수의 초기값은 0으로 설정하고, 성적을 입력받을 때마다 입력받은 점수와 [max] 변수의 값을 비교하여 현재 [max] 변수에 저장되어 있는 값보다 높은 성적이 입력되면 [max] 변수의 값을 방금 입력받은 성적으로 대치한다.
- 입력이 종료되면 현재 [max] 변수에 저장되어 있는 값이 가장 높은 성적이 되므로 이를 출력한다.

프로그램 6-7

```
#include <stdio.h>
void main()
{
	int nu[100];
	int i;
	int num;
	int total = 0;
	double avg;
	int max = 0;

	for(i = 0; i < 100; i++)
	{
		printf("%d번째 학생의 성적을 입력하세요: ", i+1);
		scanf("%d", &nu[i]);

		if (nu[i] == 0)
			break;

		total += nu[i];

		if (max < nu[i])
			max = nu[i];
	}

	num = i;
	avg = (double)total/num;

	printf("입력한 성적은 ");
	for (i = 0; i < num; i++)
	{
		printf("%d\t", nu[i]);
	}
	printf("입니다\n");

	printf("입력한 성적의 평균은 %f입니다\n", avg);
	printf("이중 가장 높은 성적은 %d점입니다.\n", max);
}
```

실행 결과

```
1번째 학생의 성적을 입력하세요: 12 Enter↵
2번째 학생의 성적을 입력하세요: 98 Enter↵
3번째 학생의 성적을 입력하세요: 45 Enter↵
4번째 학생의 성적을 입력하세요: 76 Enter↵
5번째 학생의 성적을 입력하세요: 89 Enter↵
6번째 학생의 성적을 입력하세요: 56 Enter↵
7번째 학생의 성적을 입력하세요: 93 Enter↵
8번째 학생의 성적을 입력하세요: 76 Enter↵
9번째 학생의 성적을 입력하세요: 81 Enter↵
10번째 학생의 성적을 입력하세요: 0 Enter↵
입력한 성적은 12 98 45 76 89 56 93 76 81 입니다
입력한 성적의 평균은 69.555556입니다
이중 가장 높은 성적은 98점입니다.
```

이번에는 다음의 [실습 6-6]과 같이 최대 100명의 성적을 입력받고 입력받은 성적의 평균을 구하고 입력받은 성적 중 가장 낮은 성적의 점수를 구하는 프로그램을 작성해보자.

실습 6-6

```
1번째 학생의 성적을 입력하세요 : ★ Enter↵
2번째 학생의 성적을 입력하세요 : ★ Enter↵
3번째 학생의 성적을 입력하세요 : ★ Enter↵      (최대 100개의 성적 입력)
          :                                   (숫자 0을 입력하면 입력 종료)
100번째 학생의 성적을 입력하세요 : ★ Enter↵

입력한 성적은 ★★★★........★입니다.
입력한 성적의 평균은 ♥입니다.
이중 가장 낮은 성적은 ♠점입니다.
```

Tip 실습문제 해결을 위한 팁

- 앞에서 작성한 실습 6-5와 동일하게 프로그램을 구성한다.
- 입력받은 성적 중 가장 낮은 성적을 판단하기 위해서 [min]라는 정수형의 변수를 사용한다. 이 변수는 현재까지 입력된 성적 중 가장 낮은 점수를 저장하기 위하여 사용된다.
- [min] 변수의 초기값은 성적으로 입력받을 수 있는 수보다 훨씬 큰 값인 9999로 설정하고, 성적을 입력받을 때마다 입력받은 점수와 [min] 변수의 값을 비교하여 현재 [min] 변수에 저장되어 있는 값보다 낮은 성적이 입력되면 [min] 변수의 값을 방금 입력받은 성적으로 대치한다.
- 입력이 종료되면 현재 [min] 변수에 저장되어 있는 값이 가장 낮은 성적이 되므로 이를 출력한다.

프로그램 6-8

```
#include <stdio.h>
void main()
{
	int nu[100];
	int i;
	int num;
	int total = 0;
	double avg;
	int min = 9999;

	for(i = 0; i < 100; i++)
	{
		printf("%d번째 학생의 성적을 입력하세요: ", i+1);
		scanf("%d", &nu[i]);

		if (nu[i] == 0)
			break;
```

```
            total += nu[i];

            if (min > nu[i])
                    min = nu[i];
    }
    num = i;
    avg = (double)total/num;

    printf("입력한 성적은 ");
    for (i = 0; i < num; i++)
    {
            printf("%d\t", nu[i]);
    }
    printf("입니다\n");

    printf("입력한 성적의 평균은 %f입니다\n", avg);
    printf("이중 가장 낮은 성적은 %d점입니다.\n", min);
}
```

실행 결과

```
1번째 학생의 성적을 입력하세요: 67 Enter
2번째 학생의 성적을 입력하세요: 95 Enter
3번째 학생의 성적을 입력하세요: 34 Enter
4번째 학생의 성적을 입력하세요: 81 Enter
5번째 학생의 성적을 입력하세요: 47 Enter
6번째 학생의 성적을 입력하세요: 99 Enter
7번째 학생의 성적을 입력하세요: 26 Enter
8번째 학생의 성적을 입력하세요: 87 Enter
9번째 학생의 성적을 입력하세요: 64 Enter
10번째 학생의 성적을 입력하세요: 85 Enter
11번째 학생의 성적을 입력하세요: 0 Enter
입력한 성적은 67 95 34 81 47 99 26 87 64 85 입니다
입력한 성적의 평균은 68.500000입니다
이중 가장 낮은 성적은 26점입니다.
```

6.2.3 데이터의 정렬

데이터의 정렬이란 데이터의 크기를 기준으로 순서대로 나열하는 기능을 말하는 것으로 컴퓨터 프로그램을 이용하는 알고리즘에서는 매우 중요한 부분이다.

데이터를 정렬하는 알고리즘은 현재 개발된 방법도 여러 가지가 있으며 사용하는 데이터 구조나 사용 환경에 따라 장단점이 존재한다.

배열에 저장되어 있는 데이터를 정렬하는 방법도 여러 가지가 있으나, 본 절에서는 C 언어를 습득하기에 가장 도움이 될 수 있고 이해하기 용이한 방법인 버블정렬 방법을 이용하여 정렬 기능을 설명하도록 한다.

▸ **배열의 데이터 위치 교환(swap)**

버블정렬 알고리즘을 이용하여 배열에 저장되어 있는 데이터를 순서대로 정렬하기 위해서는 배열의 데이터의 위치를 교환하는 swap을 우선 알아야 한다. swap이란 배열에 저장되어 있는 데이터의 위치를 서로 교환하는 것을 말한다. 배열에 저장되어 있는 2개의 데이터를 서로 위치를 바꾸기 위해서는 한 개의 임시 변수가 필요하다.

예를 들어 정수형 배열 k[2]를 생각해보자. k[0]에는 12, k[1]에는 77이라는 데이터가 저장되어 있을 때 이 2개의 배열에 저장되어 있는 값을 바꾸기 위해서는 다음의 그림과 같이 temp라는 임시 변수를 이용하여 2개의 값을 바꾸게 된다.

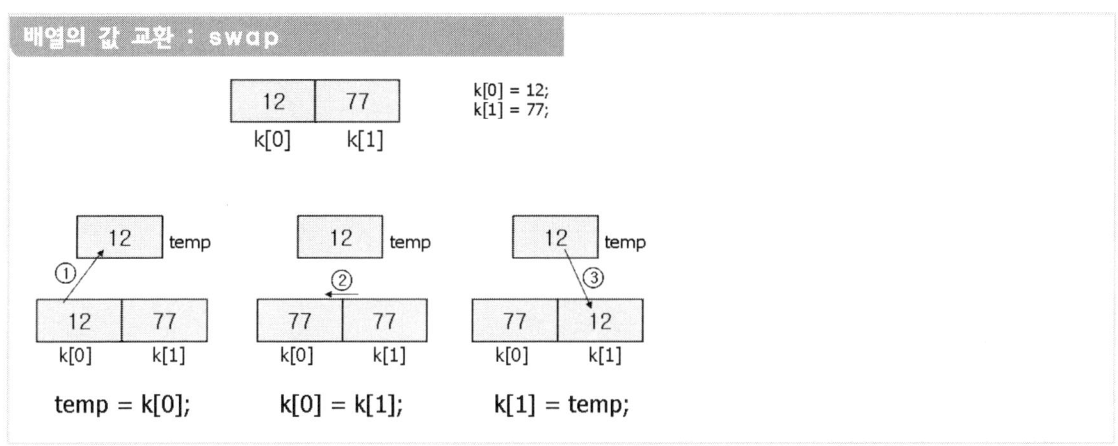

우선 배열의 첫 번째 저장소인 k[0]에 저장되어 있는 값을 temp 변수에 복사한다. 다음으로 배열의 두 번째 저장소 k[1]에 저장되어 있는 값을 k[0]에 복사한 후 마지막으로 temp 변수의 값을 k[1]에 복사하여 두 배열의 값을 서로 교환하게 된다.

이번에는 다음의 [실습 6-7]과 같이 2개의 숫자를 입력받아 배열에 저장한 후 2개의 배열 값을 교환하는 프로그램을 작성해보자.

실습 6-7

```
첫 번째 수를 입력하세요 : ★ Enter↵
두 번째 수를 입력하세요 : ♥ Enter↵
입력한 수는 ★♥입니다.
2개의 수를 교환하면 ♥★입니다.
```

Tip 실습문제 해결을 위한 팁

- 2개의 정수 데이터를 저장하기 위한 배열을 사용하여 입력받은 데이터를 저장한다.
- 앞에서 설명한 swap 방법을 이용하여 2개의 데이터를 교환한다.

프로그램 6-9

```
#include <stdio.h>
void main()
{
	int nu[2];
	int temp;

	printf("첫 번째 수를 입력하세요: ");
	scanf("%d", &nu[0]);
	printf("두 번째 수를 입력하세요: ");
	scanf("%d", &nu[1]);

	printf("입력한 수는 %d %d입니다\n", nu[0], nu[1]);

	temp = nu[0];
	nu[0] = nu[1];
	nu[1] = temp;

	printf("2개의 수를 교환하면 %d %d입니다\n", nu[0], nu[1]);
}
```

실행 결과

```
첫 번째 수를 입력하세요: 27 Enter↵
두 번째 수를 입력하세요: 94 Enter↵
입력한 수는 27 94입니다
2개의 수를 교환하면 94 27입니다
```

▸ 배열에서 가장 큰 수를 맨 앞으로 보내기

이번에는 배열에 저장되어 있는 수 중 가장 큰 수를 찾는 방법에 대하여 알아보자. 가장 큰 수를 찾는 방법은 여러 가지가 가능하다. 가장 쉬운 방법으로는 앞에서 했던 방법으로 max 변수를 두고, 숫자를 입력받을 때마다 이 변수와 크기를 비교하여 현재까지 입력받은 수 중에서 가장 큰 수를 저장하는 방법이다. 그러나 이번에는 배열에 저장되어 있는 수 중에서 가장 큰 수를 배열의 맨 앞으로 보내는 방법을 구현해보자. 배열에 저장되어 있는 데이터 중에서 가장 큰 수를 맨 앞으로 보내는 방법은 배열의 맨 뒤에서부터 2개의 데이터를 비교하여 뒤의 데이터 값이 더 크면 2개의 위치를 교환(swap)한다.

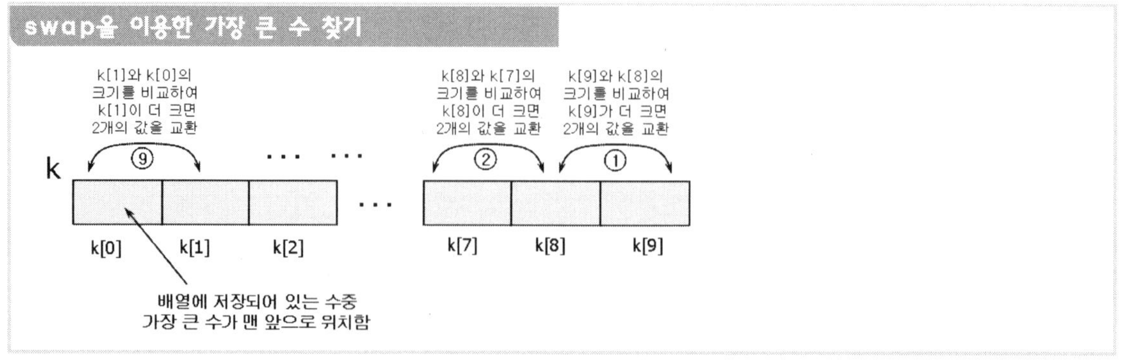

위의 그림과 같이 배열의 맨 뒤에서부터 데이터를 2개씩 비교하여 큰 값을 앞으로 교환해나가면 가장 큰 수가 배열의 맨 앞으로 밀려나가게 된다. 따라서 가장 큰 수가 배열의 맨 앞인 첫 번째 저장소에 저장되게 된다. 이 기능을 이용하여 다음의 실습 [6-8]과 같이 최대 100명의 성적을 입력받고 입력받은 성적 중 가장 높은 성적의 점수를 구하는 프로그램을 작성해보자.

실습 6-8

```
1번째 학생의 성적을 입력하세요 : ★ Enter↵
2번째 학생의 성적을 입력하세요 : ★ Enter↵
3번째 학생의 성적을 입력하세요 : ★ Enter↵      (최대 100개의 성적 입력)
        :                                    (숫자 0을 입력하면 입력 종료)
100번째 학생의 성적을 입력하세요 : ★ Enter↵

입력한 성적은 ★★★★........★입니다.
이중 가장 높은 성적은 ♠점입니다.
```

Tip 실습문제 해결을 위한 팁

- 성적을 입력받고 출력하는 기능은 앞에서 작성한 실습 6-2와 동일하게 프로그램을 구성한다.
- 가장 높은 성적을 찾기 위하여 배열에 저장된 데이터의 맨 뒤에서부터 2개씩 비교하여 큰 성적을 앞으로 보내 나간다.
- 맨 뒤에서부터 비교해나가기 위하여 for 문을 이용한다.
- 배열의 맨 뒤와 바로 앞의 데이터를 비교할 때 for 문의 변수를 배열의 인덱스 번호로 이용하여 비교한다.
- 비교하여 뒤의 데이터가 더 크면 swap 기능을 이용하여 교환한다.
- 맨 앞에 저장된 성적이 가장 큰 성적이 된다.

프로그램 6-10

```
#include <stdio.h>
void main()
{
        int nu[100];
        int i;
        int num;
        int temp;

        for(i = 0; i < 100; i++)
        {
                printf("%d번째 학생의 성적을 입력하세요: ", i+1);
                scanf("%d", &nu[i]);

                if (nu[i] == 0)
                        break;
                }
```

```
	num = i;		//입력받은 숫자의 개수 저장

	printf("입력한 성적은 ");
	for (i = 0; i < num; i++)
	{
		printf("%d\t", nu[i]);
	}
	printf("입니다\n");

	for(i = num-1; i > 0; i--)
	{
		if (nu[i] > nu[i-1])	// 뒤의 데이터가 더 크면 교환
		{
			temp = nu[i];
			nu[i] = nu[i-1];
			nu[i-1] = temp;
		}
	}
	printf("이중 가장 높은 성적은 %d점입니다.\n", nu[0]);
}
```

실행 결과

```
1번째 학생의 성적을 입력하세요: 45 [Enter]
2번째 학생의 성적을 입력하세요: 78 [Enter]
3번째 학생의 성적을 입력하세요: 91 [Enter]
4번째 학생의 성적을 입력하세요: 74 [Enter]
5번째 학생의 성적을 입력하세요: 85 [Enter]
6번째 학생의 성적을 입력하세요: 89 [Enter]
7번째 학생의 성적을 입력하세요: 37 [Enter]
8번째 학생의 성적을 입력하세요: 96 [Enter]
9번째 학생의 성적을 입력하세요: 88 [Enter]
10번째 학생의 성적을 입력하세요: 53 [Enter]
11번째 학생의 성적을 입력하세요: 0 [Enter]
입력한 성적은 45 78 91 74 85 89 37 96 88 53 입니다
이중 가장 높은 성적은 96점입니다.
```

이번에는 위의 실습 [6-8]을 이용하여 다음의 실습 [6-9]와 같이 최대 100명의 성적을 입력받고 입력받은 성적 중 가장 낮은 성적의 점수를 구하는 프로그램을 작성해보자.

실습 6-9

```
1번째 학생의 성적을 입력하세요 : ★ [Enter]
2번째 학생의 성적을 입력하세요 : ★ [Enter]
3번째 학생의 성적을 입력하세요 : ★ [Enter]      (최대 100개의 성적 입력)
        :                                     (숫자 0을 입력하면 입력 종료)
100번째 학생의 성적을 입력하세요 : ★ [Enter]

입력한 성적은 ★★★★........★입니다.
이중 가장 낮은 성적은 ♠점입니다.
```

실습문제 해결을 위한 팁

- 성적을 입력받고 출력하는 기능은 앞에서 작성한 실습 6-8과 동일하게 프로그램을 구성한다.
- 배열의 맨 뒤에서부터 뒤의 데이터가 작으면 교환하는 방법을 사용하여 가장 크기가 작은 데이터를 맨 앞으로 보낸다.

프로그램 6-11

```
#include <stdio.h>
void main()
{
        int nu[100];
        int i;
        int num,  temp;

        for(i = 0; i < 100; i++)
        {
                printf("%d번째 학생의 성적을 입력하세요: ", i+1);
                scanf("%d", &nu[i]);

                if (nu[i] == 0)
                        break;
        }
        num = i;        //입력받은 숫자의 개수 저장
        printf("입력한 성적은 ");
        for (i = 0; i < num; i++)
        {
                printf("%d\t", nu[i]);
        }
        printf("입니다\n");

        for(i = num-1; i > 0; i--)
        {
                if (nu[i] < nu[i-1])   // 뒤의 데이터가 더 작으면 교환
                {
                        temp = nu[i];
                        nu[i] = nu[i-1];
                        nu[i-1] = temp;
                }
        }
        printf("이중 가장 낮은 성적은 %d점입니다.\n", nu[0]);
}
```

실행 결과

```
1번째 학생의 성적을 입력하세요: 56 Enter↵
2번째 학생의 성적을 입력하세요: 89 Enter↵
3번째 학생의 성적을 입력하세요: 95 Enter↵
4번째 학생의 성적을 입력하세요: 48 Enter↵
5번째 학생의 성적을 입력하세요: 69 Enter↵
6번째 학생의 성적을 입력하세요: 76 Enter↵
7번째 학생의 성적을 입력하세요: 51 Enter↵
8번째 학생의 성적을 입력하세요: 82 Enter↵
9번째 학생의 성적을 입력하세요: 12 Enter↵
10번째 학생의 성적을 입력하세요: 62 Enter↵
11번째 학생의 성적을 입력하세요: 0 Enter↵
입력한 수는 56 89 95 48 69 76 51 82 12 62 입니다
이중 가장 낮은 성적은 12점입니다.
```

▸ 버블정렬을 이용하여 순서대로 정렬하기

이번에는 버블정렬을 이용하여 배열의 값들을 순서대로 정렬하는 방법에 대하여 살펴보자. 버블정렬은 앞에서 설명했던 swap 기능을 이용하여 가장 큰 수를 맨 앞으로 보내는 기능을 반복하여 수행하는 것이다. 다음의 그림은 버블 정렬에 대한 개념을 설명한 것이다.

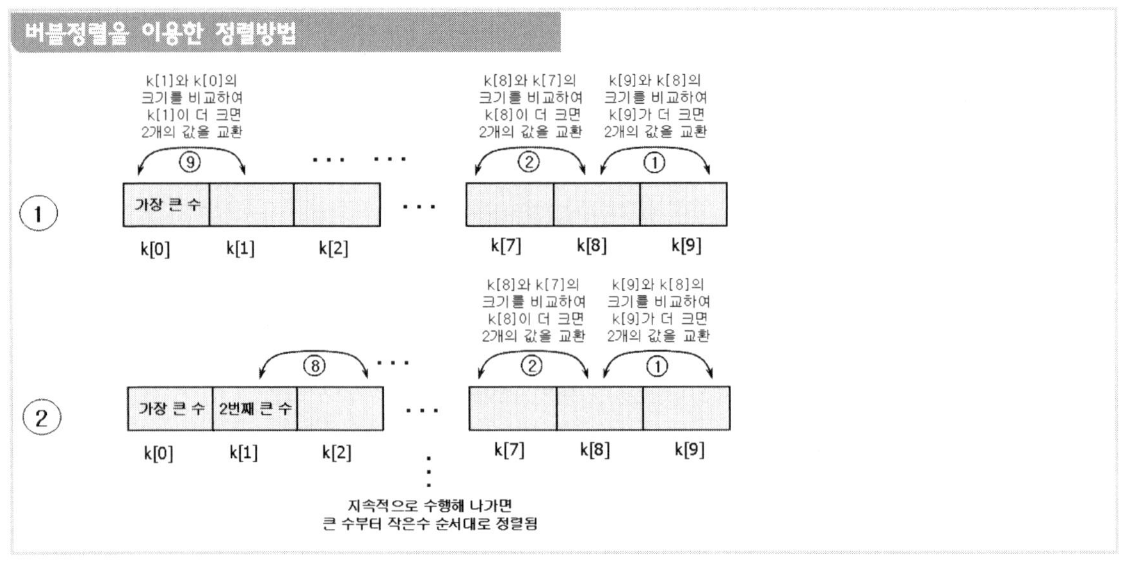

우선 배열의 맨 뒤에서부터 큰 값을 교환해나가면 가장 큰 수가 배열의 맨 앞으로 밀려나간다. 다음으로 가장 큰 수는 제외하고, 다시 배열의 맨 뒤에서부터 큰 값을 교환해나가면 두 번째 큰 수가 배열의 두 번째 저장소로 밀려나간다. 이런 방식으로 계속 반복하여 큰 수를 교환해나가면 배열에는 큰 수에서부터 작은 수의 순서대로, 즉 내림차순으로 정렬이 된다.

이번에는 다음의 실습 [6-10]과 같이 최대 100명의 성적을 입력받고 입력받은 성적을 내림차순으로 높은 성적에서 낮은 성적의 순으로 정렬을 해보자

실습 6-10

```
1번째 학생의 성적을 입력하세요 : ★ Enter↵
2번째 학생의 성적을 입력하세요 : ★ Enter↵
3번째 학생의 성적을 입력하세요 : ★ Enter↵      (최대 100개의 성적 입력)
          :                                (숫자 0을 입력하면 입력 종료)
100번째 학생의 성적을 입력하세요 : ★ Enter↵

입력한 성적은 ★★★★........★입니다.
내림차순으로 정렬하면 ★★★★........★입니다.
```

Tip 실습문제 해결을 위한 팁

- 성적을 입력받고 출력하는 기능은 앞에서 작성한 실습 6-2와 동일하게 프로그램을 구성한다.
- 버블정렬을 이용하여 배열의 값들을 내림차순으로 정렬한다.
- 정렬된 배열의 값들을 다시 출력한다.

프로그램 6-12

```
#include <stdio.h>
void main()
{
        int nu[100];
        int i, k;
        int num;
        int temp;

        for(i = 0; i < 100; i++)
        {
                printf("%d번째 학생의 성적을 입력하세요: ", i+1);
                scanf("%d", &nu[i]);

                if (nu[i] == 0)
                        break;
        }

        num = i;        //입력받은 숫자의 개수 저장

        printf("입력한 성적은 ");
        for (i = 0; i < num; i++)
        {
                printf("%d\t", nu[i]);
        }
        printf("입니다\n");

        for(k = 0; k < num-1; k++)
        {
```

```
                for(i = num-1; i > k; i--)
                {
                        if (nu[i] > nu[i-1])
                        {
                                temp = nu[i];
                                nu[i] = nu[i-1];
                                nu[i-1] = temp;
                        }
                }
        }
        printf("내림차순으로 정렬하면 ");
        for (i = 0; i < num; i++)
        {
                printf("%d\t", nu[i]);
        }
        printf("입니다\n");
}
```

실행 결과

```
1번째 학생의 성적을 입력하세요: 34 Enter↵
2번째 학생의 성적을 입력하세요: 87 Enter↵
3번째 학생의 성적을 입력하세요: 92 Enter↵
4번째 학생의 성적을 입력하세요: 56 Enter↵
5번째 학생의 성적을 입력하세요: 83 Enter↵
6번째 학생의 성적을 입력하세요: 49 Enter↵
7번째 학생의 성적을 입력하세요: 70 Enter↵
8번째 학생의 성적을 입력하세요: 97 Enter↵
9번째 학생의 성적을 입력하세요: 86 Enter↵
10번째 학생의 성적을 입력하세요: 64 Enter↵
11번째 학생의 성적을 입력하세요: 0 Enter↵
입력한 성적은34 87 92 56 83 49 70 97 86 64 입니다
내림차순으로 정렬하면 97 92 87 86 83 70 64 56 49 34 입니다
```

위의 프로그램은 높은 수에서부터 낮은 수로 내림차순으로 정렬한 것이다. 이 프로그램을 낮은 수에서 높은 수로 오름차순 정렬하기 위해서는 다음의 예제와 같이 내림차순 프로그램을 약간만 수정하면 된다.

프로그램 6-13

```
#include <stdio.h>
void main()
{
        int nu[100];
        int i, k;
        int num;
        int temp;
```

```
    for(i = 0; i < 100; i++)
    {
            printf("%d번째 학생의 성적을 입력하세요: ", i+1);
            scanf("%d", &nu[i]);

            if (nu[i] == 0)
                    break;
    }

    num = i;        //입력받은 숫자의 개수 저장

    printf("입력한 성적은 ");
    for (i = 0; i < num; i++)
    {
            printf("%d\t", nu[i]);
    }
    printf("입니다\n");

    for(k = 0; k < num-1; k++)
    {
            for(i = num-1; i > k; i--)
            {
                    if (nu[i] < nu[i-1])
                    {
                            temp = nu[i];
                            nu[i] = nu[i-1];
                            nu[i-1] = temp;
                    }
            }
    }
    printf("오름차순으로 정렬하면 ");
    for (i = 0; i < num; i++)
    {
            printf("%d\t", nu[i]);
    }
    printf("입니다\n");
}
```

실행 결과

```
1번째 학생의 성적을 입력하세요: 67 Enter↵
2번째 학생의 성적을 입력하세요: 89 Enter↵
3번째 학생의 성적을 입력하세요: 93 Enter↵
4번째 학생의 성적을 입력하세요: 82 Enter↵
5번째 학생의 성적을 입력하세요: 73 Enter↵
6번째 학생의 성적을 입력하세요: 50 Enter↵
7번째 학생의 성적을 입력하세요: 47 Enter↵
8번째 학생의 성적을 입력하세요: 88 Enter↵
9번째 학생의 성적을 입력하세요: 99 Enter↵
10번째 학생의 성적을 입력하세요: 61 Enter↵
11번째 학생의 성적을 입력하세요: 0 Enter↵
입력한 성적은 67 89 93 82 73 50 47 88 99 61 입니다
오름차순으로 정렬하면 47 50 61 67 73 82 88 89 93 99 입니다
```

6.3 다차원 배열

C 언어에서 배열은 다차원 배열을 지원한다. 다차원 배열은 2차원 이상의 배열을 의미하는데, 배열의 개수를 지정하는 첨자가 2개 이상인 배열을 다차원 배열이라 한다. 대부분의 경우 2차원 배열까지 만을 사용하므로 본 교재에서는 2차원 배열에 대하여 설명한다.

일반적으로 배열이라고 함은 1차원 배열을 의미한다. 우리가 앞에서 습득한 배열의 개념은 1차원 배열을 뜻한다.

다차원 배열

```
int  kk [10];          ← 1차원 배열
int  nu [3][10];       ← 2차원 배열
int  su [3][2][10];    ← 3차원 배열
```

▸ 2차원 배열의 개념

다차원 배열의 사용은 복잡한 형태의 구조를 갖는 데이터를 다루기 위하여 필요하며, 대부분의 경우 2차원 배열을 사용한다.

2차원 배열의 사용 방법 및 그 의미는 다음의 그림과 같다.

2차원 배열

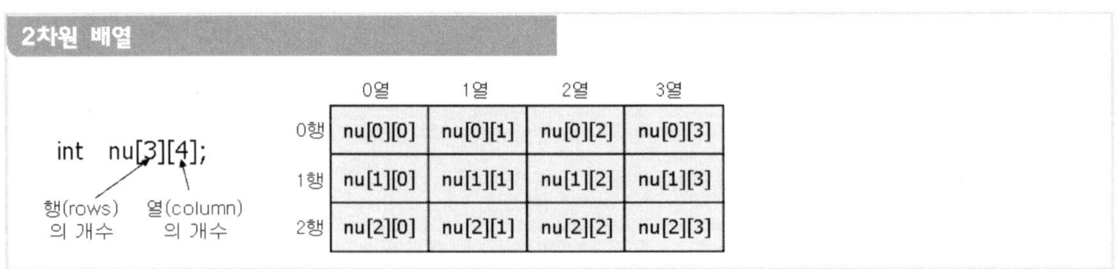

위의 그림에서 배열 nu는 2차원 배열의 형태로 선언되었다. 2차원 배열은 행(row)와 열(column)의 개수를 지정하게 되어 있으며, 위 그림의 경우 3개의 행과 4개의 열을 갖는 2차원 배열이다. 3개의 행과 4개의 열을 갖고 있으므로 배열의 총 개수는 3×4=12, 총 12개의 저장소를 갖는다.

이 경우 배열을 nu[12]라고 선언하고 사용하지 않고 2차원 배열로 선언하여 사용하는 이유는 프로그래머가 좀 더 편리하게 데이터를 관리하기 위함이다. 위의 오른쪽 그림은 2차원 배열로 선언했을 때 프로그래머가 머릿속으로 상상할 수 있는 데이터의 배치 모습이다.

▸ 2차원 배열의 초기화

2차원 배열의 경우 배열을 선언하면서 초기화하는 방법은 다음의 그림과 같다.

2차원 배열의 초기화

int nu[3][4];

행(rows) 의 개수 / 열(column) 의 개수

	0열	1열	2열	3열
0행	1	2	3	4
1행	5	6	7	8
2행	9	10	11	12

```
int nu[3][4] = {1, 2, 3, 4, 5, 6, 7, 8, 9, 10, 11, 12};

int nu[3][4] = { {1, 2, 3, 4,}, {5, 6, 7, 8}, {9, 10, 11, 12} };
```

즉, 위의 그림과 같이 nu[3][4]의 2차원 배열의 값을 초기화할 경우에는 nu[0][0], nu[0][1], nu[0][2], ...의 순서대로 값을 지정하거나, 중괄호를 이용하여 각 행의 값을 순서대로 지정할 수 있다. 다음의 예제는 2차원 배열을 초기화하고 그 값을 행을 기준으로 출력하는 프로그램이다.

프로그램 6-14

```
#include <stdio.h>
void main()
{
        int nu[3][4] = {1, 2, 3, 4, 5, 6, 7, 8, 9, 10, 11, 12};
        int ro, col;

        printf("2차원 배열의 값을 출력합니다\n");
        for(ro = 0; ro < 3; ro++)
        {
                printf("%d 행: ", ro);
                for(col = 0; col < 4; col++)
                        printf("%3d", nu[ro][col]);
                printf("\n");
        }
}
```

실행 결과

```
2차원 배열의 값을 출력합니다.
0 행:   1  2  3  4
1 행:   5  6  7  8
2 행:   9 10 11 12
```

▸ 2차원 배열의 활용

프로그램에서 다루어야 할 데이터의 구조가 좀 더 복잡한 경우에는 2차원 배열을 사용하면 좀 더 효율적으로 프로그램을 구성할 수 있다. 예를 들어 성적 프로그램을 생각해보자. 100명의 성적을 관리하기 위해서는 저장소가 100개인 배열을 선언하여 사용하면 된다. 그런데, 100명의 학생에 대하여 국어, 영어, 수학, 3과목의 성적을 관리하는 프로그램을 작성하기 위해서는 1차원 배열로는 구성하기가 매우 복잡해진다. 이러한 경우에 2차원 배열을 사용하면 매우 편리하다. 100명의 학생에 대한 국어, 영어, 수학, 3과목의 성적을 관리하기 위한 2차원 배열의 선언 예를 다음의 그림과 같이 구성해 보았다.

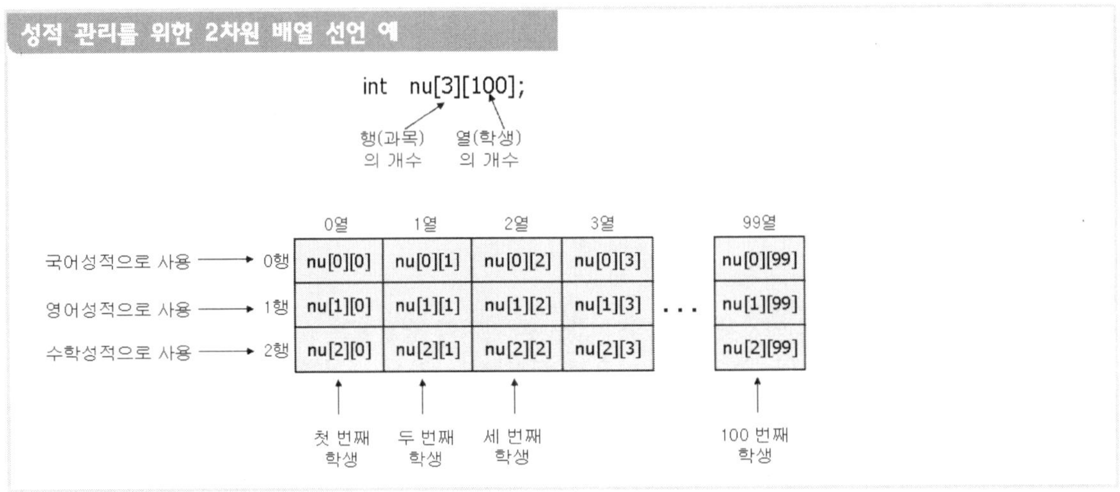

2차원 배열에서 행의 수를 과목의 수로 지정하였으며, 열의 개수를 학생의 수로 사용하였다. 따라서 100명의 학생에 대한 국어, 영어, 수학, 3과목의 성적을 관리하기 위하여 nu[3][100]의 2차원 배열을 선언하여 사용할 수 있다. 이렇게 2차원 배열은 프로그램에서 다루고자 하는 데이터의 구조를 2차원 배열에 어떻게 적용하는지가 중요하며, 효율적을 사용하면 프로그램의 데이터 구조를 단순하게 구성할 수 있다. 이번에는 다음의 실습 [6-11]과 같이 5명에 대한 국어, 영어, 수학 성적을 각각 입력받고 입력받은 성적을 출력해주는 프로그램을 작성해보자.

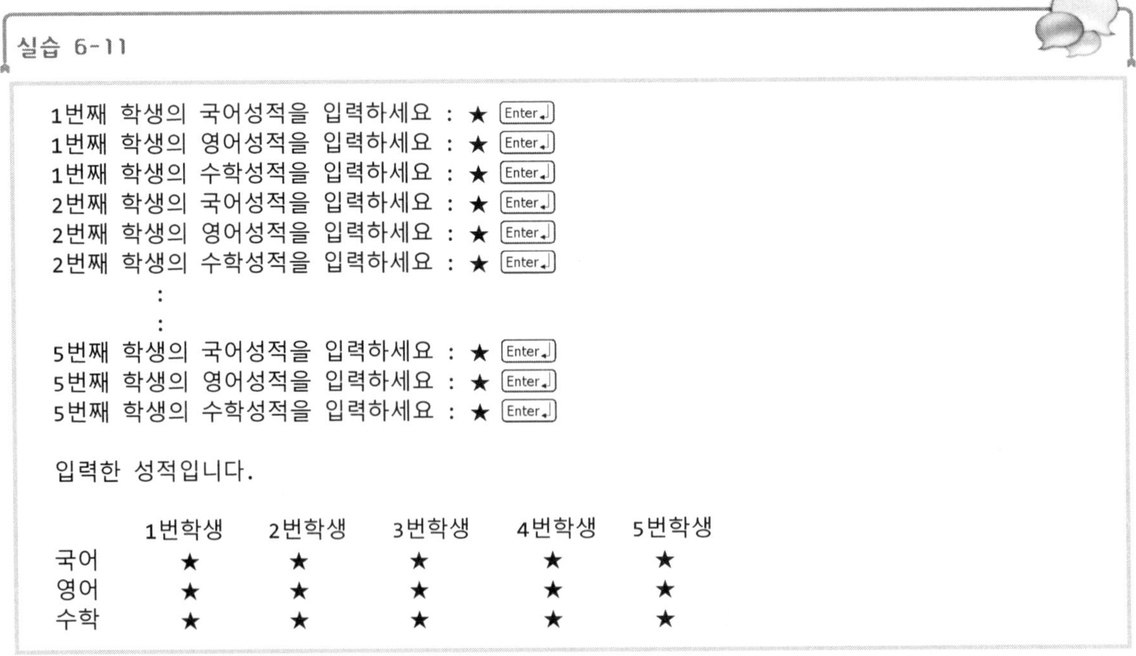

실습 6-11

```
1번째 학생의 국어성적을 입력하세요 : ★ Enter↵
1번째 학생의 영어성적을 입력하세요 : ★ Enter↵
1번째 학생의 수학성적을 입력하세요 : ★ Enter↵
2번째 학생의 국어성적을 입력하세요 : ★ Enter↵
2번째 학생의 영어성적을 입력하세요 : ★ Enter↵
2번째 학생의 수학성적을 입력하세요 : ★ Enter↵
          :
          :
5번째 학생의 국어성적을 입력하세요 : ★ Enter↵
5번째 학생의 영어성적을 입력하세요 : ★ Enter↵
5번째 학생의 수학성적을 입력하세요 : ★ Enter↵

입력한 성적입니다.

      1번학생   2번학생   3번학생   4번학생   5번학생
국어     ★        ★        ★        ★        ★
영어     ★        ★        ★        ★        ★
수학     ★        ★        ★        ★        ★
```

실습문제 해결을 위한 팁

- 3개의 행과 5개의 열을 갖는 2차원 배열을 선언하고, 행은 과목으로, 열은 학생으로 사용한다.
- 각 과목 성적의 입력과 출력 시에는 for 문을 이용하는데, 과목에 대한 for 문에 사용하는 변수로는 [gwa], 학생에 대한 for 문에 사용하는 변수로는 [hak]을 선언하여 사용한다.
- 입력 시에는 각 학생마다 국어, 영어, 수학 성적을 입력받아야 하므로, for 문의 사용은 학생(열)이 증가하는 for 문을 작성하고 이 for 문 안에 각 과목의 성적을 입력받는 실행문들을 작성한다.
- 출력 시에는 과목(행)이 증가하는 for 문을 작성하고, 이 for 문 안에 학생(열)이 증가하는 for 문을 작성한다.

프로그램 6-15

```
#include <stdio.h>
void main()
{
	int jum[3][5];
	int gwa, hak;

	for(hak = 0; hak < 5; hak++)
	{
		printf("%d 번째 학생의 국어성적을 입력하세요: ", hak+1);
		scanf("%d", &jum[0][hak]);
		printf("%d 번째 학생의 영어성적을 입력하세요: ", hak+1);
		scanf("%d", &jum[1][hak]);
		printf("%d 번째 학생의 수학성적을 입력하세요: ", hak+1);
		scanf("%d", &jum[2][hak]);
	}

	printf("입력한 성적입니다\n");
	printf("\t1번학생\t2번학생\t3번학생\t4번학생\t5번학생\n");

	for(gwa = 0; gwa < 3; gwa++)
	{
		if (gwa == 0)
			printf("국어\t");
		else if (gwa == 1)
			printf("영어\t");
		else
			printf("수학\t");

		for(hak = 0; hak < 5; hak++)
		{
			printf("%d\t", jum[gwa][hak]);
		}
		printf("\n");
	}
}
```

실행 결과

```
1 번째 학생의 국어성적을 입력하세요: 98 Enter↵
1 번째 학생의 영어성적을 입력하세요: 85 Enter↵
1 번째 학생의 수학성적을 입력하세요: 78 Enter↵
2 번째 학생의 국어성적을 입력하세요: 80 Enter↵
2 번째 학생의 영어성적을 입력하세요: 75 Enter↵
2 번째 학생의 수학성적을 입력하세요: 95 Enter↵
3 번째 학생의 국어성적을 입력하세요: 45 Enter↵
3 번째 학생의 영어성적을 입력하세요: 60 Enter↵
3 번째 학생의 수학성적을 입력하세요: 50 Enter↵
4 번째 학생의 국어성적을 입력하세요: 100 Enter↵
4 번째 학생의 영어성적을 입력하세요: 95 Enter↵
4 번째 학생의 수학성적을 입력하세요: 100 Enter↵
5 번째 학생의 국어성적을 입력하세요: 70 Enter↵
5 번째 학생의 영어성적을 입력하세요: 85 Enter↵
5 번째 학생의 수학성적을 입력하세요: 95 Enter↵
입력한 성적입니다
        1번학생 2번학생 3번학생 4번학생 5번학생
국어    98      80      45      100     70
영어    85      75      60      95      85
수학    78      95      50      100     95
```

제7장 구조체

프로그램에서 필요한 데이터를 다루기 위한 방법으로 기본 자료형과 배열을 배웠다. 프로그램에서 수행하여야 하는 기능이 복잡해질수록 데이터의 구조 역시 복잡해지며, 앞서 배운 기본 자료형이나 배열로는 이러한 복잡한 형태의 데이터 구조를 표현하기 힘들어진다. 구조체(structure)는 복잡한 형태의 데이터구조를 가능하게 해주는 데이터 표현 방식으로 C 언어를 이용한 자료구조에 있어 필수적인 기능이다. 이번 장에서는 복잡한 형태의 데이터 구조 구성하고 사용할 수 있도록 하는 구조체에 대하여 설명한다.

7.1 구조체(Structure)의 개요

7.1.1 구조체의 필요성

프로그램은 지정된 동작을 수행하기 위하여 필요한 데이터를 메모리에 저장하여 사용한다. C 언어에서는 기본 자료형이나 배열을 이용하여 데이터를 메모리에 저장하고 사용할 수 있도록 제공된다. 그러나 자료의 형태가 기본 자료형이나 배열을 이용하기에는 복잡한 형태의 데이터를 다루기 위해서는 구조체를 사용하여야 한다.

복잡한 형태의 데이터란 한 가지 형태의 자료가 아닌 복합형의 자료로 구성되어 있어 기본 자료형이나 배열로는 표현하기 힘든 형태의 데이터를 말한다. 예를 들어 다음과 같은 형태의 데이터를 말한다.

- 성적 데이터 : 학생 이름, 학번, 국어 성적, 영어 성적, 수학 성적, 총점, 평균, 학점, 석차, …
- 신상카드 데이터 : 성명, 주소, 주민등록번호, 나이, 체중, 전화 번호, 이력 사항, 종교, …
- 음식 메뉴 : 음식명, 식재료, 음식 사진, 가격, 옵션, 총 칼로리, …

이러한 형식의 자료들은 한 가지 유형의 데이터로 이루어진 것이 아니라 여러 가지 형식의 데이터가 복합적으로 구성되어 있다. 이렇게 여러 가지 형식의 데이터가 복합적으로 구성된 자료를 메모리에 저장할 수 있도록 하는 것이 구조체이다.

하나의 구조체 안에는 여러 개의 다양한 형식의 데이터를 구성할 수 있다. 구조체 안에 구성하는 데이터는 멤버 변수라고 하며, 구조체의 멤버변수가 될 수 있는 자료들은 그동안 우리가 배운 기본 자료형이나 배열 등이 올 수 있다. 이렇게 구조체는 여러 개의 데이터를 하나로 묶어주는 기능이 있어 복잡한 형태의 데이터를 구성하고 관리할 수 있는 것이다. 구조체의 개념은 다음의 그림과 같다.

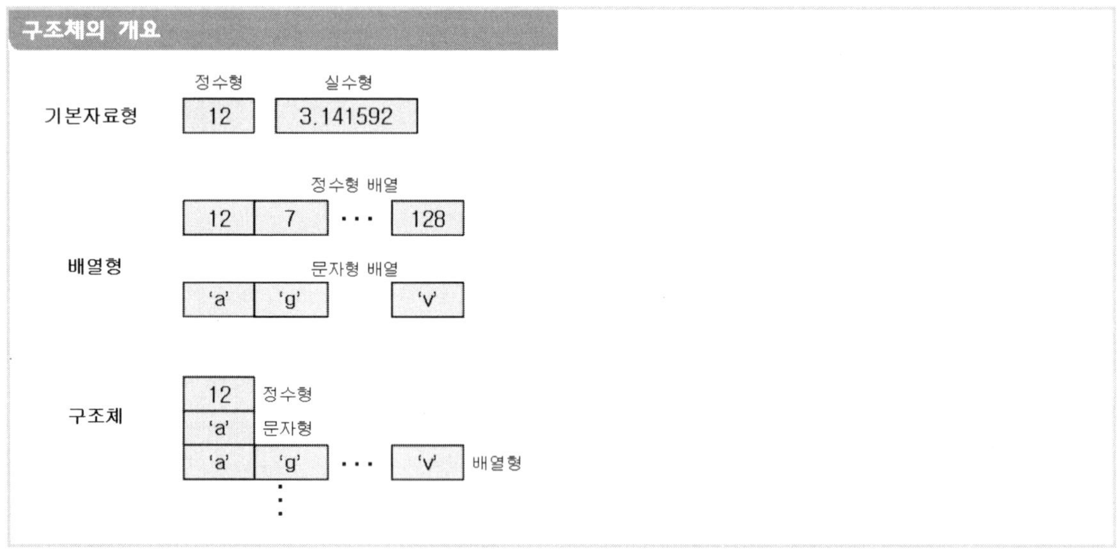

7.1.2 구조체의 사용 방법

구조체를 사용하기 위해서는 우선 구조체를 정의하여야 한다. 변수를 사용하기 위해서는 기본 자료형을 이용하여 변수를 선언하고 사용하였으나, 구조체는 우선 정의를 먼저 하여야 한다. 정의된 구조체는 변수와 마찬가지로 선언하고 사용할 수 있다.

▸ **구조체의 정의**

프로그램을 작성하기 위하여 복잡한 구조의 데이터를 구성하기 위해서는 우선 해당 구조체를 정의하여야 한다. 구조체의 정의 방법은 다음과 같다.

구조체의 정의

```
struct 구조체명{
    자료형1  멤버변수명1;
    자료형2  멤버변수명2;
          :
    자료형N  멤버변수명N;
};
```

구조체의 정의는 프로그램에서 사용하기 전에 정의하여야 하며, 이를 위하여 프로그램의 맨 앞에서 정의를 하여야 한다. 정의하여야 할 구조체가 많은 경우에는 따로 헤더파일을 두고 정의할 수도 있다.

▸ **구조체의 선언 및 사용**

이렇게 정의된 구조체를 사용하기 위해서는 변수를 선언하는 것과 마찬가지로 구조체를 변수명을 두어 선언하여야 한다. 구조체를 선언한 후 사용할 수 있는데, 구조체의 각 멤버변수를 사용하기 위해서는 점(.)을 이용하여 각 멤버변수들을 구분할 수 있다. 구조체의 선언 및 사용방법은 다음의 그림과 같다.

구조체의 선언 및 사용

```
struct 구조체명 구조체변수명;

구조체변수명.멤버변수명1 = XXX;
구조체변수명.멤버변수명2 = YYY;
             :
```

7.1.3 구조체의 정의 및 사용 예

▸ **학생기록카드 작성용 구조체**

학생 신상정보를 담고 있는 기록카드를 관리하기 위한 프로그램을 작성할 때 필요한 구조체를 정의해보자. 학생기록카드에 들어가는 자료는 학생의 이름, 학번, 나이, 주민등록번호, 주소, 부모님 이름, 전화번호라고 가정해보자.

우선 이름, 부모님 이름, 주소, 주민등록번호, 전화 번호 등의 정보는 문자형으로 구성되어야 하며, 학번, 나이의 정보는 정수형의 숫자로 구성할 수 있다. 구조체를 정의하기 위하여 우선 구조체명을 정하여야 하는데, [hak]이라고 정해보자.

다음으로 각 멤버변수의 이름을 정하여야 하며, 이름은 [name], 학번은 [haknum], 나이는 [age], 주민등록번호는 [ju], 주소는 [addr], 부모님이름은 [parname], 전화번호는 [phone]이라고 정해보자. 이 중 문자형의 자료의 경우에는 한 글자가 아닌 여러 문자로 구성되어야 하므로 문자형 배열로 선언하고, 각 데이터가 차지할 수 있는 최대 글자수를 감안하여 배열의 개수를 지정한다.

주의할 점은 한글의 경우 각 문자의 개수는 한글의 글자 수와는 다르며, 키보드에 입력되는 문자의 수로 생각하면 된다. 이를 구조체로 정의하고 사용한 예는 다음과 같다.

학생기록카드를 표현한 구조체 정의

```
struct hak {
      char  name[10];          //학생이름
      int    haknum;           //학번
      int    age;              // 나이
      char  ju[20];            // 주민등록번호
      char  addr[50];          // 주소
      char  parname[10];       //부모님 이름
      char  phone[20];         //전화번호
};

struct hak   hong;             //hong 이라는 이름의 구조체변수 선언
         :
hong.hakbun = 20090001;        //학번 저장
hong.age = 20;                 //나이저장
        :
```

구조체를 정의한 후 사용하기 위해서는 구조체 변수를 선언하여야 한다. 위의 예에서는 hong이라는 이름으로 구조체 변수를 선언하였다.

이 변수를 사용하여 각 멤버변수의 값을 사용할 수 있다. 구조체의 멤버변수를 사용하기 위해서는 점(.)을 이용하여 각 멤버변수를 구분하여 사용하여야 한다.

▸ **성적관리 프로그램용 구조체**

이번에는 성적관리를 위한 구조체를 작성해보자. 성적을 관리하기 위한 데이터로는 학생이름, 학번, 국어성적, 영어성적, 수학성적, 총점, 평균 등으로 구성된다고 가정하자.

구조체의 이름은 [sungjuk]으로 정하고, 학생이름은 문자형 변수, 국어, 영어, 수학 과목의 성적과 총점은 정수형 변수, 그리고 평균은 실수형 변수로 멤버변수를 정하여 보자.

각 멤버 변수의 이름은 앞의 예에서 정의한 것과 비슷한 방법으로 지정하면 된다.

이를 구조체로 정의한 예는 다음과 같다.

성적관리 자료를 표현한 구조체 정의

```
struct sungjuk {
      char  name[10];          //학생이름
      int   haknum;            //학번
      int   kor;               //국어성적
      int   eng;               //영어성적
      int   math;              //수학성적
      int   total;             //총점
      double   avg;            //평균
};

struct sungjuk  hong;          //hong 이라는 구조체 변수 선언
         :
hong.kor = 95;                 //국어성적 입력
hong.eng = 87;                 //영어성적 입력
hong.math = 90;                //수학성적 입력
         :
```

▸ 학생기록카드 작성 프로그램 예제

이번에는 학생기록카드를 작성하는 프로그램을 구조체를 이용하여 작성해보자. 구조체는 위에서 정의한 구조체를 그대로 사용하며, 다음의 [실습 7-1]과 같이 이름과 학번, 나이, 주민등록번호, 주소, 부모님 이름, 전화번호 등의 정보를 입력받고 출력하는 프로그램을 작성해보자.

실습 7-1

```
이름을 입력하세요: ♡♡♡ [Enter↵]
학번을 입력하세요: □ □ □  [Enter↵]
나이를 입력하세요 : ★ [Enter↵]
주민등록번호를 입력하세요: ►►►►...►►►
주소를 입력하세요: XXXXMMMMMMMMMM
부모님 이름을 입력하세요: ◆◆◆
전화번호를 입력하세요: ►►►►...►►►

♡♡♡님의 학번은 □ □ □이고 나이는 ★살입니다.
주민등록번호는 ►►►►...►►►이고 주소는 XXX입니다.
부모님이름은 ◆◆◆이고 전화번호는 ►►►►...►►►입니다.
```

Tip 실습문제 해결을 위한 팁

- 앞에서 작성한 구조체 [hak]을 기준으로 하여 구조체를 정의한다.
- printf()와 scanf() 함수를 이용하여 구조체의 각 멤버변수에 입력받은 값들을 저장한다.
- 모든 입력이 완료되면 구조체의 각 멤버변수에 저장되어 있는 값들을 printf()를 이용하여 지정된 형식으로 출력한다.

프로그램 7-1

```
#include <stdio.h>
struct hak {
        char  name[10];          //학생이름
        int   haknum;            //학번
        int   age;               // 나이
        char  ju[20];            // 주민등록번호
        char  addr[50];           // 주소
        char  parname[10];        //부모님 이름
        char  phone[20];               //전화번호
};
void main()
{
        struct hak hong;

        printf("이름을 입력하세요: ");
        scanf("%s", hong.name);
        printf("학번을 입력하세요: ");
        scanf("%d", &hong.haknum);
        printf("나이를 입력하세요 : ");
        scanf("%d", &hong.age);
        printf("주민등록번호를 입력하세요: ");
        scanf("%s", &hong.ju);
        printf("주소를 입력하세요: ");
        scanf("%s", hong.addr);
        printf("부모님 이름을 입력하세요: ");
        scanf("%s", hong.parname);
        printf("전화번호를 입력하세요: ");
        scanf("%s", hong.phone);

        printf("%s님의 학번은 %d이고 나이는 %d살입니다.\n",
                           hong.name, hong.haknum, hong.age);
        printf("주민등록번호는 %s이고 주소는 %s입니다.\n",
                           hong.ju, hong.addr);
        printf("부모님이름은 %s이고 전화번호는 %s입니다.\n",
                            hong.parname, hong.phone);
 }
```

실행 결과

이름을 입력하세요: **홍길동** [Enter↵]
학번을 입력하세요: **20190001** [Enter↵]
나이를 입력하세요 : **20** [Enter↵]
주민등록번호를 입력하세요: **900101-1111111** [Enter↵]
주소를 입력하세요: **서울시강남구서초동** [Enter↵]
부모님 이름을 입력하세요: **이순신** [Enter↵]
전화번호를 입력하세요: **02-1111-2222** [Enter↵]

홍길동님의 학번은 **20190001**이고 나이는 **20**살입니다.
주민등록번호는 **900101-1111111**이고 주소는 **서울시강남구서초동**입니다.
부모님이름은 **이순신**이고 전화번호는 **02-1111-2222**입니다.

7.2 구조체의 활용

7.2.1 구조체 배열의 사용

구조체는 여러 가지 형태의 데이터를 하나로 묶어 새로운 형태의 자료형을 생성한 것이다. 기본 자료형을 배열로 선언하여 사용할 수 있듯이 구조체 역시 배열로 선언하여 사용할 수 있다.

구조체를 배열로 선언하면 구조체가 지정한 개수만큼 생성이 된다. 이번에는 다음의 [실습 7-2]와 같이 이름과 학번, 나이, 주민등록번호, 주소, 부모님 이름, 전화번호 등의 정보를 최대 10명까지의 정보를 입력받고 입력받은 정보를 출력하는 프로그램을 작성해보자.

입력을 종료하는 방법은 여러 가지가 있을 수 있지만, 여기에서는 이름을 입력 시 '.'을 입력하는 것으로 정하였다.

실습 7-2

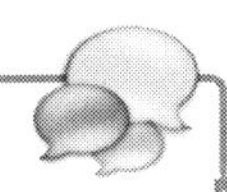

```
이름을 입력하세요: ♡♡♡ Enter↲                      ('.' 입력 시 입력 종료)
학번을 입력하세요: □ □ □  Enter↲
나이를 입력하세요 : ★ Enter↲
주민등록번호를 입력하세요: ►►►►...►►►              (최대 10개의 정보 입력)
주소를 입력하세요: XXXXMMMMMMMMMMM
부모님 이름을 입력하세요: ◆◆◆
전화번호를 입력하세요: ►►►►...►►►

♡♡♡님의 학번은 □□□이고 나이는 ★살입니다. (입력받은 모든 정보 출력)
주민등록번호는 ►►►►...►►►이고 주소는 XXX입니다.
부모님이름은 ◆◆◆이고 전화번호는 ►►►►...►►►입니다.
```

Tip 실습문제 해결을 위한 팁

- 앞에서 작성한 구조체 [hak]을 기준으로 하여 구조체를 정의하고 이 구조체를 10개 사용할 수 있는 배열로 선언한다.
- for 문을 이용하여 정보를 입력하고 출력한다. 이때 입력 받은 정보의 개수를 저장하여 활용한다.

프로그램 7-2

```
#include <stdio.h>
struct hak {
        char  name[10];          //학생이름
        int   haknum;            //학번
        int   age;               // 나이
        char  ju[20];            // 주민등록번호
        char  addr[50];           // 주소
        char  parname[10];       //부모님 이름
        char  phone[20];              //전화번호
};

void main()
{
        struct hak hong[10];   //구조체 배열 선언
        int  n;
        int  num;

        for(n = 0; n < 10; n++)
        {
        printf("이름을 입력하세요: ");
        scanf("%s", hong[n].name);

        if (hong[n].name[0] == '.')        //'.' 입력시 입력종료
                break;

        printf("학번을 입력하세요: ");
        scanf("%d", &hong[n].haknum);
        printf("나이를 입력하세요 : ");
        scanf("%d", &hong[n].age);
        printf("주민등록번호를 입력하세요: ");
        scanf("%s", &hong[n].ju);
        printf("주소를 입력하세요: ");
        scanf("%s", hong[n].addr);
        scanf("%s", hong[n].addr);
        printf("부모님 이름을 입력하세요: ");
        scanf("%s", hong[n].parname);
        printf("전화번호를 입력하세요: ");
        scanf("%s", hong[n].phone);
        }
        num = n;                 //입력된 정보의 개수 저장

        for(n = 0; n < num; n++)
        {
        printf("%s님의 학번은 %d이고 나이는 %d살입니다.\n",
                hong[n].name, hong[n].haknum, hong[n].age);
        printf("주민등록번호는 %s이고 주소는 %s입니다.\n",
                hong[n].ju, hong[n].addr);
        printf("부모님이름은 %s이고 전화번호는 %s입니다.\n",
                hong[n].parname, hong[n].phone);
        }
}
```

실행 결과

```
이름을 입력하세요: 홍길동 Enter↵
학번을 입력하세요: 20190001 Enter↵
나이를 입력하세요 : 20 Enter↵
주민등록번호를 입력하세요: 111111-222222 Enter↵
주소를 입력하세요: 서울시강남구서초1동 Enter↵
부모님 이름을 입력하세요: 홍길길 Enter↵
전화번호를 입력하세요: 02-2222-3333 Enter↵
이름을 입력하세요: 이순신 Enter↵
학번을 입력하세요: 20190002 Enter↵
나이를 입력하세요 : 20 Enter↵
주민등록번호를 입력하세요: 222222-444444 Enter↵
주소를 입력하세요: 서울시강남구방배동 Enter↵
부모님 이름을 입력하세요: 이순순 Enter↵
전화번호를 입력하세요: 02-9999-2222 Enter↵
이름을 입력하세요: 임꺽정 Enter↵
학번을 입력하세요: 20190003 Enter↵
나이를 입력하세요 : 20 Enter↵
주민등록번호를 입력하세요: 44444-55555 Enter↵
주소를 입력하세요: 서울시강남구방배2동 Enter↵
부모님 이름을 입력하세요: 임꺽지 Enter↵
전화번호를 입력하세요: 02-5555-1111 Enter↵
이름을 입력하세요: . Enter↵

홍길동님의 학번은 20190001이고 나이는 20살입니다.
주민등록번호는 111111-222222이고 주소는 서울시강남구서초1동입니다.
부모님이름은 홍길길이고 전화번호는 02-2222-3333입니다.
이순신님의 학번은 20190002이고 나이는 20살입니다.
주민등록번호는 222222-444444이고 주소는 서울시강남구방배동입니다.
부모님이름은 이순순이고 전화번호는 02-9999-2222입니다.
임꺽정님의 학번은 20190003이고 나이는 20살입니다.
주민등록번호는 44444-55555이고 주소는 서울시강남구방배2동입니다.
부모님이름은 임꺽지이고 전화번호는 02-5555-1111입니다.
```

7.2.2 구조체 배열을 이용한 성적관리 프로그램 작성

이번에는 여러 명의 학생에 대한 국어, 영어, 수학 성적을 관리하는 프로그램을 작성해보자. 성적을 관리하기 위하여 다루어야 하는 데이터가 여러 가지 형태이므로 구조체를 정의하여 사용하여야 하며, 학생의 수가 여러 명이므로 구조체 배열을 선언하여 사용하여야 한다.

이번에는 다음의 [실습 7-3]과 같이 이름과 학번, 국어점수, 영어점수, 수학점수, 총점, 평균의 정보를 최대 10명까지의 정보를 입력받고 입력받은 정보를 출력하는 프로그램을 작성해보자.

여기에서 총점과 평균은 사용자로부터 입력받는 것이 아니라 국어, 영어, 수학 성적을 이용하여 계산하여야 한다.

입력을 종료하는 방법은 여러 가지가 있을 수 있지만, 여기에서는 이름을 입력 시 '.'을 입력하는 것으로 정하였다.

실습 7-3

```
이름을 입력하세요: ♡♡♡ [Enter↵]
학번을 입력하세요: ◆◆◆ [Enter↵]              ('.' 입력 시 입력 종료)
국어점수를 입력하세요: □ [Enter↵]
영어점수를 입력하세요: □ [Enter↵]
수학점수를 입력하세요: □ [Enter↵]            (최대 10개의 정보 입력)

학번이 ◆◆◆인 ♡♡♡님의 성적입니다.          (입력받은 모든 정보 출력)
국어 □점, 영어 □점, 수학 □점입니다.
총점은 ★점, 평균은 ★점입니다.
```

Tip 실습문제 해결을 위한 팁

- 앞에서 작성한 구조체 [sungjuk]을 기준으로 하여 구조체를 정의하고 이 구조체를 10개 사용할 수 있는 배열로 선언한다.
- for 문을 이용하여 정보를 입력하고 출력한다. 이때 입력 받은 정보의 개수를 저장하여 활용한다.
- 성적을 입력받을 때 국어, 영어, 수학 점수를 이용하여 총점과 평균을 계산하여 출력한다.

프로그램 7-3

```
#include <stdio.h>
struct sungjuk {
       char  name[10];            //학생이름
       int    haknum;             //학번
       int    kor;                //국어성적
       int    eng;                //영어성적
       int    math;               //수학성적
       int    total;              //총점
       double    avg;             //평균
};
void main()
{
       struct sungjuk sung[10];
       int n, num;

       for(n = 0; n < 10; n++)
       {
       printf("이름을 입력하세요: ");
       scanf("%s", sung[n].name);

       if (sung[n].name[0] == '.')    //이름에 '.' 입력시 종료
               break;
       if (sung[n].name[0] == '.')    //이름에 '.' 입력시 종료
               break;

       printf("학번을 입력하세요: ");
```

```
        scanf("%d", &sung[n].haknum);
        printf("국어점수를 입력하세요: ");
        scanf("%d", &sung[n].kor);
        printf("영어점수를 입력하세요: ");
        scanf("%d", &sung[n].eng);
        printf("수학점수를 입력하세요: ");
        scanf("%d", &sung[n].math);

        sung[n].total = sung[n].kor+sung[n].eng+sung[n].math;
        sung[n].avg = (double)sung[n].total/3;
        }

        num = n;

        for(n = 0; n < num; n++)
        {
        printf("\n학번이 %d인 %s님의 성적입니다.\n",
                                    sung[n].haknum, sung[n].name);
        printf("국어 %d점, 영어 %d점, 수학 %d점입니다.\n",
                                sung[n].kor, sung[n].eng, sung[n].math);
        printf("총점은 %d점, 평균은 %f점입니다.\n",
                                        sung[n].total, sung[n].avg);
        }
}
```

실행 결과

```
이름을 입력하세요: 홍길동 Enter↵
학번을 입력하세요: 20190001 Enter↵
국어점수를 입력하세요: 80 Enter↵
영어점수를 입력하세요: 90 Enter↵
수학점수를 입력하세요: 85 Enter↵
이름을 입력하세요: 이순신 Enter↵
학번을 입력하세요: 20190002 Enter↵
국어점수를 입력하세요: 100 Enter↵
영어점수를 입력하세요: 95 Enter↵
수학점수를 입력하세요: 80 Enter↵
이름을 입력하세요: 임꺽정 Enter↵
학번을 입력하세요: 20190003 Enter↵
국어점수를 입력하세요: 90 Enter↵
영어점수를 입력하세요: 85 Enter↵
수학점수를 입력하세요: 85 Enter↵
이름을 입력하세요: .

학번이 20090001인 홍길동님의 성적입니다.
국어 80점, 영어 90점, 수학 85점입니다.
총점은 255점, 평균은 85.000000점입니다.

학번이 20090002인 이순신님의 성적입니다.
국어 100점, 영어 95점, 수학 80점입니다.
총점은 275점, 평균은 91.666667점입니다.

학번이 20090003인 임꺽정님의 성적입니다.
국어 90점, 영어 85점, 수학 85점입니다.
총점은 260점, 평균은 86.666667점입니다.
```

7.2.3 메뉴형식의 성적관리 프로그램

성적관리 프로그램에도 단순히 성적을 입력하고 출력하는 기능 이외에도 다양한 기능이 필요한 경우가 많이 있다. 성적을 입력하고, 출력하는 기능을 별도로 두어 성적을 입력하다가 현재까지 입력된 성적을 출력하고, 다시 새로운 학생의 성적을 입력하고 하는 방식으로 구현되어야 좀 더 편리하게 사용할 수 있을 것이다. 또한 성적을 각 과목이나 총점 순으로 정렬하여 출력하는 기능도 성적관리 프로그램에서 많이 요구되는 기능들이다. 이렇게 하나의 프로그램에 다양한 기능을 구현하기 위해서 각 기능별로 메뉴 형식으로 구현하는 경우가 많이 있다.

▸ 메뉴 형식의 성적관리 프로그램

이번에는 앞에서 구현한 성적관리 프로그램을 다음의 [실습 7-4]와 같이 성적의 입력기능, 입력된 성적의 출력 기능, 프로그램의 종료의 3가지 메뉴로 구성된 프로그램을 작성해보자.

실습 7-4

```
성적관리 프로그램입니다.
1. 성적 입력
2. 성적 출력
3. 프로그램 종료
메뉴를 선택하세요:

(①번 메뉴 선택 시)
이름을 입력하세요: ♡♡♡ Enter↲
학번을 입력하세요: ◆◆◆ Enter↲                 ('.' 입력 시 입력 종료)
국어점수를 입력하세요: □ Enter↲
영어점수를 입력하세요: □ Enter↲
수학점수를 입력하세요: □ Enter↲               (최대 10개의 정보 입력)

(②번 메뉴 선택 시)
학번  이름  국어  영어  수학  총점  평균
=================================
◆◆◆  ♡♡♡  □    □    □    ★    ★       (입력받은 모든 정보 출력)
                :
                :
(③번 메뉴 선택 시)
프로그램의 종료
```

Tip 실습문제 해결을 위한 팁

- main() 함수 안에 while 문과 switch 문을 이용하여 3개의 메뉴 기능을 구성한다. 이때 메뉴의 각 기능들은 switch 문의 case 문에서 각 함수를 호출하는 형태로 구성한다.
- 성적의 입력기능과 출력기능은 앞에서 작성한 [실습 7-3]을 참조하여 함수의 형태로 구현한다.
- 최대 10명의 성적을 저장하기 위한 구조체 배열은 전역변수로 선언한다. 전역변수로 선언하게 되면 모든 함수에서 이 자료를 공통으로 참조할 수 있으며, 특정 함수 안이 아닌 함수 밖에서 선언한다.

프로그램 7-4

```
#include <stdio.h>
struct sungjuk {
       char  name[10];            //학생이름
       int    haknum;             //학번
       int    kor;                //국어성적
       int    eng;                //영어성적
       int    math;               //수학성적
       int    total;              //총점
       double    avg;             //평균
};

struct sungjuk sung[10];          // 전역변수로 선언함
int num = 0;                     // 입력받은 정보의 개수

void sung_input()
{
       int n;

       for(n = num; n < 10; n++)
       {
       printf("\n이름을 입력하세요: ");
       scanf("%s", sung[n].name);

       if (sung[n].name[0] == '.')    //이름에 '.' 입력시 종료
              break;

       printf("학번을 입력하세요: ");
       scanf("%d", &sung[n].haknum);
       printf("국어점수를 입력하세요: ");
       scanf("%d", &sung[n].kor);
       printf("영어점수를 입력하세요: ");
       scanf("%d", &sung[n].eng);
       printf("수학점수를 입력하세요: ");
       scanf("%d", &sung[n].math);

       sung[n].total = sung[n].kor+sung[n].eng+sung[n].math;
       sung[n].avg = (double)sung[n].total/3;
       }
       num = n;
}

void sung_print()
{
       int n;

       printf("\n학번        이름    국어   영어   수학   총점   평균\n");

printf("================================================\n");

       for(n = 0; n < num; n++)
       {
```

```
        printf("%d   %s   %d    %d    %d    %d %2.2f\n",
        sung[n].haknum,sung[n].name,sung[n].kor,sung[n].eng,
                sung[n].math,sung[n].total,sung[n].avg);
        }
}

void jong()
{
        printf("프로그램을 종료합니다.\n");
        exit();
}

void main()
{
        int sel;

        while(1)
        {
                printf("\n성적관리 프로그램입니다.\n");
                printf("1. 성적 입력\n");
                printf("2. 성적 출력\n");
                printf("3. 프로그램 종료\n");
                printf("메뉴를 선택하세요: \n");
                scanf("%d", &sel);

                switch(sel)
                {
                case 1:
                        sung_input();
                        break;
                case 2:
                        sung_print();
                        break;
                case 3:
                        jong();
                        break;
                default:
                        printf("잘못 입력하였습니다\n");
                        break;
                }
        }
}
```

실행 결과

```
성적관리 프로그램입니다.
1. 성적 입력
2. 성적 출력
3. 프로그램 종료
메뉴를 선택하세요: 1 Enter

이름을 입력하세요: 홍길동 Enter
학번을 입력하세요: 20190001 Enter
국어점수를 입력하세요: 89 Enter
```

```
영어점수를 입력하세요: 79 Enter↵
수학점수를 입력하세요: 90 Enter↵

이름을 입력하세요: 이순신 Enter↵
학번을 입력하세요: 20190002 Enter↵
국어점수를 입력하세요: 90 Enter↵
영어점수를 입력하세요: 75 Enter↵
수학점수를 입력하세요: 85 Enter↵

이름을 입력하세요: 임꺽정 Enter↵
학번을 입력하세요: 20190003 Enter↵
국어점수를 입력하세요: 90 Enter↵
영어점수를 입력하세요: 85 Enter↵
수학점수를 입력하세요: 90 Enter↵

이름을 입력하세요: . Enter↵

성적관리 프로그램입니다.
1. 성적 입력
2. 성적 출력
3. 프로그램 종료
메뉴를 선택하세요: 2 Enter↵

학번        이름   국어  영어  수학  총점  평균
===============================================
20190001   홍길동   89    79    90    258  86.00
20190002   이순신   90    75    85    250  83.33
20190003   임꺽정   90    85    90    265  88.33

성적관리 프로그램입니다.
1. 성적 입력
2. 성적 출력
3. 프로그램 종료
메뉴를 선택하세요: 1 Enter↵

이름을 입력하세요: 고주몽 Enter↵
학번을 입력하세요: 20190004 Enter↵
국어점수를 입력하세요: 70 Enter↵
영어점수를 입력하세요: 80 Enter↵
수학점수를 입력하세요: 75 Enter↵
이름을 입력하세요: . Enter↵

성적관리 프로그램입니다.
1. 성적 입력
2. 성적 출력
3. 프로그램 종료
메뉴를 선택하세요: 2 Enter↵

학번        이름   국어  영어  수학  총점  평균
===============================================
20190001   홍길동   89    79    90    258  86.00
20190002   이순신   90    75    85    250  83.33
20190003   임꺽정   90    85    90    265  88.33
20190004   고주몽   70    80    75    225  75.00
```

▸ **정렬 기능이 있는 메뉴 형식의 성적관리 프로그램**

이번에는 앞에서 구현한 [실습 7-4]의 성적관리 프로그램에 정렬 기능을 추가해보자. 정렬 기능은 학번 순 정렬과 총점 순 정렬의 2가지 정렬 기능을 추가할 것이며, 학번 순 정렬은 학번을 기준으로 오름차순 정렬을 하고, 종점 순 정렬은 총점을 기준으로 하여 내림차순 정렬을 해보자.

실습 7-5

```
성적관리 프로그램입니다.
1. 성적 입력
2. 성적 출력
3. 학번순 정렬(오름차순)
4. 총점순 정렬(내림차순)
5. 프로그램 종료
메뉴를 선택하세요:

(①번 메뉴 선택 시)
이름을 입력하세요: ♡♡♡ Enter↵
학번을 입력하세요: ◆◆◆ Enter↵                ('.' 입력 시 입력 종료)
국어점수를 입력하세요: □  Enter↵
영어점수를 입력하세요: □  Enter↵
수학점수를 입력하세요: □  Enter↵              (최대 10개의 정보 입력)

(②번 메뉴 선택 시)
학번    이름    국어  영어  수학  총점  평균
==================================
◆◆◆   ♡♡♡    □    □    □    ★    ★      (입력받은 모든 정보 출력)
                   :
                   :
(③번 메뉴 선택 시)
► 학번을 기준으로 오름차순 정렬을 한 후 성적 출력(②번 기능 수행)

(④번 메뉴 선택 시)
► 총점을 기준으로 내림차순 정렬을 한 후 성적 출력(②번 기능 수행)

(⑤번 메뉴 선택 시)
프로그램의 종료
```

Tip 실습문제 해결을 위한 팁

- 앞에서 구현한 [실습 7-4]의 프로그램에 학번 순 정렬 기능과 총점 순 정렬 메뉴를 추가한다. 각 메뉴의 추가는 main() 함수의 switch 문에 각 case 문을 추가하고 해당하는 함수를 호출하도록 한다.
- 학번 순 정렬 메뉴를 선택하면 현재 입력되어 있는 성적 데이터를 학번을 기준으로 하여 오름차순 정렬을 한다. 정렬 기능을 수행할 때에는 구조체 자체를 교환하여야 한다. 정렬 후에는 정렬되어 있는 상태의 현재의 구조체 배열 값을 출력해준다.
- 총점 순 정렬 메뉴를 선택하면 총점 데이터를 기준으로 하여 정렬한 후 현재의 데이터들을 출력한다.

프로그램 7-5

```
#include <stdio.h>
struct sungjuk {
       char  name[10];              //학생이름
       int    haknum;               //학번
       int    kor;                  //국어성적
       int    eng;                  //영어성적
       int    math;                 //수학성적
       int    total;                //총점
       double    avg;               //평균
};

struct sungjuk sung[10];          // 전역변수로 선언함
int num = 0;                      // 입력받은 정보의 개수

void sung_input()
{
       int n;

       for(n = num; n < 10; n++)
       {
       printf("\n이름을 입력하세요: ");
       scanf("%s", sung[n].name);

       if (sung[n].name[0] == '.')    //이름에 '.' 입력시 종료
               break;

       printf("학번을 입력하세요: ");
       scanf("%d", &sung[n].haknum);
       printf("국어점수를 입력하세요: ");
       scanf("%d", &sung[n].kor);
       printf("영어점수를 입력하세요: ");
       scanf("%d", &sung[n].eng);
       printf("수학점수를 입력하세요: ");
       scanf("%d", &sung[n].math);

       sung[n].total = sung[n].kor+sung[n].eng+sung[n].math;
       sung[n].avg = (double)sung[n].total/3;
       }
       num = n;
}

void sung_print()
{
       int n;

       printf("\n학번       이름  국어  영어  수학  총점  평균\n");
       printf("==============================================\n");

       for(n = 0; n < num; n++)
       {
       printf("%d   %s   %d    %d    %d    %d  %2.2f\n",
       sung[n].haknum,sung[n].name,sung[n].kor,sung[n].eng,
```

```
                sung[n].math,sung[n].total,sung[n].avg);
        }
}

void sort_haknum()    //학번을 기준으로 오름차순 정렬
{
        int   i, j;
        struct sungjuk temp;

        for(i = 0; i < num-1; i++)
        {
                for(j = num-1; j > i; j--)
                {
                        if (sung[j].haknum < sung[j-1].haknum)
                        {
                                temp = sung[j];
                                sung[j] = sung[j-1];
                                sung[j-1] = temp;
                        }
                }
        }
}
void sort_total()    //총점을 기준으로 내림차순 정렬
{
        int   i, j;
        struct sungjuk temp;

        for(i = 0; i < num-1; i++)
        {
                for(j = num-1; j > i; j--)
                {
                        if (sung[j].total > sung[j-1].total)
                        {
                                temp = sung[j];
                                sung[j] = sung[j-1];
                                sung[j-1] = temp;
                        }
                }
        }
}

void jong()
{
        printf("프로그램을 종료합니다.\n");
        exit();
}

void main()
{
        int sel;

        while(1)
        {
```

```
            printf("\n성적관리 프로그램입니다.\n");
            printf("1. 성적 입력\n");
            printf("2. 성적 출력\n");
            printf("3. 학번순 정렬(오름차순)\n");
            printf("4. 총점순 정렬(내림차순)\n");
            printf("5. 프로그램 종료\n");
            printf("메뉴를 선택하세요: ");
            scanf("%d", &sel);

            switch(sel)
            {
            case 1:
                    sung_input();
                    break;
            case 2:
                    sung_print();
                    break;
            case 3:
                    sort_haknum();
                    sung_print();
                    break;
            case 4:
                    sort_total();
                    sung_print();
                    break;
            case 5:
                    jong();
                    break;
            default:
                    printf("잘못 입력하였습니다\n");
                    break;
            }
        }
}
```

실행 결과

```
성적관리 프로그램입니다.
1. 성적 입력
2. 성적 출력
3. 학번순 정렬(오름차순)
4. 총점순 정렬(내림차순)
5. 프로그램 종료
메뉴를 선택하세요: 1 Enter↵

이름을 입력하세요: 홍길동 Enter↵
학번을 입력하세요: 2019002 Enter↵
국어점수를 입력하세요: 56 Enter↵
영어점수를 입력하세요: 75 Enter↵
수학점수를 입력하세요: 60 Enter↵

이름을 입력하세요: 채현석 Enter↵
학번을 입력하세요: 2019003 Enter↵
```

```
국어점수를 입력하세요: 90 [Enter↵]
영어점수를 입력하세요: 95 [Enter↵]
수학점수를 입력하세요: 80 [Enter↵]

이름을 입력하세요: 이순신 [Enter↵]
학번을 입력하세요: 2019001 [Enter↵]
국어점수를 입력하세요: 40 [Enter↵]
영어점수를 입력하세요: 50 [Enter↵]
수학점수를 입력하세요: 35 [Enter↵]

이름을 입력하세요: 임꺽정 [Enter↵]
학번을 입력하세요: 2019004 [Enter↵]
국어점수를 입력하세요: 95 [Enter↵]
영어점수를 입력하세요: 98 [Enter↵]
수학점수를 입력하세요: 95 [Enter↵]

이름을 입력하세요: . [Enter↵]

성적관리 프로그램입니다.
1. 성적 입력
2. 성적 출력
3. 학번순 정렬(오름차순)
4. 총점순 정렬(내림차순)
5. 프로그램 종료
메뉴를 선택하세요: 2 [Enter↵]

학번        이름   국어  영어  수학  총점  평균
==============================================
2019002   홍길동   56    75    60    191  63.67
2019003   채현석   90    95    80    265  88.33
2019001   이순신   40    50    35    125  41.67
2019004   임꺽정   95    98    95    288  96.00

성적관리 프로그램입니다.
1. 성적 입력
2. 성적 출력
3. 학번순 정렬(오름차순)
4. 총점순 정렬(내림차순)
5. 프로그램 종료
메뉴를 선택하세요: 3 [Enter↵]

학번        이름   국어  영어  수학  총점  평균
==============================================
2019001   이순신   40    50    35    125  41.67
2019002   홍길동   56    75    60    191  63.67
2019003   채현석   90    95    80    265  88.33
2019004   임꺽정   95    98    95    288  96.00

1. 성적 입력
2. 성적 출력
3. 학번순 정렬(오름차순)
4. 총점순 정렬(내림차순)
5. 프로그램 종료
메뉴를 선택하세요: 4 [Enter↵]
```

```
학번        이름   국어  영어  수학  총점  평균
==================================================
2019004  임꺽정   95    98    95    288  96.00
2019003  채현석   90    95    80    265  88.33
2019002  홍길동   56    75    60    191  63.67
2019001  이순신   40    50    35    125  41.67

성적관리 프로그램입니다.
1. 성적 입력
2. 성적 출력
3. 학번순 정렬(오름차순)
4. 총점순 정렬(내림차순)
5. 프로그램 종료
메뉴를 선택하세요:
```

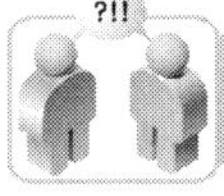

7.3 공용체(Union)

7.3.1 공용체의 개요

구조체는 프로그램이 동작하기 위하여 필요한 데이터의 구조가 여러 가지 형태의 데이터로 구성되어 있는 경우에 사용된다. 여러 가지 형태의 데이터를 하나로 묶은 구조체를 선언하게 되면 구조체의 각 멤버 변수는 별도의 메모리를 각각 차지하게 된다.

공용체는 메모리의 절약을 목적으로 사용하는 것으로 구조체와 다른 점은 구조체의 각 멤버는 연속적으로 메모리의 다른 번지에 저장되지만, 공용체는 동일한 기억장소를 서로 다른 멤버들이 공유하여 사용하는 데이터형이다. 공용체는 어느 주어진 시간에 많은 대상 중에 오직 하나만 사용되므로 기억장소의 절약을 위해서 사용한다. 공용체의 정의와 선언 방법은 구조체와 비슷하나 구조체는 모든 자료가 별개의 기억장소에 배정되고 공용체는 기억장소 크기가 가장 긴 데이터형에 맞추어 메모리를 할당받는다. 공용체의 정의 방법은 다음과 같다.

공용체의 정의

```
union 공용체명 {
     자료형1   멤버변수명1;
     자료형2   멤버변수명2;
               :
     자료형N   멤버변수명N;
};
```

공용체의 정의는 프로그램에서 사용하기 전에 정의하여야 하며, 이를 위하여 프로그램의 맨 앞에서 정의를 하여야 한다. 정의하여야 할 공용체가 많은 경우에는 따로 헤더파일을 두고 정의할 수도 있다.

▸ **공용체의 선언 및 사용**

이렇게 정의된 공용체를 사용하기 위해서는 변수를 선언하는 것과 마찬가지로 공용체를 변수명을 두어 선언하여야 한다. 공용체를 선언한 후 사용할 수 있는데, 공용체의 각 멤버변수를 사용하기 위해서는 구조체와 마찬가지로 점(.)을 이용하여 각 멤버변수들을 구분할 수 있다. 공용체의 선언 및 사용 방법은 다음의 그림과 같다.

공용체의 선언 및 사용

```
union 공용체명 공용체변수명;

공용체변수명.멤버변수명1;
          :
```

7.3.2 공용체의 정의 및 사용 예

이번에는 실제 공용체를 정의하고 사용함으로써 공용체의 역할을 이해해보자. 공용체를 사용하는 이유에 대한 이해는 구조체와 비교하여 살펴보는 것이 도움이 된다. 구조체의 경우에는 구조체의 각 멤버변수들이 각각의 길이만큼의 메모리를 차지한다. 그러나 공용체는 멤버변수 중 가장 큰 멤버의 길이만큼만 메모리를 차지하고 다른 멤버들과 메모리를 공유한다. 다음에 정의된 공용체와 구조체를 살펴보자.

공용체 정의 예

```
union test1 {
      char  a;
      int    i;
      int    j;
      double d;
};

struct test2 {
      char  a;
      int    i;
      int    j;
      double d;
};
```

위의 예에서 구조체 test2는 총 4개의 멤버변수가 존재한다. char 형식은 1바이트, int 형식은 4바이트, double 형식은 8바이트를 차지하므로 구조체 test2가 차지하는 메모리는 총 24바이트가 된다. 그러나 test1은 공용체이므로 4개의 멤버변수가 공통의 메모리 공간을 공유하게 된다. test1의 멤버 중에서는 double 형태의 멤버가 가장 큰 공간이 필요하므로 공용체 test1의 메모리 공간은 double 자료를 저장할 수 있는 4바이트가 된다. 공용체는 멤버변수 중 가장 큰 멤버 한 개를 저장할 수 있는 공간만을 할당하므로 어느 한 순간에는 한 개의 멤버의 값만을 저장하게 된다. 구조체의 경우에는 모든 멤버 변수의 값들을 개별적으로 저장하고 사용할 수 있지만 공용체의 경우, 한 순간에는 한 개의 값만을 저장할 수 있다. 즉, 공용체를 사용하는 경우 맨 마지막에 저장한 맴버변수의 값만이 저장되며, 그 전에 저장된 값들은 지워지게 된다. 공용체를 사용하는 이유는 여러 개의 데이터를 사용할 경우가 있으나, 동시에 사용되는 것이 아니라 그 중 한 개의 데이터만 사용하는 데이터의 경우, 구조체를 사용하면 메모리의 낭비가 발생하므로 공용체를 사용하는 것이다. 공용체를 적절히 사용하게 되면 메모리를 절약할 수 있다.

다음의 예제는 공용체를 사용한 프로그램이다.

프로그램 7-6

```
#include <stdio.h>
union test1 {
        char  a;
        int    i;
        int    j;
        double d;
};

struct test2 {
        int    i;
        int    j;
        double d;
        char  a;
};

void main()
{
        union test1 un;
        struct test2 st;

        st.i = 1000;
        st.j = 2000;
        st.d = 56789.123456;
        st.a = 'A';

        printf("구조체의 데이터=%d %d %f %c\n", st.i, st.j, st.d, st.a);

        un.i = 1000;
        un.j = 2000;
        un.d = 56789.123456;
        un.a = 'A';

        printf("공용체의 데이터=%d %d %f %c\n",
                                    un.i, un.j, un.d, un.a);

        un.d = 56789.123456;
        printf("공용체의 데이터=%d %d %f %c\n",
                                    un.i, un.j, un.d, un.a);

        un.i = 1000;
        printf("공용체의 데이터=%d %d %f %c\n",
                                    un.i, un.j, un.d, un.a);
}
```

실행 결과

```
구조체의 데이터=1000 2000 56789.123456 A
공용체의 데이터=-212205759 -212205759 56789.123456 A
공용체의 데이터=-212205744 -212205744 56789.123456 P
공용체의 데이터=1000 1000 56789.093750 ?
```

위의 프로그램에서 구조체인 test2에 저장한 데이터는 모든 멤버변수의 값을 정확하게 사용할 수 있다. 그러나 공용체인 test1을 사용하여 저장한 멤버의 값은 맨 마지막에 저장한 값만이 정확한 값이라는 것을 알 수 있다.

제8장 전처리기

C 프로그래밍 언어를 사용하여 원시 프로그램을 작성하게 되면 컴파일러에 의하여 컴퓨터가 이해할 수 있는 기계코드를 생성하게 된다. 이때 컴파일러는 약속된 C 언어 구문을 해석하게 되는데, 프로그램을 컴파일하기 전에 미리 정의한 특별한 지시어들을 미리 처리할 수 있도록 함으로써 프로그래머가 더욱 편리하게 프로그램을 작성하도록 하는 것이 바로 전처리기(Preprocessor)라고 한다. 전처리기의 기능을 이해하면 프로그램을 더욱 고급스럽게, 편리하게 코딩할 수 있다. 8장에는 C 언어에서 제공하는 전처리기에 대한 개념과 다양한 사용방법 등에 대하여 설명한다.

8.1 매크로의 사용

C 언어를 이용하여 프로그래밍을 할 때 복잡한 수로 구성된 상수들이나, 혹은 복잡한 형태의 문장들로 구성된 명령어를 사용할 경우가 발생하게 된다. 이러한 복잡한 형태의 상수나 명령어들이 프로그램 코딩 중에 자주 발생하게 되면 코딩 시 프로그래머의 실수가 발생하기 쉽고 코딩 과정이 더욱 복잡하게 느껴질 수 있다.

이러한 경우에 상수나 복잡한 형태의 문장들을 #define 문을 이용해서 명령어나 수식에 매크로 이름을 부여하여 좀 더 단순한 형태로 사용 가능하도록 하는 것을 매크로(macro)라고 한다. 매크로를 이용하여 단순한 형태로 정의할 수 있는 형태로는 상수 형태와 함수의 형태 2가지가 있다.

8.1.1 매크로 상수

상수는 프로그램이 동작하는 동안 일정한 값을 갖는 데이터를 말한다. 상수의 값이 복잡한 형태를 띠고 있거나, 혹은 프로그램 안에 상수의 사용이 매우 빈번할 때 매크로 상수를 사용하면 매우 편리하다. 매크로 상수를 정의하는 방법은 다음과 같다.

매크로 상수의 정의

```
#define   매크로명   치환데이터
```

치환 데이터는 실제 프로그램에서 사용하고자 하는 상수의 값을 말하며, 이를 매크로명으로 사용하겠다는 뜻이다. 여기에서 사용되는 매크로명은 변수의 이름을 작성하는 규칙과 동일하게 작성되나 일반적으로 일반 변수와의 구분을 위하여 대부분 대문자를 사용한다. 매크로명과 치환 데이터 사이는 공백 문자가 있어야 하며, 맨 마지막에 세미콜론(;)을 사용하지 않음에 주의하여야 한다.

다음의 예제는 매크로 상수를 사용하여 원의 면적과 둘레를 구하는 프로그램이다.

프로그램 8-1

```
#include <stdio.h>

#define PI 3.14    //매크로 정의

double area(int r)
{
        double res;

        res = (double) PI * r * r;
        return (res);
}
```

```
double circum(int r)
{
	double res;

	res = (double) 2 * PI * r;
	return (res);
}

void main()
{
	int r;
	double a, c;

	printf("원의 반지름을 입력하세요: ");
	scanf("%d", &r);

	a = area(r);
	c = circum(r);

	printf("원주율은 %f를 적용합니다\n", PI);
	printf("반지름 %d인 원의 면적은 %f 둘레는 %f입니다\n", r, a, c);
}
```

실행 결과

```
원의 반지름을 입력하세요: 3 Enter↵
원주율은 3.140000를 적용합니다
반지름 3인 원의 면적은 28.260000 둘레는 18.840000입니다
```

위의 예제에서는 매크로 이름으로 "PI"를 사용하였으며 치환 데이터로 "3.14"를 지정하였다. 이 프로그램을 컴파일을 하게 되면 컴파일러는 프로그램의 앞부분에서 "#define PI 3.14"라는 문장을 만나면 PI가 3.14를 의미하고 있다는 것을 기억하고 컴파일을 진행한다.

컴파일을 진행하던 중 프로그램 내에서 "PI"를 만나게 되면 "PI"를 "3.14"로 치환하여 컴파일을 진행하게 된다. 따라서 위의 프로그램은 "PI" 즉, 원주율 값을 3.14로 하여 그 기능을 수행한다.

이러한 프로그램의 경우 원주율의 값 3.14를 매크로로 정의하여 사용하게 되면 프로그램 안에 여러 곳에서 나타나는 값들을 동일하게 적용 가능하다.

또한 원주율의 값을 다른 값으로 변경하고자 할 경우 매크로의 정의 값만 바꾸어주면 되므로 프로그램의 변경이 용이해진다. 예를 들어 앞의 프로그램에서 원주율의 값을 3.14에서 3.141592로 변경하고자 하는 경우에는 다음의 프로그램과 같이 매크로에서 정의된 PI의 값을 3.14에서 3.141592로 변경하면 된다.

만일 매크로를 사용하지 않는다면 이 프로그램의 경우 수정해야 할 곳이 3곳이나 되며, 수정할 때 입력 오류가 발생할 가능성도 있다.

프로그램 8-2

```
#include <stdio.h>

#define PI 3.14    //매크로 정의

double area(int r)
{
        double res;

        res = (double) PI * r * r;
        return (res);
}

double circum(int r)
{
        double res;

        res = (double) 2 * PI * r;
        return (res);
}

void main()
{
        int r;
        double a, c;

        printf("원의 반지름을 입력하세요: ");
        scanf("%d", &r);

        a = area(r);
        c = circum(r);

        printf("원주율은 %f를 적용합니다\n", PI);
        printf("반지름 %d인 원의 면적은 %f 둘레는 %f입니다\n", r, a, c);
}
```

실행 결과

```
원의 반지름을 입력하세요: 3 Enter↵
원주율은 3.141592를 적용합니다
반지름 3인 원의 면적은 28.274328 둘레는 18.849552입니다
```

위의 예제는 앞에서 작성했던 [프로그램 8-1]의 매크로 정의 값 PI 값을 3.14에서 3.141592로 수정함에 따라 프로그램 전체의 PI 값을 손쉽게 바꿀 수 있다는 것을 알 수 있다. 이 밖에도 매크로 상수를 정의함에 따라 프로그램의 수정이 용이해지는 경우가 많이 있다.

▸ 배열의 개수 지정

배열을 사용할 경우 배열의 개수는 경우에 따라 변경될 가능성이 많이 있다. 예를 들어 10개의 숫자를 입력받아 처리하는 프로그램의 경우 배열의 개수를 10으로 지정하고 for 문의 변수가 0부터 9까지 증

가하도록 하여 프로그램이 코딩된다. 이를 100개의 숫자를 처리하도록 변경하기 위해서는 프로그램의 여러 곳을 수정하여야만 한다. 그러나 이 경우에도 매크로 상수값을 정의하여 사용하면 편리하다. 매크로 상수 값을 10, 혹은 100으로 수정을 할 수 있도록 코딩하고 배열의 개수나 for 문에서 사용하는 조건식에 매크로 상수를 사용하면 매크로 상수의 정의 값만 수정하면 프로그램 전체가 수정된다.

배열의 개수 지정에 매크로 상수 사용

```
#include <stdio.h>
#define MAX  10
              :

int num[MAX];
             :
for (n = 0; n < MAX; n++)
            :
```

▸ 문자형태의 매크로 값 사용

매크로 상수의 값은 숫자 형태이외에 문자 형태에서도 사용할 수 있다. 자주 출력하여야 하는 문자열이나 글자들을 매크로 상수로 정의하면 보다 손쉽게 프로그램을 코딩할 수 있다.

문자 형태의 매크로 상수 사용

```
#include <stdio.h>
#define MSG  "======================================"

              :
printf(MSG);
printf("매크로 상수의 사용\n");
printf(MSG);
             :
```

다음의 예제는 몇 가지 형태의 매크로 상수를 사용하여 작성한 프로그램이다.

프로그램 8-3

```
#include <stdio.h>

#define PI 3.141592    //매크로 정의
#define MSG "==========================================\n"
#define MAX 10

double area(int r)
{
       double res;

       res = (double)PI * r * r;
       return (res);
}
```

```
double circum(int r)
{
	double res;

	res = (double)2 * PI * r;
	return (res);
}

void main()
{
	int r;
	int n;
	double a, c;

	printf("원의 반지름을 입력하세요: ");
	scanf("%d", &r);

	printf("원주율은 %f를 적용합니다\n", PI);

	for(n = 0; n < MAX; n++)
	{
	a = area(r);
	c = circum(r);

	printf("반지름 %d인 원의 면적은 %f 둘레는 %f입니다\n", r, a, c);
	printf(MSG);
	r++;
	}
}
```

실행 결과

```
원의 반지름을 입력하세요: 3 [Enter]
원주율은 3.141592를 적용합니다
반지름 3인 원의 면적은 28.274328 둘레는 18.849552입니다
=====================================================
반지름 4인 원의 면적은 50.265472 둘레는 25.132736입니다
=====================================================
반지름 5인 원의 면적은 78.539800 둘레는 31.415920입니다
=====================================================
반지름 6인 원의 면적은 113.097312 둘레는 37.699104입니다
=====================================================
반지름 7인 원의 면적은 153.938008 둘레는 43.982288입니다
=====================================================
반지름 8인 원의 면적은 201.061888 둘레는 50.265472입니다
=====================================================
반지름 9인 원의 면적은 254.468952 둘레는 56.548656입니다
=====================================================
반지름 10인 원의 면적은 314.159200 둘레는 62.831840입니다
=====================================================
반지름 11인 원의 면적은 380.132632 둘레는 69.115024입니다
=====================================================
반지름 12인 원의 면적은 452.389248 둘레는 75.398208입니다
=====================================================
```

8.1.2 매크로 함수

매크로 함수는 매크로의 확장된 형태의 기능을 제공하는 형태로 인수를 갖는 함수 형태의 매크로를 말한다. 매크로 함수의 정의는 매크로 상수의 정의와는 달리 매크로 이름 뒤에 괄호 및 콤마를 사용하여 인수를 지정하게 된다. 매크로 함수의 정의 방법은 다음과 같다.

매크로 함수의 정의

```
#define 매크로명(인수1, 인수2,...)    치환문자열(혹은 치환함수)
```

매크로 함수가 정의되면 프로그램 내에서 매크로 함수를 마치 함수를 호출하는 것과 동일한 방법으로 사용할 수 있다. 그러나 매크로 함수는 일종의 확장된 형태의 매크로이므로 매크로 함수의 호출은 실제 함수가 실행되는 것이 아니라 매크로 함수가 정의된 부분이 참조되어 컴파일러에 의해 적절한 형태로 치환되는 것이다. 매크로 함수를 작성할 때에 매크로 이름과 괄호 사이에는 공백이 있어서는 안 되며, 식이나 대체 문자열은 일반적으로 전체를 괄호로 묶어 정의한다. 인수를 갖는 매크로 함수를 정의할 때 주의할 점은 다음과 같다.

매크로 함수 정의 시 주의사항

- 매크로명과 괄호 사이에 공백이 있어서는 안 된다. 공백이 있으면 대체 문자열로 인식되므로 주의하여야 한다.
- 치환될 문자열에는 공백을 사용할 수 있다.
- 치환될 문자열에서 매개 변수를 사용한 수식을 사용할 경우에는 전체를 괄호로 묶어야 한다.

이번에는 매크로 함수를 사용한 예를 살펴보기로 하자. 매크로 함수는 그 자체로는 연산 기능이 없고 단지 치환 기능만을 수행하므로 복잡한 기능의 함수를 구현하기 어렵다. 그러나 프로그래머가 일일이 코딩하기 번거로운 문장을 단순하게 치환 가능하므로 적절히 사용하면 매우 유용하다 할 수 있다. 다음의 예제는 일반적인 printf()와 scanf() 함수를 이용한 프로그램이다.

프로그램 8-4

```
#include <stdio.h>
void main()
{
        int n1, n2, n3;

        printf("1번째 수를 입력하세요: ");
        scanf("%d", &n1);

        printf("2번째 수를 입력하세요: ");
        scanf("%d", &n2);

        printf("3번째 수를 입력하세요: ");
        scanf("%d", &n3);

        printf("1번째 수는 %d입니다\n", n1);
        printf("2번째 수는 %d입니다\n", n2);
        printf("3번째 수는 %d입니다\n", n3);
}
```

실행 결과

```
1번째 수를 입력하세요: 5 Enter↵
2번째 수를 입력하세요: 7 Enter↵
3번째 수를 입력하세요: 9 Enter↵
1번째 수는 5입니다
2번째 수는 7입니다
3번째 수는 9입니다
```

위의 프로그램은 3개의 정수를 입력받아 출력해주는 간단한 프로그램이다. 이 프로그램의 기능을 수행하기 위하여 printf()와 scanf() 함수가 사용되는데, 단순하지만 반복적으로 사용하여야 하며, 그 내용도 조금씩 바뀌어 사용되어 프로그래머 입장에서는 번거롭게 느껴질 수 있다. 다음의 프로그램은 이를 매크로 함수를 사용하여 구성한 예이다.

프로그램 8-5

```
#include <stdio.h>

#define PRT_IN(n) printf("%d번째 수를 입력하세요: ", n)
#define IN(n) scanf("%d", &n)
#define PRT_OUT(a, n) printf("%d번째 수는 %d입니다\n", a, n)

void main()
{
	int n1, n2, n3;

	PRT_IN(1);
	IN(n1);

	PRT_IN(2);
	IN(n2);

	PRT_IN(3);
	IN(n3);

	PRT_OUT(1, n1);
	PRT_OUT(2, n2);
	PRT_OUT(3, n3);
}
```

실행 결과

```
1번째 수를 입력하세요: 5 Enter↵
2번째 수를 입력하세요: 7 Enter↵
3번째 수를 입력하세요: 9 Enter↵
1번째 수는 5입니다
2번째 수는 7입니다
3번째 수는 9입니다
```

▸ **매크로 함수 예제: 사칙연산**

이번에는 더하기, 빼기, 곱하기, 나누기의 사칙 연산 기능을 수행하는 프로그램을 매크로 함수를 이용하여 구현해보자. 다음의 예제는 매크로 함수를 이용하여 더하기 기능은 PLUS, 빼기 기능은 MINUS, 곱하기 기능은 MUL, 나누기 기능은 DIVI라는 이름의 매크로를 정의하였다. 나누기 기능의 경우 결과 값을 실수 형태로 표현하기 위하여 double 형으로 형 변환을 하여야 한다.

프로그램 8-6

```
#include <stdio.h>

#define PLUS(a, b) ((a)+(b))
#define MINUS(a, b) ((a)-(b))
#define MUL(a, b) ((a)*(b))
#define DIVI(a, b)  (double)((double)(a)/(double)(b))

void main()
{
	int n1, n2;

	printf("1번째 수를 입력하세요: ");
	scanf("%d", &n1);
	printf("2번째 수를 입력하세요: ");
	scanf("%d", &n2);

	printf("%d 더하기 %d는 %d\n", n1, n2, PLUS(n1, n2));
	printf("%d 빼기 %d는 %d\n", n1, n2, MINUS(n1, n2));
	printf("%d 곱하기 %d는 %d\n", n1, n2, MUL(n1, n2));
	printf("%d 나누기 %d는 %f\n", n1, n2, DIVI(n1, n2));
}
```

실행 결과

```
1번째 수를 입력하세요: 45 Enter↵
2번째 수를 입력하세요: 13 Enter↵

45 더하기 13는 58
45 빼기 13는 32
45 곱하기 13는 585
45 나누기 13는 3.461538
```

▸ **매크로 함수 예제: 숫자 판별**

이번에는 키보드로부터 문자를 하나 입력받아 이 문자가 숫자인지를 판별하고, 숫자인 경우 짝수인지 홀수인지를 판별하는 프로그램을 매크로 함수를 이용하여 구현해보자.

프로그램 8-7

```
#include <stdio.h>

//a의 값이 '0'~'9'사이의 값이면 숫자임
#define ISDIGIT(a)  ((a>='0' && a<='9') ? 1 : 0)

#define EVEN(a)  ((a%2 == 0) ? 1 : 0)
#define ODD(a)  ((a%2 == 1) ? 1 : 0)

void main()
{
	char c;

	printf("한문자를 입력하세요: ");
	scanf("%c", &c);

	if (ISDIGIT(c))
	{
		if (EVEN(c))
			printf("%c 는 짝수입니다\n", c);
		else
			printf("%c 는 홀수입니다\n", c);
	}
	else
		printf("%c 는 숫자가 아닙니다\n", c);
}
```

실행 결과

```
한문자를 입력하세요: F [Enter]
F 는 숫자가 아닙니다
```

```
한문자를 입력하세요: 7 [Enter]
7 는 홀수입니다
```

```
한문자를 입력하세요: 12 [Enter]
12 는 짝수입니다
```

우선 입력받은 문자가 숫자인지를 구분하는 매크로 함수로 ISDIGIT 매크로를 정의한다. ISDIGIT 매크로 함수는 문자가 '0'에서 '9'사이의 문자이면 숫자로 판별하는 기능을 제공한다.

또한 짝수, 홀수를 구분하는 매크로 함수로 EVEN과 ODD 매크로 함수를 구현하였다.

▸ 그 밖의 유용한 매크로 함수 예

그 밖에 일반적으로 프로그램에서 자주 사용되는 형태의 매크로 함수로는 다음과 같은 매크로 함수들이 있다.

유용한 매크로 함수 예

```
//a와 b 중 큰 수를 구한다.
#define MAX(a, b)   ( ((a) > (b)) ? (a) : (b) )

//a와 b 중 작은 수를 구한다.
#define MIN(a, b)   ( ((a) > (b)) ? (b) : (a) )

//절대값 구하기
#define ABS(a)  ( (a>=0) ? a : -a)

//대문자인지 판별
#define ISUPPER(a)  ( (a>='A' && a<='Z') ? 1 : 0)

//소문자인지 판별
#define ISLOWER(a)  ( (a>='a' && a<='z') ? 1 : 0)

//a가 소문자이면 대문자로 바꿈
#define TOUPPER(a)  ( (ISLOWER(a)) ? (a-'a'+'A') : a)

//a가 대문자이면 소문자로 바꿈
#define TOLOWER(a)  ( (ISUPPER(a)) ? (a+'a'-'A') : a)
```

8.2 파일 첨가(#include)

#include 명령어는 헤더 파일을 본 프로그램에 포함시키는 기능을 수행하는 전처리기이다. 컴파일러는 #include 명령어를 만나면 지정된 파일을 그대로 본 프로그램 파일에 불러들여 컴파일을 수행한다. #include 명령어의 사용 방법은 다음과 같다.

#include의 사용 방법

```
#include  <파일명>
#include  "파일명"
```

#include를 사용하여 프로그램 안으로 불러들일 파일을 지정할 때에 사용할 수 있는 방법은 2가지가 있다.

① **<파일명>의 사용** : 시스템에 존재하는 헤더 파일을 불러들일 때 사용한다. 우리가 그동안 코딩했던 대부분의 프로그램에서 #include <stdio.h>라는 문장을 맨 첫 라인에서 사용했다. 이 뜻은 시스템에서 제공하는 stdio.h라는 헤더 파일을 불러들여 사용한다는 뜻이다. 시스템에서 제공하는 헤더 파일은 C 언어 개발툴을 설치할 때 시스템에 설치되는 헤더 파일이며, 이는 프로그래머가 새롭게 코딩하는 파일이 아니며, 기존에 개발된 헤더 파일이다.

② **"파일명"의 사용** : 시스템에서 제공하는 헤더 파일이 아닌 새롭게 작성한 파일을 불러들일 때 사용한다. 불러들일 수 있는 파일은 헤더 파일(***.h)이나 C 원시코드(***.c)가 모두 가능하며, 현

재 코딩하고 있는 C 파일이 존재하는 홀더와 같은 홀더에 저장되어 있어야 한다. 만일 현재 코딩하고 있는 프로그램과 다른 위치에 존재하는 파일을 불러들이고자 하는 경우에는 홀더의 경로까지 지정해주어야 한다.

#include 명령어는 프로그램을 작성할 때 프로그램에 포함시키고자 하는 기능에 따라 필요한 헤더 파일을 불러들일 때 사용한다. <stdio.h> 파일은 printf()나 scanf()와 같이 표준 입출력 기능을 사용하기 위해서는 반드시 포함시켜야 하는 헤더 파일로 시스템에서 제공하는 헤더 파일이다. 또한 #define 문을 이용하여 사용자가 작성한 매크로나 기타 기능이 많은 경우에는 이를 따로 헤더 파일로 작성한 후 #include 문을 이용하여 프로그램에 포함시키는 경우도 많이 있다.

▸ **헤더파일의 작성 및 첨가시키기**

앞에서 작성한 [프로그램 8-6]에서는 사칙연산 기능을 매크로 함수를 이용하여 구현하였다. 이 프로그램에서 매크로 함수의 정의 부분을 헤더파일로 작성한 후 #include를 이용하여 프로그램을 구성해보자.

프로그램 8-8

8-8.h

```
// 8-8.h 헤더파일
#define PLUS(a, b) ((a)+(b))
#define MINUS(a, b) ((a)-(b))
#define MUL(a, b) ((a)*(b))
#define DIVI(a, b)  (double)((double)(a)/(double)(b))
```

8-8.c

```
//8-8.c 프로그램 파일

#include <stdio.h>

#include "8-8.h"

void main()
{
	int n1, n2;

	printf("1번째 수를 입력하세요: ");
	scanf("%d", &n1);
	printf("2번째 수를 입력하세요: ");
	scanf("%d", &n2);

	printf("%d 더하기 %d는 %d\n", n1, n2, PLUS(n1, n2));
	printf("%d 빼기 %d는 %d\n", n1, n2, MINUS(n1, n2));
	printf("%d 곱하기 %d는 %d\n", n1, n2, MUL(n1, n2));
	printf("%d 나누기 %d는 %f\n", n1, n2, DIVI(n1, n2));
}
```

실행 결과

```
1번째 수를 입력하세요: 24 Enter↵
2번째 수를 입력하세요: 7 Enter↵

24 더하기 7는 31
24 빼기 7는 17
24 곱하기 7는 168
24 나누기 7는 3.428571
```

위의 프로그램은 앞에서 작성했던 [프로그램 8-6]과 동일한 기능을 수행한다. 그러나 매크로 함수를 정의하는 부분을 [8-8.h]라는 이름의 헤더 파일로 구분하여 따로 작성한 후 [8-8.c]에서 #include 명령어를 이용하여 불러들인 경우이다. 이렇게 매크로 기능이나 기타 기능들을 정의한 것들이 많거나, 혹은 다른 프로그램에서도 자주 사용하는 기능들을 정의할 때에는 이를 헤더 파일로 작성한 후 #include 명령어를 이용하여 불러들이면 편리하게 사용할 수 있다.

8.3 기타 전처리기

8.3.1 #undef 문

#undef 문은 #define 문을 이용하여 정의된 매크로를 정의 해제시키는 기능을 수행하는 전처리기이다. #undef 문의 사용방법은 다음과 같다.

#undef 의 사용 방법

```
#undef    매크로명
```

#undef 문은 #define 문을 이용하여 정의된 매크로를 해제시키는 기능을 수행한다. #undef 문을 이용하여 정의 해제된 매크로는 그 이후에는 사용할 수 없다. #undef 문을 이용하여 매크로의 정의를 해제시키는 이유는 #define 문을 이용하여 정의된 매크로를 해제하고 동일한 이름의 매크로를 다시 정의하고자 할 경우에 주로 사용된다. 다음은 #undef 문을 이용하여 매크로의 정의 값을 해제하거나 다시 정의한 예이다.

#undef 문의 사용 예

```
//정의된 매크로의 정의 해제
#define ABCD 1234
#undef ABCD

//정의된 매크로의 정의 해제 및 재정의
#define ABCD 1234
#undef ABCD
#define ABCD 5678
```

#define 문을 이용하여 정의된 매크로를 #define 문을 이용하여 다시 정의하게 되면 앞서 정의된 매크로의 값은 잠시 유보되고 새롭게 정의한 매크로의 값이 사용된다. 이후 #undef 문을 이용하여 해당 매크로의 정의를 해제하면 가장 최근에 정의된 매크로가 해제된다. 즉, 앞서 정의된 매크로의 값으로 되돌아가는 효과가 나타난다.

8.3.2 조건부 컴파일

조건부 컴파일은 어떤 조건을 주어 컴파일 시 어떤 부분을 컴파일을 할지를 지시하는 것을 말한다. 이러한 조건부 컴파일을 사용하게 되면 프로그램 중의 특정 부분만을 컴파일 할 수 있으며, 특정 부분은 컴파일하지 않도록 지시할 수 있다. 지시어로는 #ifdef, #ifndef, #if, #else #endif 등이 있다. 조건부 컴파일의 사용 방법은 다음과 같다.

다음의 예제는 1부터 지정된 숫자까지의 합을 구하는 프로그램에서 숫자를 더해나가는 과정을 출력하거나 출력하지 않는 기능을 DEBUG라는 매크로 값과 조건부 컴파일 기능을 이용하여 선택적으로 출력하도록 구성한 프로그램이다.

프로그램 8-9

```
#include <stdio.h>

#define DEBUG 1

void main()
{
        int n;
        int num;
        int sum = 0;

        printf("숫자를 입력하세요: ");
        scanf("%d", &num);
```

```
        printf("1부터 %d까지의 합은 ", num);
        for(n = 1; n <= num; n++)
        {
                sum += n;
#if DEBUG
                printf("%d ", sum);
#endif
        }

        printf("\n%d입니다\n", sum);
}
```

실행 결과

```
숫자를 입력하세요: 10 Enter
1부터 10까지의 합은 1 3 6 10 15 21 28 36 45 55
55입니다
```

위의 프로그램은 DEBUG라는 매크로 값이 참으로 설정되어 있으므로 컴파일을 하면 #if DEBUG .... #endif로 되어 있는 부분이 포함되어 컴파일 된다. 따라서 1부터 입력된 수까지의 합을 더해나가는 과정이 출력되어 나타난다. 그러나 다음과 같이 DEBUG 매크로의 값을 0으로 설정하여 컴파일 하면 #if DEBUG .... #endif로 되어 있는 부분이 포함되지 않고 컴파일 되어 합을 구하는 과정이 출력되지 않는다.

프로그램 8-10

```
#include <stdio.h>

#define DEBUG 0

void main()
{
        int n;
        int num;
        int sum = 0;

        printf("숫자를 입력하세요: ");
        scanf("%d", &num);

        printf("1부터 %d까지의 합은 ", num);
        for(n = 1; n <= num; n++)
        {
                sum += n;
#if DEBUG
                printf("%d ", sum);
#endif
        }

        printf("\n%d입니다\n", sum);
}
```

실행 결과

```
숫자를 입력하세요: 10 [Enter↵]
1부터 10까지의 합은
55입니다
```

제9장 포인터

C 언어에서 제공하는 기능 중에 고급 기능으로 포인터가 있다. 포인터는 데이터의 값 자체가 아닌 데이터가 저장되어 있는 메모리의 번지수를 의미하는 것으로 여러 가지 다양한 기능을 수행할 수 있다. C 언어에서 포인터를 다룰 수 있다는 것은 하드웨어 번지를 직접 다룰 수도 있다는 의미이며, C 언어가 펌웨어나 미들웨어로 사용될 수 있는 장점을 갖게 해주는 매우 중요한 기능이다. 이번 장에서는 포인터의 개요 및 포인터 연산자, 배열에 대한 포인터, 구조체에 대한 포인터, 포인터의 연산 등에 대하여 설명한다.

9.1 포인터의 개요

C 언어에서 포인터란 데이터 값 자체가 아닌 데이터가 저장되어 있는 메모리의 주소번지를 일컫는다. 즉, 포인터가 갖는 의미는 실제의 데이터가 아니라 데이터가 기억된 메모리의 주소이다. 포인터를 사용하게 되면 C 언어의 사용 환경에 따라 실제 하드웨어 메모리 주소를 다루는 것이 가능하므로 펌웨어에서도 C 언어를 사용할 수 있게 된다.

그러나 대부분의 윈도우즈 환경에서의 프로그램에서는 실제 하드웨어 주소와는 다른 가상의 메모리 번지를 사용하게 된다. 포인터를 사용하기 위해서 C 언어에서는 주소 연산자 '&'와 포인터 연산자 '*'를 제공하고 있다. 포인터를 익히기 위해서는 우선 이러한 포인터와 관련된 연산자에 대하여 학습하여야 한다.

9.1.1 주소 연산자 : '&'

프로그램에서 다루는 모든 데이터는 메모리에 저장된다. 데이터를 메모리에 저장하기 위한 방법으로 우리는 변수와 배열, 구조체 등에 대하여 배웠다. 데이터가 메모리에 저장되면 저장된 메모리의 주소 번지가 존재하는데, 특정 데이터가 저장된 메모리의 주소 번지를 알려주는 연산자로 '&' 연산자가 있다. 특정 변수 명 앞에 '&' 연산자를 붙이면 해당 변수가 저장되어 있는 메모리의 주소 번지를 뜻하게 된다. 주소 연산자 '&'의 사용 방법은 다음과 같다.

주소 연산자 '&'의 사용 방법

```
자료형    변수명;
        :
&변수명;
```

프로그램 안에서 변수를 선언하게 되면 지정된 자료형의 데이터를 저장할 수 있는 크기의 메모리가 할당된다. 변수의 이름 앞에 '&' 연산자를 붙이면 해당 변수를 위하여 할당된 메모리의 주소를 알 수 있다. 다음의 예제는 변수의 선언 및 변수가 저장되는 메모리의 주소 번지를 출력하는 프로그램이다.

프로그램 9-1

```
#include <stdio.h>
void main()
{
        int a, b;

        a = 15;
        b = 20;

        printf("변수 a의 값은 %d, 주소는 %x\n", a, &a);
        printf("변수 b의 값은 %d, 주소는 %x\n", b, &b);
}
```

실행 결과

```
변수 a의 값은 15, 주소는 12ff7c
변수 b의 값은 20, 주소는 12ff78
```

위의 프로그램에서는 정수형 변수로 a와 b를 선언하였으며, printf() 함수를 이용하여 변수 a와 b에 저장되어 있는 값과 변수 a와 b의 메모리 주소를 출력하였다. 메모리의 주소 번지를 출력할 때에는 16진수로 출력하는 것이 편리하므로 "%x"를 사용하였다.

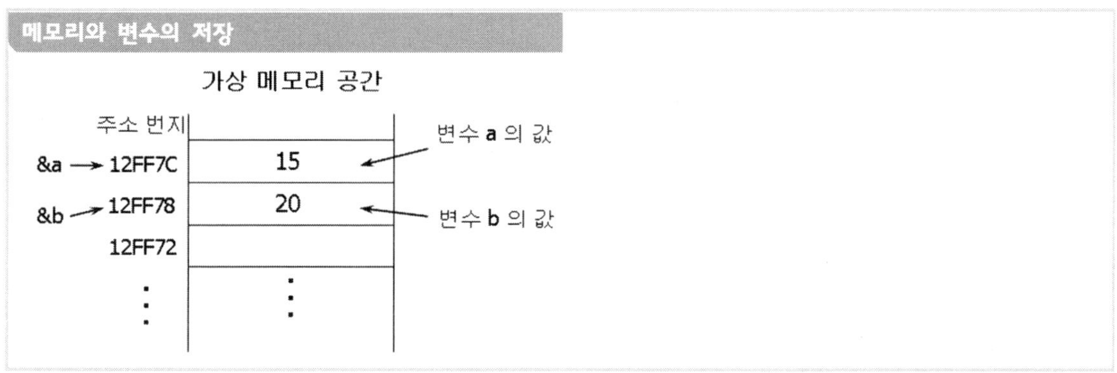

주소 연산자 '&'는 우리가 일반적으로 사용하는 변수나 배열, 구조체 변수에 사용할 수 있으며, 상수나, 산술식, 레지스터 변수에는 사용할 수 없다는 것에 주의하여야 한다.

9.1.2 포인터 연산자 : '*'

포인터 연산자 '*'는 해당 변수가 주소 번지를 표시하는 변수임을 나타내는 것으로 변수를 선언할 때 변수 명 앞에 붙는다. 포인터 연산자 '*'의 사용 방법은 다음과 같다.

포인터 연산자 '*'의 사용 방법

```
자료형    *변수명;
        :
*변수명 = 값;
```

포인터 연산자 '*'를 이용하여 변수를 선언하는 방법은 변수 명 앞에 '*' 연산자를 붙이면 된다. 예를 들어 int *a;로 변수를 선언하게 되면 변수 a는 메모리 주소를 나타내게 된다.

변수 a는 메모리에 저장되어 있는 데이터의 메모리 주소 번지를 가리키는 포인터로 사용할 수 있으며, *a는 해당 주소에 저장된 값을 의미한다.

다음의 예제는 포인터 변수를 사용하는 방법을 설명하는 프로그램이다.

프로그램 9-2

```
#include <stdio.h>
void main()
{
        int a, b;
        int *ptr;

        a = 15;
        b = 20;

        ptr = &a;
        printf("주소 번지 %x에 저장된 값은 %d\n", ptr, *ptr);
        ptr = &b;
        printf("주소 번지 %x에 저장된 값은 %d\n", ptr, *ptr);
}
```

실행 결과

```
주소 번지 12ff7c에 저장된 값은 15
주소 번지 12ff78에 저장된 값은 20
```

위의 프로그램에서는 정수형 변수 a와 b를 선언하였으며, 포인터 변수로 ptr을 선언하였다. 처음에 ptr은 변수 a가 저장되어 있는 곳의 주소를 가리키게 한 후 그 주소와 주소에 저장되어 있는 변수의 값을 출력하였으며, 다음으로 변수 b가 저장되어 있는 곳의 주소를 가리키게 한 후 해당 메모리의 주소와 그 주소에 저장되어 있는 값을 출력하였다.

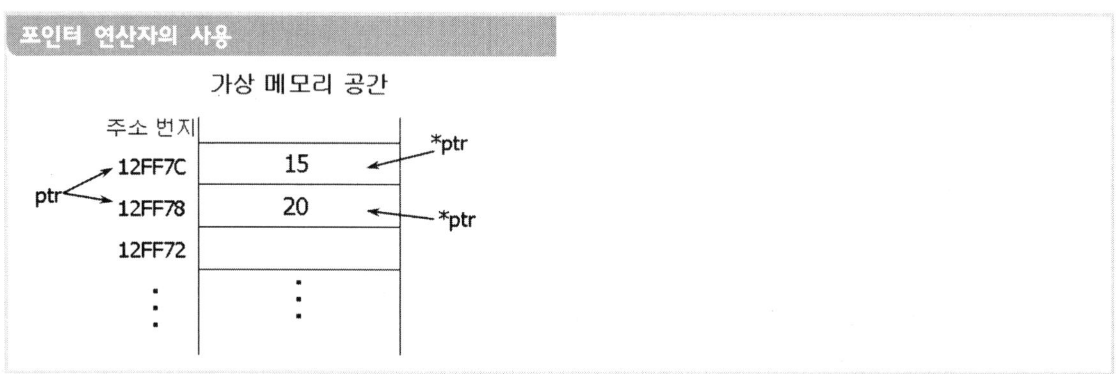

9.2 포인터의 사용

포인터는 데이터가 저장된 메모리의 주소를 의미한다. 그러나 실제 하드웨어 메모리의 주소를 사용하는 경우는 거의 없으며, 대부분 가상 메모리의 주소를 가리키게 된다. 그렇다면 어떤 목적으로 포인터를 사용하게 될까 ? 데이터의 관리를 단순히 변수명이 아닌 메모리 주소를 이용하게 되면 포인터를 사용하지 않은 경우보다 데이터의 처리를 좀 더 용이하게 할 수 있는 경우가 많이 발생한다.

▸ **함수의 인수로 포인터의 사용**

인수는 함수의 동작에 필요한 데이터를 전달해주는 기능을 수행한다. 인수로 특정 값을 넘겨주면 해당 함수는 단지 필요한 값을 받아 기능을 수행한다. 다음의 프로그램은 2개의 정수형 인수를 받아 2개의 값을 교환해주는 함수를 구현한 것이다.

프로그램 9-3

```
#include <stdio.h>

/* 두개의 정수를 교환하는 함수 */
void swap(int a, int b)
{
        int temp;

        temp = a;
        a = b;
        b = temp;
}

void main()
{
        int n1, n2;

        printf("1번째 수를 입력하세요: ");
        scanf("%d", &n1);
        printf("2번째 수를 입력하세요: ");
        scanf("%d", &n2);

        printf("입력한 수는 %d %d 입니다\n", n1, n2);

        swap(n1, n2);

        printf("위치를 바꾸면 %d %d 입니다\n", n1, n2);
}
```

실행 결과

```
1번째 수를 입력하세요: 7 Enter
2번째 수를 입력하세요: 12 Enter
입력한 수는 7 12 입니다
위치를 바꾸면 7 12 입니다
```

위의 프로그램에서 swap() 함수는 2개의 정수형 값을 인수로 받아 그 위치를 교환하는 기능을 수행한다. main() 함수에서는 n1과 n2, 2개의 변수에 저장되어 있는 값을 인수로 하여 swap() 함수를 호출함으로써 2개의 값을 교환하고자 하였다. 그러나 그 실행결과는 2개의 값이 바뀌지 않았다. 이는 swap() 함수에서는 2개의 변수 a와 b에 저장되어 있는 값을 바꾸었지만 main()에서 사용하는 n1과 n2의 값에는 영향을 끼치지 않기 때문이다. 이를 포인터를 사용하면 원하는 동작을 얻을 수 있다.

프로그램 9-4

```
#include <stdio.h>

/* 두개의 정수를 교환하는 함수 */
void swap(int *a, int *b)
{
	int temp;

	temp = *a;
	*a = *b;
	*b = temp;
}

void main()
{
	int n1, n2;

	printf("1번째 수를 입력하세요: ");
	scanf("%d", &n1);
	printf("2번째 수를 입력하세요: ");
	scanf("%d", &n2);

	printf("입력한 수는 %d %d 입니다\n", n1, n2);

	swap(&n1, &n2);

	printf("위치를 바꾸면 %d %d 입니다\n", n1, n2);
}
```

실행 결과

```
1번째 수를 입력하세요: 7 Enter↵
2번째 수를 입력하세요: 12 Enter↵
입력한 수는 7 12 입니다
위치를 바꾸면 12 7 입니다
```

위의 프로그램은 swap() 함수의 인수를 포인터로 바꾼 것이다. 이렇게 수정하여 프로그램을 실행시키면 swap() 함수에서는 단순히 2개의 정수 값을 교환하는 것이 아니라 n1과 n2의 값이 저장되어 있는 메모리의 주소를 인수로 받아 각 메모리 주소에 저장되어 있는 값을 직접 교환하므로 main() 함수에서도 n1과 n2의 값이 바뀌게 되는 것이다.

▸ 반환값의 용도로 포인터 사용

함수의 실행결과를 main() 프로그램에서 반환 받아 사용하기 위하여 return 문을 이용하여 반환하는 경우가 종종 있다. 그러나 경우에 따라서는 return 문을 이용하여 반환하는 것 보다 포인터를 이용하여 실행 결과를 바로 알아보는 것이 유리한 경우도 존재한다. 다음의 예제는 최대공약수를 구하는 기능을 수행하는 함수를 구현한 것으로 2개의 수를 인수로 받아 최대공약수를 구한 후 그 결과는 return 문이 아닌 인수로 넘어온 포인터를 이용하여 알려주는 방법을 이용하였다.

프로그램 9-5

```
#include <stdio.h>

//2 수의 최대공약수를 구함
void gong(int a, int b, int *res)
{
	int min;
	int n;

	min = (a < b) ? a: b;

	for(n = min; n >0; n--)
	{
		if ( (a % n == 0) && (b % n == 0) )
			break;
	}
	*res = n;
}

void main()
{
	int num1, num2;
	int res;

	printf("입력한 두 수의 최대공약수를 구합니다.\n");
	printf("첫번째 수를 입력하세요: ");
	scanf("%d", &num1);
	printf("두번째 수를 입력하세요: ");
	scanf("%d", &num2);

	gong(num1, num2, &res);
	printf("%d, %d의 최대공약수는 %d입니다\n", num1, num2, res);
}
```

실행 결과

```
입력한 두 수의 최대공약수를 구합니다.
첫번째 수를 입력하세요: 104 Enter↵
두번째 수를 입력하세요: 48 Enter↵
104, 48의 최대공약수는 8입니다
```

위의 프로그램에서 gong() 함수는 2개의 정수의 최대공약수를 구하는 기능을 수행하는 함수로 총 3개의 인수가 존재한다. 첫 번째와 두 번째 인수는 최대공약수를 구할 2개의 정수이며, 3 번째 인수는 함수의 실행결과로 구한 최대공약수의 결과 값을 저장할 메모리 주소의 포인터이다. gong() 함수는 최대공약수를 구한 후 그 결과 값을 이 포인터가 가리키는 메모리 주소에 저장한다. main() 함수에서는 gong() 함수를 호출할 때 2개의 정수와 결과를 저장할 포인터를 인수로 사용하는데, 결과 값을 저장할 변수로 res를 사용할 경우에는 포인터로 지정하기 위하여 &res로 3 번째 인수를 지정한다. 함수의 실행이 종료되면 결과 값은 변수 res에 저장되어 있다.

▸ 포인터 변수의 초기화

포인터는 주소를 갖고 있는데 이 주소는 사용자가 프로그램 작성 시 초기 값을 할당해주어야 한다. 포인터 변수에 초기 값을 대입할 때에는 선언과 동시에 초기화 값을 배정한다. 포인터의 초기 값은 메모리의 주소이므로 메모리를 할당 받은 변수나 메모리를 할당 받는 라이브러리 함수를 통해 할당 받은 메모리의 주소를 설정한다. 다음은 변수 선언을 통해 할당받은 메모리의 주소로 초기화를 하는 방법이다.

변수를 통한 포인터의 초기화

```
int   a:
int   *ptr;
ptr = &a;
```

위의 예에서 정수형의 변수 a를 선언하게 되면 정수형의 데이터를 저장할 수 있는 메모리가 할당된다. ptr = &a로 하게 되면 이 메모리의 주소 번지를 ptr 포인터 변수의 값으로 초기화를 하게 된다. *ptr은 해당 메모리에 저장되어 있는 값, 즉 현재 변수 a에 저장되어 있는 값이 된다.

▸ 포인터 값의 증감

포인터 변수의 값을 증가하거나 감소하게 되면 어떻게 될까 ? 포인터 자체가 특정 값을 나타내는 것이 아니고 메모리의 주소를 나타내므로 포인터 변수의 값을 증가하게 되면 현재 가리키고 있는 메모리의 다음 번지를 가리키게 된다.

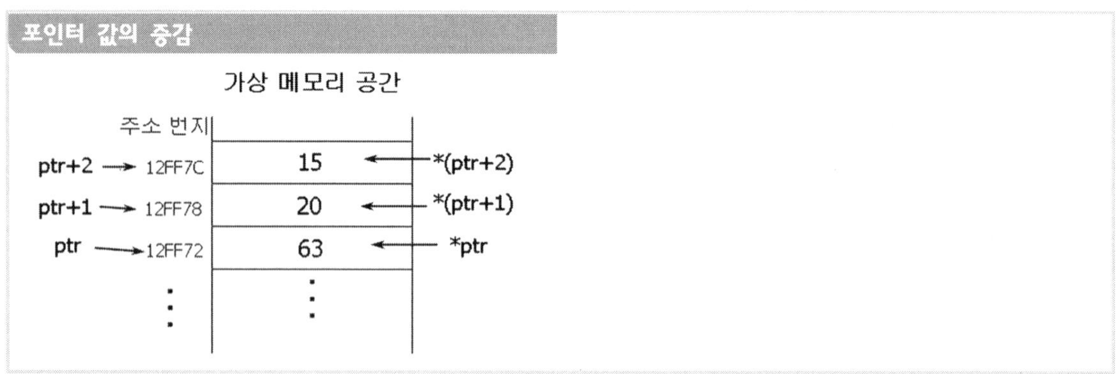

위의 그림에서 ptr 포인터 변수가 가리키는 주소는 12FF72이다. 이 ptr 변수의 값을 1씩 증가할 때마다 다음 데이터가 저장되어 있는 주소를 가리키게 된다. 마찬가지로 ptr 메모리 주소에 저장되어 있는 데이터 값은 *ptr이 되며, 다음의 데이터는 각각 *(ptr+1), *(ptr+2)가 된다. 다음의 예제는 문자형 포인터 변수의 값을 증가하면서 메모리에 저장되어 있는 데이터를 출력하는 예제이다.

프로그램 9-6

```
#include <stdio.h>
void main()
{
        char  *c_ptr;
        int   i;

        c_ptr = "This is pointer";

        for(i = 0; i <15; i++)
        {
                if (i % 4 == 0)
                        printf("\n");
                printf("*(ptr+%d) = %c\t", i, *(c_ptr+i));
        }
}
```

실행 결과

```
*(ptr+0) = T    *(ptr+1) = h    *(ptr+2) = i     *(ptr+3) = s
*(ptr+4) =      *(ptr+5) = i    *(ptr+6) = s     *(ptr+7) =
*(ptr+8) = p    *(ptr+9) = o    *(ptr+10) = i    *(ptr+11) = n
*(ptr+12) = t   *(ptr+13) = e   *(ptr+14) = r
```

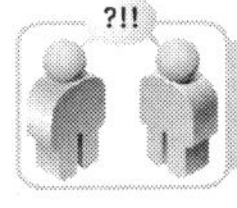

9.3 배열과 포인터

C 언어에서 배열과 포인터는 데이터를 저장할 때 메모리의 구조를 생각하여 저장한다는 점에서 유사한 점이 많이 있다. 또한 배열과 포인터는 같이 사용되는 경우도 많이 있다. 배열은 메모리에 저장될 때 배열의 각 원소가 연속적으로 저장되며 배열명은 배열의 첫 번째 원소가 저장된 주소를 가리킨다. 포인터는 배열의 첫 번째 구성 요소의 번지를 기준 주소로 해서 배열의 원소가 몇 번째 원소인가를 나타낼 때에는 포인터를 사용해서 각 원소를 접근할 수 있다.

▸ 1차원 배열과 포인터

배열과 포인터는 메모리를 접근하는 데에는 동일한 의미를 갖지만 차이점도 존재한다. 포인터를 직접 이용하면 배열을 이용한 것보다 빠르고 함수의 인자로 이용되는 배열을 처리하기 위해서는 반드시 포인터가 필요하다. 포인터를 이용하여 1차원 배열을 선언하는 방법은 다음과 같다.

1차원 배열과 포인터

```
int   배열명[개수];
int   *포인터명;
포인터명 = 배열명;
```

배열을 선언하게 되면 배열명 자체는 배열의 시작을 가리키는 포인터가 된다. 예를 들어 "int a[5];"를 이용하여 배열을 선언하게 되면 정수를 5개 저장할 수 있는 연속된 메모리가 할당되며, 배열명인 a는 그 시작 부분의 메모리 주소를 가리킨다. 다음의 프로그램을 실행하여 보자.

프로그램 9-7

```
#include <stdio.h>
void main()
{
        int a[5] = {10, 15, 20, 25, 30};
        int i;

        for(i = 0; i < 5; i++)
        {
                printf("%d번째 배열의 값=[%d] 주소=[%x]\n", i+1, a[i], &a[i]);
        }
        printf("배열의 주소 a=[%x]\n", a);
}
```

실행 결과

```
1번째 배열의 값=[10] 주소=[12ff6c]
2번째 배열의 값=[15] 주소=[12ff70]
3번째 배열의 값=[20] 주소=[12ff74]
4번째 배열의 값=[25] 주소=[12ff78]
5번째 배열의 값=[30] 주소=[12ff7c]
배열의 주소 a=[12ff6c]
```

위의 프로그램에서 배열 a는 5개의 정수형 데이터를 저장할 수 있으며, 각각의 배열 원소는 연속된 메모리 주소에 저장된다. 배열명 a는 이 5개의 배열을 가리키는 포인터가 되며, 배열의 첫 번째 원소인 a[0]의 주소인 &a[0]와 동일한 주소를 가리킨다.

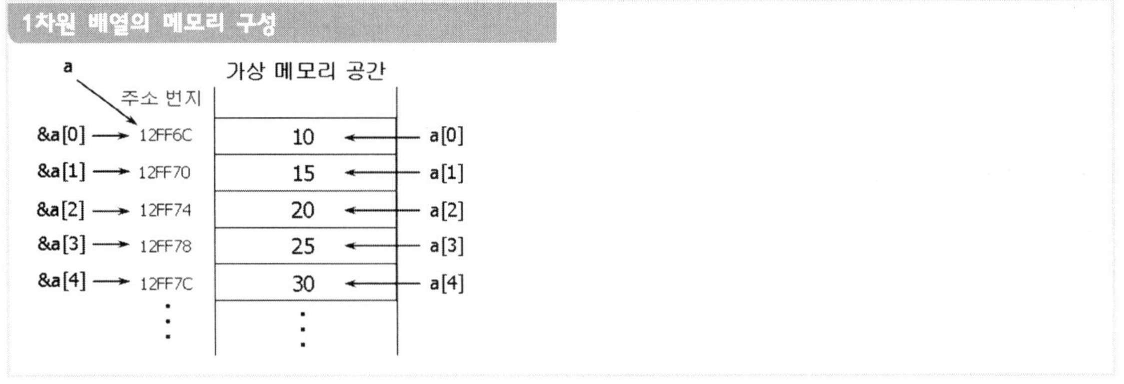

이제 배열을 이용하여 관리되는 데이터를 포인터를 이용하여 재구성해보자. 다음의 프로그램은 포인터를 이용하여 1차원 배열에 의하여 생성된 데이터를 관리하는 프로그램이다.

프로그램 9-8

```
#include <stdio.h>
void main()
{
	int a[5] = {10, 15, 20, 25, 30};
	int i;
	int *ptr;

	ptr = a;

	for(i = 0; i < 5; i++)
	{
		printf("%d번째 배열의 값=[%d] 주소=[%x]\n", i+1, *ptr, ptr);
		ptr++;
	}
}
```

실행 결과

```
1번째 배열의 값=[10] 주소=[12ff6c]
2번째 배열의 값=[15] 주소=[12ff70]
3번째 배열의 값=[20] 주소=[12ff74]
4번째 배열의 값=[25] 주소=[12ff78]
5번째 배열의 값=[30] 주소=[12ff7c]
```

포인터 변수 ptr을 배열 a로 설정하게 되면 ptr은 &a[0]와 같고, ptr+1은 &a[1], ptr+2는 &a[2]와 같게 된다. 포인터의 값에 더하기 1을 하는 의미는 실제 주소정보의 값에 숫자 1이 더해지는 것이 아니라 다음 데이터가 저장되어 있는 번지를 가리키게 됨에 주의하여야 한다.

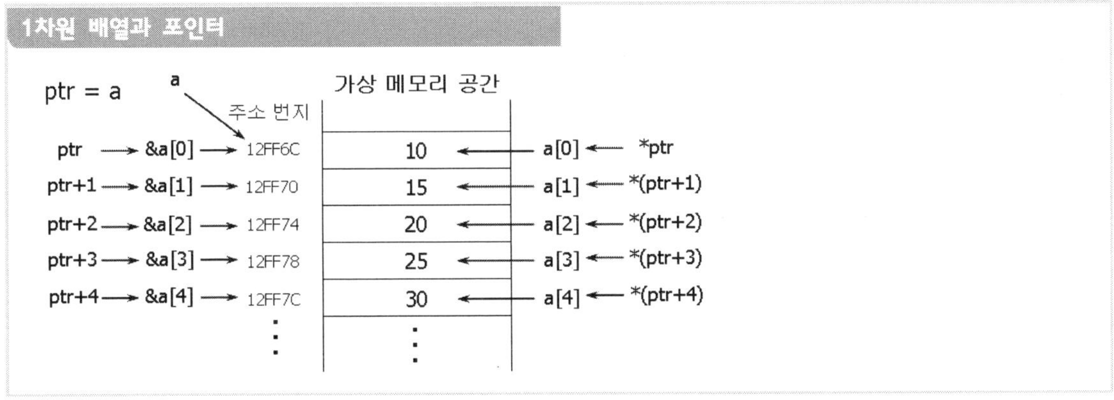

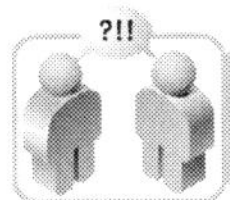

9.4 구조체와 포인터

복잡한 형태의 데이터를 메모리에 저장하기 위한 방법으로 구조체를 배웠다. 구조체 형태의 데이터 역시 메모리에 저장되므로 이를 포인터를 이용하여 관리할 수 있다.

▸ **구조체 포인터에서의 멤버 변수 구분**

구조체의 각 멤버 변수를 구분하기 위해서는 점(.)을 사용하였다. 그러나 구조체 형태의 데이터가 저장된 메모리 주소를 가리키는 포인터에서 각 벰버 변수를 지정하기 위해서는 "->" 기호를 사용하여야 한다. 즉, 구조체 포인터 명 뒤에 "->" 기호와 각 멤버 변수명을 사용하여야 한다. 구조체 포인터의 사용 방법은 다음과 같다.

구조체 포인터의 멤버 변수 구분

```
struct 구조체명 *포인터명;
포인터명->멤버변수명1;
포인터명->멤버변수명2:
          :
```

이번에는 다음의 [실습 9-1]과 같이 이름과 학번, 나이, 주민등록번호, 주소, 부모님이름, 전화번호 등의 정보를 입력받고 출력하는 프로그램을 작성해보자.

실습 9-1

```
이름을 입력하세요: ♡♡♡ Enter↵
학번을 입력하세요: □ □ □  Enter↵
나이를 입력하세요 : ★ Enter↵
주민등록번호를 입력하세요: ►►►►...►►►
주소를 입력하세요: XXXXMMMMMMMMMM
부모님 이름을 입력하세요: ◆◆◆
전화번호를 입력하세요: ►►►►...►►►

♡♡♡님의 학번은 □ □ □이고 나이는 ★살입니다.
주민등록번호는 ►►►►...►►►이고 주소는 XXX입니다.
부모님이름은 ◆◆◆이고 전화번호는 ►►►►...►►►입니다.
```

Tip 실습문제 해결을 위한 팁

- 프로그램에서 다루는 데이터를 기준으로 하여 각각의 멤버 변수를 포함하는 구조체를 정의한다.
- 구조체의 정의는 7장에서 코딩한 구조체 [hak]을 참조한다.
- 구조체와 구조체 포인터를 선언한다.
- 구조체 포인터는 선언된 구조체 변수의 주소를 가리키도록 설정한다.
- 구조체 포인터 변수를 이용하여 데이터의 입출력 기능을 코딩한다.
- 구조체 포인터의 각 멤버 변수는 -> 기호를 이용하여 구분한다.

프로그램 9-9

```
#include <stdio.h>

struct hak {
       char  name[10];
       int   haknum;
       int   age;
       char  ju[20];
       char  addr[50];
       char  parname[10];
       char  phone[20];
};

void main()
{
    struct hak hong;
    struct hak *ptr;   //구조체 포인터 선언

    ptr = &hong;

    printf("이름을 입력하세요: ");
    scanf("%s", ptr->name);
    printf("학번을 입력하세요: ");
    scanf("%d", &ptr->haknum);
    printf("나이를 입력하세요 : ");
    scanf("%d", &ptr->age);
    printf("주민등록번호를 입력하세요: ");
    scanf("%s", &ptr->ju);
    printf("주소를 입력하세요: ");
    scanf("%s", ptr->addr);
    printf("부모님 이름을 입력하세요: ");
    scanf("%s", ptr->parname);
    printf("전화번호를 입력하세요: ");
    scanf("%s", ptr->phone);

    printf("%s님의 학번은 %d이고 나이는 %d살입니다.\n",
                              ptr->name, ptr->haknum, ptr->age);
    printf("주민등록번호는 %s이고 주소는 %s입니다.\n", ptr->ju, ptr->addr);
  printf("부모님이름은 %s이고 전화번호는 %s입니다.\n",ptr->parname, ptr->phone);
}
```

실행 결과

```
이름을 입력하세요: 홍길동 Enter↵
학번을 입력하세요: 20090001 Enter↵
나이를 입력하세요 : 20 Enter↵
주민등록번호를 입력하세요: 900101-1111111 Enter↵
주소를 입력하세요: 서울시강남구서초동 Enter↵
부모님 이름을 입력하세요: 이순신 Enter↵
전화번호를 입력하세요: 02-1111-2222 Enter↵

홍길동님의 학번은 20090001이고 나이는 20살입니다.
주민등록번호는 900101-1111111이고 주소는 서울시강남구서초동입니다.
부모님이름은 이순신이고 전화번호는 02-1111-2222입니다.
```

▸ 구조체 배열의 포인터

구조체 형태의 데이터를 배열 형태로 선언하여 사용할 경우 이를 포인터를 이용하면 좀 더 편리하게 관리할 수 있다. 이번에는 다음의 [실습 9-2]와 같이 7장에서 구현한 정렬 기능을 제공하는 성적관리 프로그램을 코딩하여 보자.

실습 9-2

```
성적관리 프로그램입니다.
1. 성적 입력
2. 성적 출력
3. 학번순 정렬(오름차순)
4. 총점순 정렬(내림차순)
5. 프로그램 종료
메뉴를 선택하세요:

(①번 메뉴 선택 시)
이름을 입력하세요: ♡♡♡ Enter↲
학번을 입력하세요: ◆◆◆ Enter↲              ('.' 입력 시 입력 종료)
국어점수를 입력하세요: □  Enter↲
영어점수를 입력하세요: □  Enter↲
수학점수를 입력하세요: □  Enter↲            (최대 10개의 정보 입력)
```

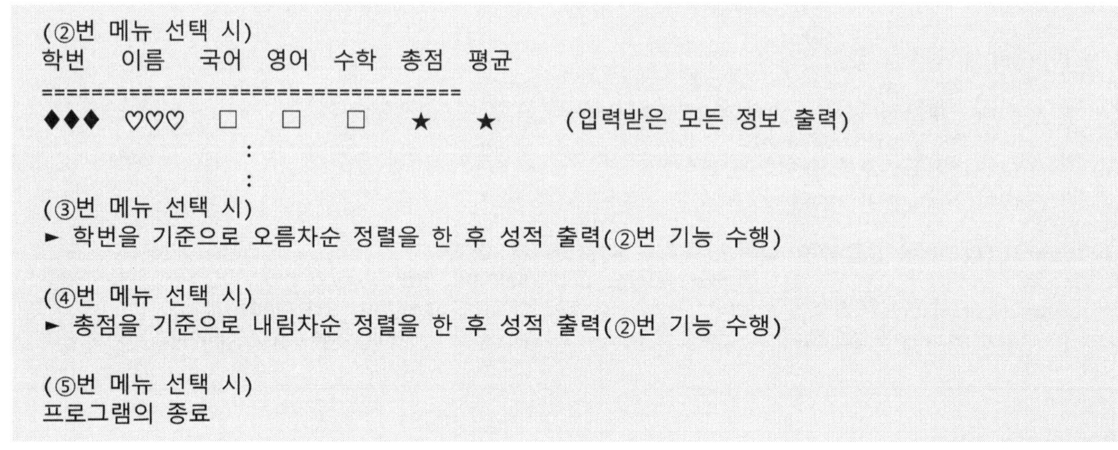

```
(②번 메뉴 선택 시)
학번   이름   국어  영어  수학  총점  평균
===================================
◆◆◆  ♡♡♡   □    □    □    ★    ★      (입력받은 모든 정보 출력)
                 :
                 :
(③번 메뉴 선택 시)
► 학번을 기준으로 오름차순 정렬을 한 후 성적 출력(②번 기능 수행)

(④번 메뉴 선택 시)
► 총점을 기준으로 내림차순 정렬을 한 후 성적 출력(②번 기능 수행)

(⑤번 메뉴 선택 시)
프로그램의 종료
```

프로그램 9-10

```
#include <stdio.h>
struct sungjuk {
        char  name[10];
        int    haknum;
        int    kor;
        int    eng;
        int    math;
```

```
	int	total;
	double	avg;
};

struct sungjuk sung[10];
struct sungjuk *c_ptr;		// 현재까지 입력받은 구조체의 포인터
int num = 0;			// 입력받은 정보의 개수

void sung_input()
{
	int n;

	for(n = num; n < 10; n++, c_ptr++)
	{
	printf("\n이름을 입력하세요: ");
	scanf("%s", c_ptr->name);

	if (c_ptr->name[0] == '.')	//이름에 '.' 입력시 종료
		break;
	printf("학번을 입력하세요: ");
	scanf("%d", &c_ptr->haknum);
	printf("국어점수를 입력하세요: ");
	scanf("%d", &c_ptr->kor);
	printf("영어점수를 입력하세요: ");
	scanf("%d", &c_ptr->eng);
	printf("수학점수를 입력하세요: ");
	scanf("%d", &c_ptr->math);

	c_ptr->total = c_ptr->kor+c_ptr->eng+c_ptr->math;
	c_ptr->avg = (double)c_ptr->total/3;
	}
	num = n;
}

void sung_print()
{
	int n;
	struct sungjuk *ptr;

	ptr = sung;

	printf("\n학번		이름	국어	영어	수학	총점	평균\n");
	printf("==============================================\n");

	for(n = 0; n < num; n++, ptr++)
	{
	printf("%d	%s	%d	%d	%d	%d	%2.2f\n",
		ptr->haknum,ptr->name,ptr->kor,ptr->eng,
		ptr->math,ptr->total,ptr->avg);
	}
}

void sort_haknum()	//학번을 기준으로 오름차순 정렬
{
```

```
	int   i, j;
	struct sungjuk temp;

	for(i = 0; i < num-1; i++)
	{
		for(j = num-1; j > i; j--)
		{
			if (sung[j].haknum < sung[j-1].haknum)
			{
				temp = sung[j];
				sung[j] = sung[j-1];
				sung[j-1] = temp;
			}
		}
	}
}

void sort_total()    //총점을 기준으로 내림차순 정렬
{
	int   i, j;
	struct sungjuk temp;

	for(i = 0; i < num-1; i++)
	{
		for(j = num-1; j > i; j--)
		{
			if (sung[j].total > sung[j-1].total)
			{
				temp = sung[j];
				sung[j] = sung[j-1];
				sung[j-1] = temp;
			}
		}
	}
}

void jong()
{
	printf("프로그램을 종료합니다.\n");
	exit();
}

void main()
{
	int sel;

	c_ptr = sung;   //구조체 배열에 대한 주소를 포인터로 설정

	while(1)
	{
		printf("\n성적관리 프로그램입니다.\n");
		printf("1. 성적 입력\n");
		printf("2. 성적 출력\n");
```

```
			printf("3. 학번순 정렬(오름차순)\n");
			printf("4. 총점순 정렬(내림차순)\n");
			printf("5. 프로그램 종료\n");
			printf("메뉴를 선택하세요: ");
			scanf("%d", &sel);

			switch(sel)
			{
			case 1:
					sung_input();
					break;
			case 2:
					sung_print();
					break;
			case 3:
					sort_haknum();
					sung_print();
					break;
			case 4:
					sort_total();
					sung_print();
					break;
			case 5:
					jong();
					break;
			default:
					printf("잘못 입력하였습니다\n");
					break;
			}
		}
}
```

위 프로그램의 실행결과는 앞서 배운 7장의 [프로그램 7-5]와 동일하다.

9.5 포인터와 함수

일반적으로 포인터는 변수나 배열, 구조체 등의 데이터를 저장하는 메모리를 가리킨다. 그러나 함수 역시 메모리에 저장되므로 포인터가 함수를 가리킬 수도 있다.

또한 다른 함수로 인수를 전달할 수 있으며 포인터를 이용하여 함수의 호출도 가능하다.

▸ 함수에 대한 포인터

함수에 대한 포인터를 사용하기 위해서는 우선 함수에 대한 주소를 이해하여야 한다. 함수에 대한 명칭 및 함수에 대한 주소는 다음과 같이 표현할 수 있다.

함수와 함수에 대한 주소

```
func()                ==> 함수 자체
func                  ==> func() 라는 함수의 주소
```

즉, 괄호가 없는 함수 이름만 표현하게 되면 함수에 대한 주소를 나타낸다. 함수에 대한 포인터를 선언하는 방법은 다음과 같다.

함수에 대한 포인터 선언 방법

```
데이터형   (*포인터명)();          ==> 함수에 대한 포인터 변수 선언
             :
포인터명 = 함수명;                 ==> 포인터에 함수의 주소 할당
```

다음의 예제는 함수에 대한 포인터의 사용 방법에 대한 프로그램이다.

프로그램 9-11

```
#include <stdio.h>
void (*fptr)();   //함수에 대한 포인터 변수 선언

void func1()
{
       printf("이것은 첫 번째 함수입니다\n");
}
void func2()
{
       printf("이것은 두 번째 함수입니다\n");
}
void main()
{
       fptr = func1;
       fptr();
       fptr = func2;
       fptr();
}
```

실행 결과

```
이것은 첫 번째 함수입니다
이것은 두 번째 함수입니다
```

▸ **함수에 대한 배열 포인터**

함수에 대한 배열 포인터란 여러 개의 함수에 대한 주소를 갖는 포인터를 배열로 구성한 것을 의미한다. 기능이 많은 프로그램을 작성하거나 경우에 따라 다른 함수를 호출하여야 할 때 함수에 대한 배열 포인터를 이용하여 함수를 호출할 수 있다. 함수에 대한 배열 포인터를 사용하는 방법은 다음과 같다.

함수에 대한 배열 포인터 사용 방법

```
데이터형   (*포인터명[함수개수])();
           :
포인터명[0] = 함수명1;
포인터명[1] = 함수명2;
포인터명[2] = 함수명3;
           :
포인터명[N] = 함수명N;
```

함수에 대한 포인터를 사용할 때에도 함수의 인수를 사용할 수 있으며, 포인터를 이용하여 호출할 때 인수를 두고 호출하면 된다. 또한 함수의 반환 자료형이 있는 경우에는 함수에 대한 포인터를 선언할 때 데이터형으로 함수의 반환 자료형을 지정해주면 된다.

다음의 예제는 더하기, 빼기, 곱하기, 나누기의 기능을 수행하는 4가지의 함수를 함수에 대한 배열 포인터를 이용하여 호출하는 프로그램이다.

프로그램 9-12

```
#include <stdio.h>

void plus(int a, int b)
{
       printf("%d 더하기 %d는 %d\n", a, b, a+b);
}
void minus(int a, int b)
{
       printf("%d 빼기 %d는 %d\n", a, b, a-b);
}
void mul(int a, int b)
{
       printf("%d 곱하기 %d는 %d\n", a, b, a*b);
}
void div(int a, int b)
{
       double res;

       res = (double)a/b;
       printf("%d 나누기 %d는 %f\n", a, b, res);
}

void main()
{
       int i;
       int n1, n2;
       void (*fptr[4])(int a, int b);   //함수 배열 포인터 선언

       fptr[0] = plus;
       fptr[1] = minus;
       fptr[2] = mul;
```

```
        fptr[3] = div;

        printf("첫 번째 수를 입력하세요: ");
        scanf("%d", &n1);
        printf("두 번째 수를 입력하세요: ");
        scanf("%d", &n2);

        for(i = 0; i < 4; i++)
                fptr[i](n1, n2);
}
```

실행 결과

```
첫 번째 수를 입력하세요: 17 Enter↵
두 번째 수를 입력하세요: 6 Enter↵
17 더하기 6는 23
17 빼기 6는 11
17 곱하기 6는 102
17 나누기 6는 2.833333
```

함수에 대한 포인터는 항상 동일한 기능을 수행하는 것이 아니라 경우에 따라 다른 함수를 호출하여야 할 때 유용하게 사용할 수 있다.

제10장 라이브러리 함수

함수는 사용자가 코딩하는 사용자 함수와 시스템에서 제공하는 라이브러리 함수가 있다. 라이브러리 함수는 C 언어의 개발 툴을 설치하게 되면 자동으로 시스템에 설치가 되며, 기존의 C 개발자들이 개발한 여러 가지 유용한 함수들을 라이브러리 형태로 제공한다. 유능한 프로그래머일수록 다양한 기능의 라이브러리 함수를 효율적으로 활용하며, 더욱 다양하고 복잡한 기능의 프로그램을 작성할 수 있다. 라이브러리 함수를 이용하기 위해서는 해당 헤더파일을 포함시켜야 한다. 이번 장에서는 라이브러리 함수를 사용하기 위한 방법 및 여러 가지 기능의 라이브러리 함수에 대하여 설명한다.

10.1 문자열 처리 함수

C 언어를 이용하여 문자열을 처리하기 위해서는 문자형의 배열이나 포인터를 사용하게 된다. 문자열을 처리하는 동작으로는 단순하게 문자열의 입력이나 출력 기능 이외에도 문자열의 복사나 치환, 문자열의 길이를 구하거나 문자열을 비교하는 기능 등 많은 기능을 필요로 한다. 그러나 이러한 기능들을 모두 구현하기란 매우 까다로우며, 원래의 프로그램에서 구현하고자 하는 기능보다 더 많은 노력을 기울여야 할 수도 있다.

문자열 처리와 관련된 라이브러리 함수를 이용하기 위해서는 <string.h>라는 헤더파일을 포함시켜야 하며 #include <string.h>라는 문장이 프로그램에 들어가야 한다. 문자열 처리 관련 라이브러리에서 제공하는 대표적인 함수는 다음과 같다.

함수	함수의 기능
strcmp(s1, s2)	s1과 s2를 비교하여 같으면 0을 반환
strcpy(s1, s2)	문자열 s2를 s1으로 복사함
strncpy(s1, s2, n)	문자열 s2를 s1의 앞에 n개의 문자를 복사함
strlen(s)	문자열 s의 길이를 반환함
strcat(s1, s2)	문자열 s2를 s1의 뒤에 덧붙임
strchr(s, c)	문자열 s에서 최초의 c 문자 이후를 구함
strrchr(s, c)	문자열 s에서 최후의 c 문자 이후를 구함
strrev(s)	문자열 s를 거꾸로 변환함
strset(s, c)	문자열 s를 c로 지정한 문자로 치환함
strupr(s)	문자열 s를 대문자로 바꿈
strlwr(s)	문자열 s를 소문자로 바꿈
tolower(c)	문자 c를 소문자로 바꿈
toupper(c)	문자 c를 대문자로 바꿈

▸ **문자열의 길이 표시 : strlen()**

프로그램에서 다루는 문자열은 여러 가지 용도로 사용될 수 있다. 특히 문자열을 이용하여 다양한 기능을 수행하여야 하는 경우 문자열의 길이를 알아야 할 때 strlen() 함수가 유용하게 사용된다. 일반적으로 문자열은 그 끝이 '\0'으로 마무리 되며, 문자열의 길이에는 포함되지 않는다. strlen() 함수의 사용 형식은 다음과 같다.

strlen() 함수의 형식

```
char  *str;         // 길이를 구하고자 하는 문자열
int  strlen(str);   // 문자열 str의 길이를 구하여 정수형으로 반환
```

strlen() 함수는 문자열에 대한 포인터를 인수로 받아 그 문자열의 길이를 반환한다. 다음의 예제는

strlen() 함수를 이용하여 사용자로부터 입력받은 문자열의 길이를 표시하는 프로그램이다.

프로그램 10-1

```
#include <stdio.h>
#include <string.h>

void main()
{
        char str[256];
        int len;

        printf("문자열을 입력하세요: ");
        scanf("%s", str);

        len = strlen(str);
        printf("입력한 문자열은[%s], 길이는 %d\n", str, len);
}
```

실행 결과

```
문자열을 입력하세요: abcdefg Enter↵
입력한 문자열은[abcdefg], 길이는 7
```

▸ **문자열의 비교: strcmp(), strncmp()**

2개의 문자열의 내용이 동일한 지 비교할 때에는 strcmp(), 혹은 strncmp() 함수를 사용할 수 있다. strcmp()와 strncmp() 함수의 사용 형식은 다음과 같다.

strcmp(), strncmp() 함수의 형식

```
int strcmp(char *s1, char *s2);
int strncmp(char *s1, char *s2, int n);
```

strcmp() 함수는 문자열의 포인터 형의 인수, s1과 s2를 받아 그 내용을 비교하여 2개의 문자열의 내용이 동일하면 0을 반환한다. 만일 내용이 다른 경우에는 음수, 혹은 양수를 반환한다. strncmp() 함수는 2개의 문자열 포인터 형의 인수와 한 개의 정수형 인수를 받아 2개의 문자열을 n바이트를 비교하여 내용이 같으면 0을 반환한다. 만일 내용이 다른 경우에는 음수, 혹은 양수를 반환한다.

strcmp()와 strncmp() 함수는 모두 2개의 문자열을 비교하여 내용이 동일하면 0을 반환하므로 특정 문자열과 같은 내용인지를 판단할 때 사용한다. 2개의 문자열이 다른 경우에는 s1이 s2의 값보다 큰 경우에는 양의 수를 반환하고, 반대로 s2의 값이 더 큰 경우에는 음의 수를 반환한다.

다음의 예제는 문자열을 받아들여 "C프로그래밍"이라는 문자열과 비교하고, 동일한 내용의 문자열인 경우에는 프로그램을 종료하고, 만일 다른 내용의 문자열인 경우에는 다시 반복하여 문자열을 받아들이는 프로그램이다. 문자열을 비교하기 위하여 strcmp() 함수를 사용하였으며, 반복하여 문자열을 받아들이기 위하여 while() 문을 이용하였다.

프로그램 10-2

```
#include <stdio.h>
#include <string.h>

void main()
{
	char *ostr = "C프로그래밍";  //비교할 문자열
	char str[256];

	while(1)
	{
		printf("과목명을 입력하세요: ");
		scanf("%s", str);

		if (strcmp(ostr, str) == 0)
			break;

		printf("과목명이 잘못 되었습니다\n");
	}
	printf("축하합니다 C프로그래밍 과목입니다\n");
}
```

실행 결과

```
과목명을 입력하세요: 수학 Enter↵
과목명이 잘못되었습니다
과목명을 입력하세요: 영어 Enter↵
과목명이 잘못되었습니다
과목명을 입력하세요: C언어 Enter↵
과목명이 잘못 되었습니다
과목명을 입력하세요: C프로그래밍 Enter↵
축하합니다 C프로그래밍 과목입니다
```

▸ **문자열의 복사: strcpy(), strncpy()**

문자열을 지정된 장소로 복사하는 기능을 수행하는 함수로 strcpy() strncpy()가 있다. strcpy()는 문자열 전체를 복사하며, strcpy()는 문자열 중에서 n바이트를 복사한다. strcpy()와 strncpy() 함수의 사용 형식은 다음과 같다.

strcpy(), strncpy() 함수의 형식

```
strcpy(char *s1, char *s2);
strncpy(char *s1, char *s2, int n);
```

strcpy() 함수는 s2의 문자열을 s1에 지정된 메모리 주소로 복사한다. 또한 strncpy() 함수는 s2의 문자열을 s1에 지정된 메모리 주소로 n바이트만큼 복사한다. 다음의 예제는 strcpy()와 strncpy() 함수를 이용하여 문자열을 복사하는 프로그램이다.

프로그램 10-3

```
#include <stdio.h>
#include <string.h>

void main()
{
        char *optr = "C Programming Language";
        static char dptr1[128];
        static char dptr2[128];
        char dptr3[128];

        strncpy(dptr1, optr, 1);
        strncpy(dptr2, optr, 13);
        strcpy(dptr3, optr);

        printf("첫번째 문자열=[%s]\n", dptr1);
        printf("두번째 문자열=[%s]\n", dptr2);
        printf("세번째 문자열=[%s]\n", dptr3);
}
```

실행 결과

```
첫번째 문자열=[C]
두번째 문자열=[C Programming]
세번째 문자열=[C Programming Language]
```

▸ **문자열의 검출: strchr(), strrchr()**

strchr()이나 strrchr() 함수는 문자열에 포함되어 있는 특정 문자를 기준으로 그 이후의 문자열을 검출하는 기능을 수행한다.

이 함수는 문자열에 어떠한 특수한 문자나 약속된 글자를 기준으로 하여 원하는 문자열을 검출하는 데에 사용될 수 있다.

strchr(), strrchr() 함수의 사용 형식은 다음과 같다.

strchr(), strrchr() 함수의 형식

```
char *strchr(char *s, char c);
char *strrchr(char *s, char c);
```

strchr() 함수는 문자열에서 지정된 특정 문자가 처음 나타난 그 이후의 문자열을 반환해 준다. strrchr() 함수는 문자열에서 지정된 특정 문자가 마지막으로 나타난 그 이후의 문자열을 반환해 준다.

다음의 예제는 strchr()과 strrchr()함수를 사용한 프로그램이다.

프로그램 10-4

```
#include <stdio.h>
#include <string.h>

void main()
{
	char *optr = "수강과목#C언어#PHP#Home Page#JAVA";

	char *ptr1;
	char *ptr2;

	ptr1 = strchr(optr, '#');
	ptr2 = strrchr(optr, '#');

	printf("원래의 문자열=[%s]\n", optr);
	printf("strchr의 결과=[%s]\n", ptr1);
	printf("strrchr의 결과=[%s]\n", ptr2);
}
```

실행 결과

```
원래의 문자열=[수강과목#C언어#PHP#Home Page#JAVA]
strchr의 결과=[#C언어#PHP#Home Page#JAVA]
strrchr의 결과=[#JAVA]
```

위의 프로그램은 과목명의 구분을 '#' 기호로 되어 있는 문자열을 함수를 이용하여 각 과목을 구분한 것이다.

▸ **문자열의 연결**: strcat(), strncat()

strcat()과 strncat() 함수는 두 개의 문자열을 연결하는 기능을 수행한다.

이 두 함수의 사용 형식은 다음과 같다.

strcat(), strncat() 함수의 형식

```
strcat(char *s1, char *s2);
strncat(char *s1, char *s2, int n);
```

strcat() 함수는 문자열 s1의 뒷부분에 문자열 s2의 내용을 덧붙이는 기능을 수행한다. 즉, 두 개의 문자열이 연결된다.

strncat() 함수는 문자열 s1에 문자열 s2의 내용 중 n바이트를 덧붙인다. 다음의 예제는 strcat() 함수를 이용한 프로그램이다.

프로그램 10-5

```
#include <stdio.h>
#include <string.h>

void main()
{
	static char s1[128];
	char *s2 = "Programming ";
	char *s3 = "Language";

	s1[0]='C';
	s1[1]=' ';

	printf("문자열 s1=[%s]\n", s1);
	printf("문자열 s2=[%s]\n", s2);
	printf("문자열 s3=[%s]\n", s3);

	strcat(s1, s2);
	printf("문자열 strcat(s1, s2)=[%s]\n", s1);
	strcat(s1, s3);
	printf("문자열 strcat(s1, s3)=[%s]\n", s1);
}
```

실행 결과

```
문자열 s1=[C]
문자열 s2=[Programming ]
문자열 s3=[Language]
문자열 strcat(s1, s2)=[CProgramming ]
문자열 strcat(s1, s3)=[CProgramming Language]
```

▸ 문자열의 역순으로 변환: strrev()

strrev() 함수는 지정된 문자열 내용의 순서를 역순으로 뒤집어 주는 역할을 수행한다. strrev() 함수의 형식은 다음과 같다.

strrev() 함수의 형식

```
char  *strrev(char *str)
```

strrev() 함수는 인수로 주어진 str 문자열의 순서를 역순으로 하여 반환해준다. 한글의 경우 이 함수를 수행하였을 때 우리가 보는 한글의 역순과는 다르다는 점에 주의하여야 한다.

다음의 예제는 strrev() 함수를 사용한 프로그램이다.

프로그램 10-6

```
#include <stdio.h>
#include <string.h>
void main()
{
        char *ptr;
        char optr[80];
        printf("문자열을 입력하세요: ");
        scanf("%s", optr);
        printf("원래의 문자열=[%s]", optr);

        ptr = strrev(optr);
        printf(" 변환된 문자열=[%s]\n", ptr);
}
```

실행 결과

```
문자열을 입력하세요: abcdefg Enter
원래의 문자열=[abcdefg] 변환된 문자열=[gfedcba]
```

▸ **문자열을 대문자로 변환하기: strupr()**

strupr() 함수는 지정된 문자열 중에서 소문자가 존재하는 경우 이를 대문자로 변환하여 문자열의 모든 문자를 대문자로 변환하는 기능을 수행한다. strupr() 함수의 형식은 다음과 같다.

strupr() 함수의 형식

```
char  *strupr(char *str)
```

다음의 예제는 strupr() 함수를 이용하여 입력된 문자열을 대문자로 변환해주는 프로그램이다.

프로그램 10-7

```
#include <stdio.h>
#include <string.h>
void main()
{
        char *ptr;
        char optr[10];

        printf("문자열을 입력하세요: ");
        scanf("%s", optr);
        printf("원래의 문자열=[%s] ", optr);

        ptr = strupr(optr);

        printf("변환된 문자열=[%s]\n", ptr);
}
```

실행 결과

```
문자열을 입력하세요: abcdEFg [Enter]
원래의 문자열=[abcdEFg] 변환된 문자열=[ABCDEFG]
```

▸ **문자열을 소문자로 변환하기: strlwr()**

strlwr() 함수는 지정된 문자열 중에서 대문자가 존재하는 경우 이를 소문자로 변환하여 문자열의 모든 문자를 소문자로 변환하는 기능을 수행한다. strlwr() 함수의 형식은 다음과 같다.

strlwr() 함수의 형식

```
char *strlwr(char *str)
```

다음의 예제는 strlwr() 함수를 이용하여 입력된 문자열을 소문자로 변환해주는 프로그램이다.

프로그램 10-8

```
#include <stdio.h>
#include <string.h>
void main()
{
	char *ptr;
	char optr[10];

	printf("문자열을 입력하세요: ");
	scanf("%s", optr);
	printf("원래의 문자열=[%s] ", optr);

	ptr = strlwr(optr);

	printf("변환된 문자열=[%s]\n", ptr);
}
```

실행 결과

```
문자열을 입력하세요: AbcDefG [Enter]
원래의 문자열=[AbcDefG] 변환된 문자열=[abcdefg]
```

▸ **문자열 속에서 특정 문자열 찾기: strstr()**

strstr() 함수는 문자열 속에서 특정 문자열을 찾아, 해당 문자열이 존재하면 그 이후의 문자열을 반환해주는 기능을 수행한다. strstr() 함수의 형식은 다음과 같다.

strstr() 함수의 형식

```
char *strstr(char *s, char *str)
```

strstr() 함수의 첫 번째 인수인 s 문자열 속에서 str 인수로 지정된 문자열을 찾아 존재하는 경우 그 이후의 문자열을 반환한다. 다음의 예제는 strstr() 함수를 이용한 프로그램이다.

프로그램 10-9

```
#include <stdio.h>
#include <string.h>
void main()
{
	char *optr;
	char *ptr;

	optr = "test.c#include <stdio.h>";

	ptr = strstr(optr, "#inc");
	printf("[%s]\n", ptr);
}
```

실행 결과

```
[#include <stdio.h>]
```

▸ 문자열 속에서 특정 문자 찾기: strpbrk()

strpbrk() 함수는 문자열 속에서 특정 문자를 찾아, 해당 문자가 존재하면 그 이후의 문자열을 반환해주는 기능을 수행한다. strpbrk() 함수의 사용 형식은 다음과 같다.

strpbrk() 함수의 형식

```
char  *strpbrk(char *s, char *str)
```

strpbrk() 함수는 첫 번째 인수로 지정된 문자열 s 중에서 두 번째 인수로 지정된 문자열 str 중에 속해있는 문자 중 첫 번째로 나타나는 문자가 있으면 그 이후의 문자열을 반환해 준다. 다음의 예제는 strpbrk() 함수를 이용한 프로그램이다.

프로그램 10-10

```
#include <stdio.h>
#include <string.h>

void main()
{
	char *optr;
	char *ptr;

	optr = "C Programming Language";

	ptr = strpbrk(optr, "abc");
	printf("[%s]\n", ptr);
}
```

실행 결과

```
[amming Language]
```

위의 프로그램에서 strpbrk() 함수의 첫 번째 인수로 지정된 원래의 문자열 "C Programming Language" 속에서 두 번째 인수로 지정된 문자열 "abc"의 문자중 'a'가 가장 먼저 나타나므로 그 이후의 문자열이 반환되었음을 알 수 있다.

10.2 수학 관련 함수

프로그램을 이용하여 수학 계산을 하고자 하는 경우에, 간단한 사칙연산을 제외한 복잡한 계산이 필요한 수학식은 우리가 알고 있는 연산자로 계산하기가 매우 어렵다.

예를 들어 싸인, 코싸인 등의 삼각 함수나, 로그 등의 계산은 순수한 C 언어를 이용하여 구현하기가 매우 까다롭다. 이를 위하여 대부분의 C 개발 툴에서는 수학 계산과 관련된 수학 라이브러리 함수를 제공하고 있으며 <math.h>라는 헤더파일을 포함하여야 한다. 수학 라이브러리에서 제공하는 함수는 다음과 같다.

종류	함수	함수의 기능
삼각 함수	double sin(x)	각도(라디안)x의 sine 값을 반환
	double cos(x)	각도(라디안)x의 cosine 값을 반환
	double tan(x)	각도(라디안)x의 tangent 값을 반환
	기타	asin(x), acos(x), atan(x), sinh(x), cosh(x), tanh(x)
산술 연산	double exp(x)	지수 e^x 값을 반환
	double log(x)	x의 자연 로그값을 반환
	double log10(x)	x의 상용 로그값을 반환
	double sqrt(x)	제곱근 $\sqrt{x}$의 값을 반환
	double pow(x, y)	x^y의 값을 반환
	int abs(x)	정수 x의 절대값을 반환
	long labs(x)	long 형의 정수 x의 절대값을 반환
	double fabs(x)	배정도 부동 소수점 x의 절대값 반환
변환	double ceil(x)	실수 x의 소수이하를 반올림하여 반환
	double floor(x)	실수 x의 소수이하를 버리고 반환
	double fmod(x, y)	x를 y로 나눈 나머지를 반환
	double modf(x, &y)	x의 정수부와 소수부로 분리하여 반환

▸ 삼각함수: sin(), cos(), tan()

수학 라이브러리에서는 삼각함수인 sine, cosine, tagent의 값을 구하기 위한 함수로 sin(), cos(), tan() 함수를 제공한다.

이 함수들을 사용하기 위해서는 인수로 라디안 형태의 각도가 필요하다. 라디안을 구하는 수식과 함수의 사용 형식은 다음과 같다.

삼각함수의 사용 방법

```
radian = 각도 * 3.141592/180;

sin(radian);
cos(radian);
tan(radian);
```

다음의 예제는 sin(), cos(), tan() 함수를 이용하여 삼각함수의 값을 구하는 프로그램이다.

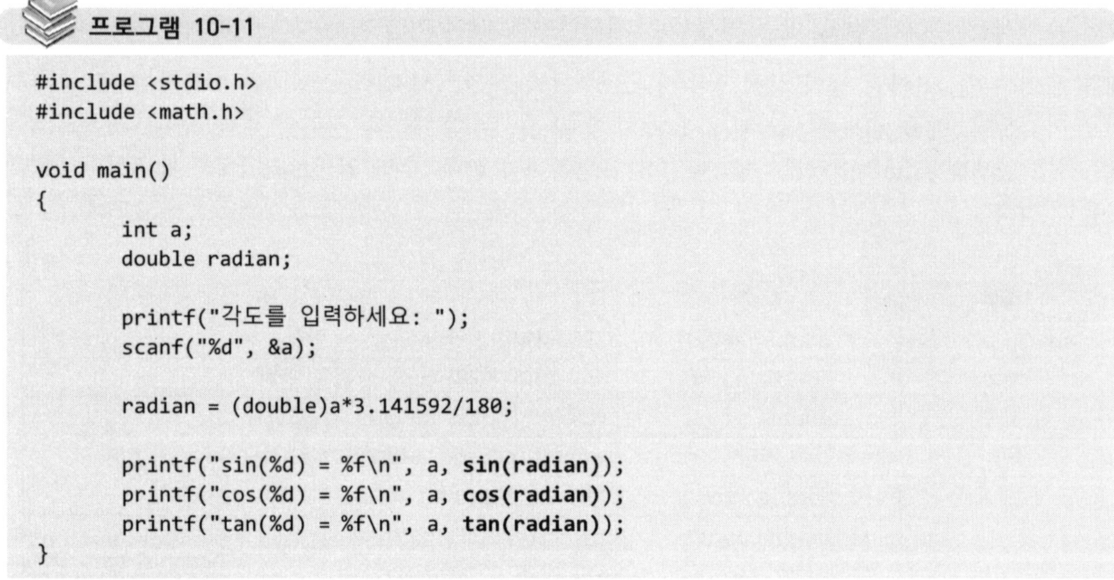

프로그램 10-11

```
#include <stdio.h>
#include <math.h>

void main()
{
	int a;
	double radian;

	printf("각도를 입력하세요: ");
	scanf("%d", &a);

	radian = (double)a*3.141592/180;

	printf("sin(%d) = %f\n", a, sin(radian));
	printf("cos(%d) = %f\n", a, cos(radian));
	printf("tan(%d) = %f\n", a, tan(radian));
}
```

실행 결과

```
각도를 입력하세요: 30 Enter↵
sin(30) = 0.500000
cos(30) = 0.866025
tan(30) = 0.577350
```

▸ **제곱근 구하기: sqrt()**

sqrt() 함수는 인수로 지정된 수의 제곱근을 계산하여 반환해준다. sqrt() 함수의 인수는 double 형이며, 반환형도 double 형이다. 다음의 예제는 sqrt() 함수를 이용하여 입력한 수의 제곱근을 구하는 프로그램이다.

프로그램 10-12

```
#include <stdio.h>
#include <math.h>

void main()
{
	int in;
	double res;

	printf("수를 입력하세요: ");
	scanf("%d", &in);
	printf("입력한 수는 %d입니다\n", in);

	res = sqrt(in);
	printf("%d의 제곱근은 %f입니다\n", in, res);
}
```

실행 결과

```
수를 입력하세요: 12 Enter↲
입력한 수는 12입니다
12의 제곱근은 3.464102입니다
```

▸ 실수의 반올림, 버림 하기: ceil(), floor()

ceil() 함수는 소수점 형태의 실수를 인수로 입력받아 소수점 이하를 반올림한 값을 반환해준다. floor() 함수는 소수점 형태의 실수를 인수로 입력받아 소수점 이하를 버린 값을 반환해준다. ceil() 함수와 floor() 함수의 인수와 반환값의 유형은 모두 double 형이다. 다음의 예제는 이 함수를 이용하여 소수점 형태의 실수를 반올림하고 버림 한 값을 구하는 프로그램이다.

프로그램 10-13

```
#include <stdio.h>
#include <math.h>

void main()
{
	double a = 45.6;

	printf("실수 %f를 반올림하면 %f입니다\n", a, ceil(a));
	printf("실수 %f를 버림하면 %f입니다\n", a, floor(a));
}
```

실행 결과

```
실수 45.600000를 반올림하면 46.000000입니다
실수 45.600000를 버림하면 45.000000입니다
```

▸ **지수승 계산하기: pow(), exp()**

pow(x, y) 함수는 x를 y로 거듭제곱한 값, 즉 x^y의 값을 구하는 기능을 수행한다. exp(x) 함수는 지수값 e^x 값을 계산하여 반환한다.

다음의 예제는 pow()함수와 exp() 함수를 이용하여 거듭제곱의 계산 및 지수값의 계산을 수행하는 프로그램이다.

프로그램 10-14

```
#include <stdio.h>
#include <math.h>

void main()
{
	int a, b, c;
	double p, e;

	printf("거듭제곱에 사용할 밑 값을 입력하세요: ");
	scanf("%d", &a);
	printf("거듭제곱에 사용할 지수 값을 입력하세요: ");
	scanf("%d", &b);

	printf("지수계산에 사용할 값을 입력하세요: ");
	scanf("%c", &c);

	p = pow(a, b);
	e = exp(c);

	printf("%d의 %d승은 %f입니다\n", a, b, p);
	printf("%d의 지수 값은 %f입니다\n", c, e);
}
```

실행 결과

```
거듭제곱에 사용할 밑 값을 입력하세요: 3 Enter↵
거듭제곱에 사용할 지수 값을 입력하세요: 4 Enter↵
지수계산에 사용할 값을 입력하세요: 7 Enter↵
3의 4승은 81.000000입니다
7의 지수 값 exp(7)은 1096.633158입니다
```

▸ **로그 값 계산하기: log(), log10()**

log() 함수는 인수로 입력된 값의 자연 로그값을 계산하여 반환해주는 함수이며, log10() 함수는 인수로 입력된 값의 상용 로그값을 계산하여 반환해주는 함수이다.

다음의 예제는 사용자로부터 입력받은 수의 자연 로그 값과 상용 로그 값을 구하는 프로그램이다.

프로그램 10-15

```
#include <stdio.h>
#include <math.h>
void main()
{
        int a, b;
        double e, e_10;
        printf("자연 로그값을 구할 수를 입력하세요: ");
        scanf("%d", &a);
        printf("상용 로그값을 구할 수를 입력하세요: ");
        scanf("%d", &b);
        e = log(a);
        e_10 = log10(b);
        printf("%d의 자연 로그값은 %f입니다\n", a, e);
        printf("%d의 상용 로그값은 %f입니다\n", b, e_10);
}
```

실행 결과

```
자연 로그값을 구할 수를 입력하세요: 10 Enter↵
상용 로그값을 구할 수를 입력하세요: 20 Enter↵
10의 자연 로그값은 2.302585입니다
20의 상용 로그값은 1.301030입니다
```

10.3 메모리 관리 함수

프로그램에서 사용하는 데이터는 메모리에 저장된다. 메모리에 데이터를 저장하기 위한 방법으로 변수나 배열, 구조체 등에 대하여 학습하였다. 그러나 이러한 방법들은 프로그램의 코딩 시 할당할 메모리의 크기를 정하여야 하는 정적인 방법으로 메모리를 할당한다. 프로그램에서 관리하여야 할 데이터의 양이 유동적인 경우에는 가장 데이터의 양이 많은 경우를 예상하여 충분한 양의 메모리를 미리 할당하여야 하므로 메모리의 낭비가 발생할 수 있는 단점이 있다.

메모리 관리 함수는 메인 메모리를 동적으로 할당하고 관리하는 기능들을 제공한다. 메모리를 동적으로 할당한다는 의미는 데이터를 메모리에 저장하고자 할 때에 필요한 크기의 메모리를 할당하고 사용한 후 필요 없을 때에는 다시 해제하는 것을 의미한다.

▸ malloc() 함수

malloc() 함수는 메모리를 동적으로 할당하는 함수이다. malloc() 함수의 형식은 다음과 같다.

malloc() 함수의 사용 방법

```
char *malloc(int size);
```

malloc() 함수는 정수 형태의 인수를 필요로 한다. 정수 형태의 인수 size는 메모리 할당을 요청하는 메모리의 크기를 바이트로 나타낸 것이며, 할당된 메모리의 포인터 주소를 반환한다. 만일 할당할 메모리가 부족한 경우에는 null을 반환한다.

malloc() 함수를 이용하여 메모리를 할당하는 경우에는 미리 많은 양의 메모리를 할당할 필요가 없이 데이터가 발생한 경우에만 필요한 크기의 메모리를 할당하면 된다.

다음의 예제는 20개의 문자를 저장할 수 있는 메모리를 할당하여 사용하는 프로그램이다.

프로그램 10-16

```
#include <stdio.h>
#include <stdlib.h>

void main()
{
        char *ptr;

        // 20개의 문자를 저장할 수 있는 메모리 할당
        ptr = malloc(sizeof(char) * 20);

        if (ptr == NULL)
        {
                printf("메모리가 부족합니다\n");
                exit(1);
        }

        printf("이름을 입력하세요: ");
        scanf("%s", ptr);

        printf("입력한 이름은 %s입니다\n", ptr);
}
```

실행 결과

```
이름을 입력하세요: 홍길동 Enter↵
입력한 이름은 홍길동입니다
```

위의 프로그램은 20개의 문자를 저장할 수 있는 메모리를 할당하기 위하여 malloc() 함수를 사용하였다. malloc()을 이용하여 할당할 메모리의 크기는 20개의 문자의 크기이므로 sizeof(char) * 20 만큼의 메모리 크기를 요청하였다.

이번에는 정수형의 숫자를 5개 저장할 수 있는 메모리를 malloc() 함수를 이용하여 할당한 후 사용하는 프로그램을 작성해보자.

프로그램 10-17

```
#include <stdio.h>
#include <stdlib.h>

void main()
{
        char *ptr;
        int  *su;
        int n;

        // 5개의 정수를 저장할 수 있는 메모리 할당
        ptr = malloc(sizeof(int) * 5);

        if (ptr == NULL)
        {
                printf("메모리가 부족합니다\n");
                exit(1);
        }

        su = (int *)ptr;
        for(n = 0; n < 5; n++)
        {
                printf("%d번째 수를 입력하세요: ", n+1);
                scanf("%d", su);
                su++;
        }

        printf("입력한 수는: ");
        su = (int *)ptr;
        for(n = 0; n < 5; n++)
        {
                printf("%d ", *su++);
        }
        printf("입니다\n");
}
```

실행 결과

```
1번째 수를 입력하세요: 3 Enter↵
2번째 수를 입력하세요: 6 Enter↵
3번째 수를 입력하세요: 9 Enter↵
4번째 수를 입력하세요: 12 Enter↵
5번째 수를 입력하세요: 15 Enter↵
입력한 수는: 3 6 9 12 15 입니다
```

문자형이나 정수형 등의 기본 자료형 이외에도 구조체 등의 데이터도 malloc() 함수를 이용하여 할당한 메모리에 저장할 수 있다.

프로그램 10-18

```
#include <stdio.h>
#include <stdlib.h>
struct sungjuk {
        char  name[10];             //학생이름
        int    haknum;              //학번
        int    kor;                 //국어성적
        int    eng;                 //영어성적
        int    math;                //수학성적
        int    total;               //총점
        double    avg;              //평균
};
void main()
{
        char *mem;
        struct sungjuk *ptr;
        int n;
        mem = malloc(sizeof(struct sungjuk)*3);
        if (mem == NULL)
        {
                printf("메모리가 부족합니다: ");
                exit(1);
        }
        ptr = (struct sungjuk *)mem;
        for(n = 0; n < 3; n++)
        {
            printf("이름을 입력하세요: ");
            scanf("%s", ptr->name);
            printf("학번을 입력하세요: ");
            scanf("%d", &ptr->haknum);
            printf("국어점수를 입력하세요: ");
            scanf("%d", &ptr->kor);
            printf("영어점수를 입력하세요: ");
            scanf("%d", &ptr->eng);
            printf("수학점수를 입력하세요: ");
            scanf("%d", &ptr->math);

            ptr->total = ptr->kor+ptr->eng+ptr->math;
            ptr->avg = (double)ptr->total/3;
            ptr++;
        }
        ptr = (struct sungjuk *)mem;
        for(n = 0; n < 3; n++)
        {
           printf("\n학번이 %d인 %s님의 성적입니다.\n", ptr->haknum, ptr->name);
            printf("국어  %d점,  영어  %d점,  수학  %d점입니다.\n",  ptr->kor,  ptr->eng,
 ptr->math);
            printf("총점은 %d점, 평균은 %f점입니다.\n", ptr->total, ptr->avg);
           ptr++;
        }
 }
```

실행 결과

```
이름을 입력하세요: 임꺽정 Enter↵
학번을 입력하세요: 20190001 Enter↵
국어점수를 입력하세요: 95 Enter↵
영어점수를 입력하세요: 95 Enter↵
수학점수를 입력하세요: 90 Enter↵
이름을 입력하세요: 이순신 Enter↵
학번을 입력하세요: 20190002 Enter↵
국어점수를 입력하세요: 80 Enter↵
영어점수를 입력하세요: 80 Enter↵
수학점수를 입력하세요: 75 Enter↵
이름을 입력하세요: 홍길동 Enter↵
학번을 입력하세요: 20190003 Enter↵
국어점수를 입력하세요: 90 Enter↵
영어점수를 입력하세요: 70 Enter↵
수학점수를 입력하세요: 85 Enter↵

학번이 20190001인 임꺽정님의 성적입니다.
국어 95점, 영어 95점, 수학 90점입니다.
총점은 280점, 평균은 93.333333점입니다.

학번이 20190002인 이순신님의 성적입니다.
국어 80점, 영어 80점, 수학 75점입니다.
총점은 235점, 평균은 78.333333점입니다.

학번이 20190003인 홍길동님의 성적입니다.
국어 90점, 영어 70점, 수학 85점입니다.
총점은 245점, 평균은 81.666667점입니다.
```

위의 프로그램은 국어, 영어, 수학의 성적을 관리할 수 있는 구조체를 정의하고, 3명의 성적을 저장할 수 있는 메모리를 할당하고 관리하는 프로그램이다. malloc() 함수를 이용하여 할당받은 메모리를 구조체의 포인터로 하여 사용하였으며, 구조체의 포인터는 -> 기호를 사용하였다.

▸ calloc() 함수

calloc() 함수는 malloc() 함수와 마찬가지로 메모리를 동적으로 할당받는 함수이다. malloc() 함수와 다른 점은 malloc() 함수는 할당받은 메모리 블록의 크기를 인수로 요청하는 것에 비하여 calloc() 함수는 할당받고자 하는 메모리 블록의 크기와 블록의 개수를 요청한다. calloc() 함수의 사용 방법은 다음과 같다.

calloc() 함수의 사용 방법

```
char *calloc(int b_num, int b_size);
```

calloc() 함수의 두 번째 인수인 b_size는 메모리에 저장할 데이터의 크기를 바이트로 표시한 것이며, 첫 번째 인수인 b_num은 데이터의 할당받을 메모리의 개수이다. 앞에서 malloc() 함수를 사용하여 메모리를 할당받는 부분을 calloc() 함수를 이용하면 다음과 같이 사용할 수 있다.

calloc() 함수의 사용 예

```
// 20개의 문자를 저장할 수 있는 메모리 할당
      ptr = malloc(sizeof(char) * 20);
    ==> ptr = calloc(20, sizeof(char));

   // 5개의 정수를 저장할 수 있는 메모리 할당
      ptr = malloc(sizeof(int) * 5);
    ==> ptr = calloc(5, sizeof(int));

   // 20개의 sungjuk 구조체를 저장할 수 있는 메모리 할당
      ptr = malloc(sizeof(struct sungjuk) * 20);
    ==> ptr = calloc(20, sizeof(struct sungjuk));
```

calloc() 함수의 역할은 malloc() 함수와 동일하므로 프로그래머는 자신이 사용하기에 편리한 함수를 사용하면 된다.

▸ realloc() 함수

realloc() 함수는 malloc()이나 calloc() 함수를 이용하여 할당받은 메모리의 크기를 다시 조정해주는 함수이다. realloc() 함수의 사용 방법은 다음과 같다.

realloc() 함수의 사용 방법

```
char *realloc(char *mem, unsigned newsize);
```

realloc() 함수의 첫 번째 인수인 mem은 기존에 malloc()이나 calloc() 함수를 이용하여 할당받은 메모리의 포인터 주소이다. 이 메모리의 용량이 부족하여 메모리를 더 할당받아야 할 경우, 혹은 너무 많아 메모리의 크기를 줄여야 할 경우에 realloc() 함수를 이용하면 기존에 할당받은 메모리의 용량을 조절할 수 있다.

realloc() 함수를 이용하여 메모리의 용량을 조절하면 기존에 할당받은 메모리에 저장되어 있던 데이터는 그대로 복사가 되며 메모리의 크기만 요청한 크기로 변경된다.

realloc() 함수의 개요

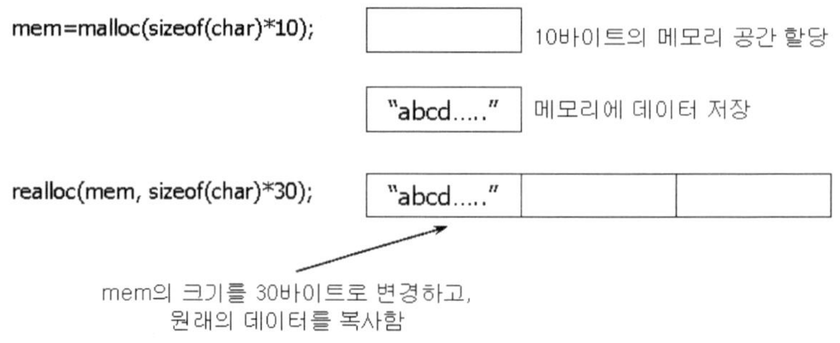

다음의 예제는 realloc() 함수의 사용 방법을 설명한 프로그램이다.

프로그램 10-19

```
#include <stdio.h>
#include <string.h>
#include <stdlib.h>
void main()
{
        char *ptr;

        ptr = malloc(10);  //10글자를 저장할 메모리 할당
        if(ptr == NULL)
        {
                printf("메모리가 부족합니다\n");
                exit(1);
        }

        printf("이름을 입력하세요: ");
        scanf("%s", ptr);
        printf("이름은 [%s]입니다\n", ptr);

        ptr = realloc(ptr, 30);  //메모리 크기를 30바이트로 변경
        if(ptr == NULL)
        {
                printf("메모리가 부족합니다\n");
                exit(1);
        }
        strcat(ptr, " : 학번: 20190001");
        printf("메모리의 내용은=[%s]\n", ptr);
}
```

실행 결과

```
이름을 입력하세요: 홍길동 Enter↵
이름은 [홍길동]입니다
메모리의 내용은=[홍길동 : 학번: 20190001]
```

▸ free() 함수

free() 함수는 malloc()이나 calloc(), realloc() 등의 함수를 이용하여 할당받은 메모리를 해제하여 원래의 메모리 공간으로 복귀시켜주는 역할을 수행한다. free() 함수의 사용 방법은 다음과 같다.

free() 함수의 사용 방법

```
void  free(char *mem);
```

free() 함수는 인수로 기존에 할당되어 있는 메모리의 포인터 주소를 필요로 하며, 실행결과에 대한 반환 값은 없다. free() 함수의 올바른 사용은 메모리를 절약할 수 있다는 장점이 있다. 데이터의 사용이 많은 큰 규모의 프로그램에서는 free() 함수를 정확하게 잘 사용하여야 프로그램이 실행 도중, 메모리의 부족 현상으로 다운되는 현상을 줄일 수 있으며, 능숙한 프로그래머일수록 free() 함수를 올바르게 사용한다.

10.4 기타 라이브러리 함수

앞에서 설명한 문자열 관련 함수, 수학 관련 함수, 메모리 관리 함수 이외에도 C 언어에서는 다양한 형태의 라이브러리들을 제공하고 있다. 라이브러리 함수는 컴퓨터에 설치된 C 개발 툴에 따라 다르며, 각 개발 툴에서 제공되는 라이브러리 함수에 대한 자세한 내용은 해당 C 개발 툴의 매뉴얼을 참조하여야 한다. 일반적으로 라이브러리 함수에서는 매우 다양한 기능의 함수를 제공하고 있으며, 자신이 구현하고자 하는 프로그램의 기능에 맞는 함수를 적절히 사용하여야 한다.

C 언어 개발 툴에 따라, 또 구현하고자 하는 기능에 따라 라이브러리 함수는 매우 다양하고 복잡하여 라이브러리 함수에 대한 모든 내용을 자세히 다루는 것은 불가능하며, 따라서 이번 절에서는 일반적으로 제공되는 유용한 몇 가지 함수에 대해서만 설명한다.

▸ stdlib.h 관련 함수

stdlib.h 헤더파일에는 문자열을 수치 데이터로 변환시켜주는 문자 변환 함수와 수치를 문자열로 바꿔주는 수치 변환 함수, 그리고 난수 함수 등을 제공하고 있다.

stdlib.h 관련 함수

함수	함수의 기능
atoi(문자열)	문자열을 int 형 정수로 변환시킴
atol(문자열)	문자열을 long 형 정수로 변환시킴
atof(문자열)	문자열을 float 형 실수로 변환시킴
itoa(i, 메모리, n)	n진수의 int 형 정수 i를 문자열로 변환시켜 지정된 메모리에 저장함
ltoa(i, 메모리, n)	n진수의 long 형 정수 i를 문자열로 변환시켜 지정된 메모리에 저장함
ultoa(i, 메모리, n)	n진수의 unsigned long 형 정수 i를 문자열로 변환시켜 지정된 메모리에 저장함
rand()	0 ~ 32767 사이의 정수를 무작위로 발생시킴
random(a)	0 ~ (a-1) 사이의 정수를 무작위로 발생시킴
randomize(a)	난수 발생자를 초기화 시킴

키보드로부터 입력받은 모든 데이터는 문자형의 형태를 갖는다. 키보드의 숫자키를 이용하여 입력받은 데이터 역시 문자열이다. 이를 숫자로 받기 위해서는 scanf() 함수의 형식 지정문자를 "%d"로 지정하여야 한다. 그러나 소수점이 포함되어 있는 실수 형태의 데이터를 입력받거나, 혹은 일반 문자열 중에 포함되어 있는 숫자를 수치형으로 변환하고자 할 때에는 위의 표에 표기한 함수가 유용하게 사용된다. atoi()는 "ascii to integer"의 약어로 문자열을 int 형 숫자로 변환시켜주는 함수이며, atol()은 "ascii to long"의 약어로 문자열을 long 형 숫자로 변환시켜준다. atof()는 "ascii to float"의 약어로 문자열을 float 형 실수로 변환시켜 준다. 이번에는 앞의 4장에서 계산했던 비만도를 구하는 프로그램을 작성해보자. 비만도, BMI 수치를 구하는 식은 다음과 같으며 체중과 키를 입력받는다. 입력받는 키와 체중은 소수점 형태의 실수도 가능하여야 한다.

$$\text{비만도} = \frac{\text{체중}(Kg)}{\text{키} \times \text{키}(m)}$$

또한 BMI 수치에 따른 비만 등급은 다음의 표와 같다.

BMI 수치에 따른 비만 등급

BMI 수치	비만 등급
18.5 이하	저체중
18.6 ~ 22.9	정상
23 ~ 24.9	과체중
25 ~ 29.9	비만
30 이상	고도비만

프로그램 10-20

```
#include <stdio.h>
#include <stdlib.h>
void main()
{
	char ki[10];
	char muge[10];
	float mki, mmuge, bmi;

	printf("당신의 키(cm)를 입력하세요: ");
	scanf("%s", ki);
	mki = atof(ki)/100;

	printf("당신의 체중(Kg)을 입력하세요: ");
	scanf("%s", muge);
	mmuge = atof(muge);

	bmi = mmuge/(mki*mki);
	printf("당신의 키는 %2.3fm 이고 체중은 %3.1fKg으로 비만도(BMI)는 %2.2f입니다\n",
mki, mmuge, bmi);

	if (bmi <= 18.5)
	    printf("당신의 비만등급은 저체중입니다. 체중증가 요망\n");
	else if (bmi <= 22.9)
	    printf("당신의 비만등급은 정상입니다. 아주 좋습니다\n");
	else if (bmi <= 24.9)
	    printf("당신의 비만등급은 과체중입니다. 꾸준한 관리요망\n");
	else if (bmi <= 29.9)
	    printf("당신의 비만등급은 비만입니다. 다이어트 요망\n");
	else
	    printf("당신의 비만등급은 고도비만입니다. 특별관리 요망\n");
}
```

실행 결과

```
당신의 키(cm)를 입력하세요: 178.5 [Enter]
당신의 체중(Kg)을 입력하세요: 83.7 [Enter]
당신의 키는 1.785m 이고 체중은 83.7Kg으로 비만도(BMI)는 26.27입니다
당신의 비만등급은 비만입니다. 다이어트 요망
```

위의 프로그램은 비만도를 계산하기 위하여 키와 체중을 입력받는다. 앞의 4장의 예제에서는 키와 치중을 입력받기 위하여 scanf() 함수에서 "%d" 지정문자를 이용하여 정수 형태의 데이터를 입력받았다. 그러나 키와 체중은 소수점 형태의 실수가 입력될 수도 있기 때문에 문자열 형태로 입력 받은 후 이를 atof() 함수를 이용하여 float 형태의 수치 데이터로 변환하였다. 이를 이용하여 비만도를 계산한 것이다.

이번에는 난수를 발생시키는 rand() 함수에 대한 예제를 실행하여 보자.

프로그램 10-21

```
#include <stdio.h>
#include <stdlib.h>

void main()
{
        int i;

        for(i = 0; i < 10; i++)
                printf("%d\n", rand());
}
```

실행 결과

```
41
18467
6334
26500
19169
15724
11478
29358
26962
24464
```

위의 프로그램에서 rand() 함수는 0 ~ 32767 사이의 숫자를 무작위로 발생시킨다. 이러한 난수의 발생기는 여러 가지 분야에서 활용될 수 있다. 만일 특정 범위내의 난수를 발생시키고자 하는 경우에는 % 연산자를 이용하면 된다.

예를 들어 0 ~ 19 사이의 수를 무작위로 발생시키고자 하는 경우에는 rand() % 20을 사용할 수 있다.

프로그램 10-22

```
#include <stdio.h>
#include <stdlib.h>

void main()
{
	int i;

	for(i = 0; i < 100; i++)
		printf("%d ", rand()%20);

	printf("%n");
}
```

실행 결과

```
1 7 14 0 9 4 18 18 2 4 5 5 1 7 1 11 15 2 7 16 11 4 2 13 12 2 1 16 18 15 7 6 11 1 8 9
12 7 19 15 14 3 11 2 13 13 4 1 11 13 8 7 4 2 17 17 19 3 1 9 18 16 15 10 2 8 6 0 2 4 8
6 5 10 9 10 10 6 1 13 8 9 3 4 14 16 0 6 16 11 8 4 19 6 3 17 18 18 2 9 1
```

▸ ctype.h 관련 함수

ctype.h 헤더파일에는 어떠한 문자가 숫자인지, 혹은 문자인지, 출력 가능한 문자인지 혹은 제어문자인지, 대문자인지 혹은 소문자인지 등의 문자를 평가하고 변환하는 기능을 수행하는 함수들이 정의되어 있다. 다음의 표는 ctype.h 파일에서 제공하는 문자를 평가하는 기능을 수행하는 함수와 문자를 변환하는 함수를 설명한 것이다.

ctype.h 관련 함수

기능	함수	함수의 기능
문자 평가 기능	isalpha(c)	문자 c가 영문자(A ~ Z, a ~ z)이면 참
	isalnum(c)	문자 c가 영문자, 숫자(A ~ Z, a ~ z, 0 ~ 9)이면 참
	isascii(c)	문자 c가 ASCII 코드(0 ~ 0x7f)이면 참
	islower(c)	문자 c가 소문자이면 참
	isupper(c)	문자 c가 대문자이면 참
	isdigit(c)	문자 c가 10진 숫자(0 ~ 9)이면 참
	isspace(c)	문자 c가 공백(스페이스, 탭)이면 참
	ispunct(c)	문자 c가 구두점이면 참
	isprint(c)	문자 c가 출력 가능 문자이면 참
	isxdigit(c)	문자 c가 16진 숫자(0 ~ 9, A ~ F, a ~ f)이면 참
	iscntrl(c)	문자 c가 제어 코드이면 참
	isgraph(c)	문자 c가 그래픽 문자이면 참
문자 변환 기능	toascii(c)	문자 c를 ASCII 무자로 변환하며 하위 비트 이외에는 모두 0으로 변환함
	tolower(c)	문자 c가 대문자이면 소문자로 변환
	toupper(c)	문자 c가 소문자이면 대문자로 변환

▸ **문자열 구성 함수: sprint()**

sprintf() 함수는 지정된 형식의 문자열을 구성하여 지정된 메모리에 저장하는 기능을 수행한다. sprintf() 함수의 사용 방법은 다음과 같다.

sprintf() 함수의 사용 방법

```
int  sprintf(char *메모리, char *format, 인수)
```

sprintf() 함수의 format 인수는 구성하고자 하는 메시지의 형식을 의미하며, printf() 함수에서 사용하는 것과 동일하게 사용된다.

printf() 함수에서 사용되는 %d, %f, %s 등의 형식 지정문자를 동일한 방법으로 사용할 수 있으며, 출력하고자 하는 변수는 인수에 지정한다. 메모리 인수는 구성된 메시지가 출력되는 메모리 포인터 주소로, printf() 함수는 화면에 출력하는 것에 반하여 sprintf() 함수는 지정된 메모리 포인터 주소에 메시지를 저장한다.

다음의 예제는 sprintf() 함수를 이용하여 원하는 메시지를 구성하는 예제이다.

프로그램 10-23

```
#include <stdio.h>
void main()
{
        char buff[128];
        char name[20];

        int ki;
        int muge;

        printf("이름을 입력하세요: ");
        scanf("%s", name);
        printf("키를 입력하세요: ");
        scanf("%d", &ki);
        printf("체중을 입력하세요: ");
        scanf("%d", &muge);

        sprintf(buff, "%s님의 키는 %d이고 체중은 %d입니다", name, ki, muge);

        printf("%s\n", buff);
}
```

실행 결과

```
이름을 입력하세요: 홍길동 [Enter]
키를 입력하세요: 180 [Enter]
체중을 입력하세요: 70 [Enter]
홍길동님의 키는 180이고 체중은 70입니다
```

▸ **문자열 구성 함수: sscanf()**

sscanf() 함수는 지정된 메모리 주소의 문자열로부터 format에 표시된 규칙에 따라 인수에 값을 저장한다. sscanf() 함수의 사용 방법은 다음과 같다.

sprintf() 함수의 사용 방법

```
int  sscanf(char *메모리, char *format, 인수)
```

sscanf() 함수의 format 인수는 불러들이고자 하는 메시지의 형식을 의미하며, scanf() 함수에서 사용하는 것과 동일하게 사용된다. scanf() 함수에서 사용되는 %d, %f, %s 등의 형식 지정문자를 동일한 방법으로 사용할 수 있으며, 입력하고자 하는 변수에 지정한다. 메모리 받아들이고자 하는 메시지가 저장되어 있는 문자열의 메모리 포인터 주소로, scanf() 함수는 키보드로부터 입력하는 것에 반하여 sscanf() 함수는 지정된 메모리 포인터 주소의 문자열로부터 입력받는다. 다음의 예제는 sscanf() 함수를 이용하여 데이터를 입력받는 프로그램이다.

프로그램 10-24

```
#include <stdio.h>

void main()
{
        char *buff = "홍길동 17 180 75";
        char name[10];
        int age;
        int ki;
        int muge;

        sscanf(buff, "%s %d %d %d", name, &age, &ki, &muge);

        printf("불러들인 데이터:\n");
        printf("name=[%s] age=[%d] ki=[%d] muge=[%d]\n", name, age, ki, muge);
}
```

실행 결과

```
불러들인 데이터:
name=[홍길동] age=[17] ki=[180] muge=[75]
```

위의 프로그램에서는 buff 메모리에 저장되어 있는 문자열 중에서 name, age, ki, muge에 해당하는 데이터를 각각에 지정된 변수로 불러들이는 기능을 수행한다.

제11장 파일 처리 입출력

컴퓨터에서 데이터를 저장할 수 있는 장소로 메모리와 하드디스크가 있다. 메모리는 프로그램이 임시로 데이터를 저장하기 위한 장소로 데이터의 처리 속도가 빠른 장점이 있지만 프로그램이 종료되거나 전원이 꺼지면 데이터가 삭제된다. 하드디스크에 저장되는 데이터는 파일의 형식으로 저장되며, 데이터의 처리 속도는 메모리에 비하여 느린 단점이 있지만, 프로그램이 종료되거나 컴퓨터의 전원이 꺼져도 데이터가 보존된다. 따라서 데이터의 내용을 보존하여야 하는 경우나 데이터의 양이 많은 경우에는 디스크에 파일로 저장한다. 이번 장에서는 C 언어에서 제공하는 파일을 생성하고, 데이터를 입력, 출력하는 기능에 대하여 설명한다.

11.1 파일 처리의 기본

지금까지 본 교재에서 다루었던 대부분의 프로그램들은 처리하여야할 데이터를 메모리에 임시로 저장한 후 사용하였다. 메모리를 사용하는 방법으로는 변수나 배열, 구조체, 동적 메모리 할당 등의 방법을 사용하였다. 이러한 메모리의 사용은 그 처리 속도가 빠르고 프로그램 내에서 손쉽게 생성 및 해제가 가능하다는 장점이 있으나 프로그램이 종료되면 그 자료는 모두 소멸된다. 따라서 대부분의 사용자 프로그램의 경우 데이터를 파일 형태로 저장하고 사용한다.

컴퓨터에서 파일이란 하드디스크에 저장되며, 메모리에 비하여 데이터의 저장이 반영구적으로 지속되는 특징이 있다. 프로그램에서 파일을 처리하기 위해서는 파일의 생성, 파일형태로 데이터의 출력 및 파일로부터의 데이터 입력, 데이터의 수정, 검색, 파일의 삭제 등이 기본 동작이 된다.

다음의 표는 C 언어에서 제공하는 파일 관련 함수이다.

파일 입출력 함수

함수명	기능
puts()	표준 출력장치에 한 줄의 내용 출력
gets()	표준 입력 장치로부터 한 줄 입력
fopen()	파일 열기
fclose()	파일 닫기
getc()	파일로부터 한 문자를 읽기
putc()	한 문자를 지정된 파일로 출력
fscanf()	파일로부터 지정된 형식으로 데이터 읽기
fprintf()	파일로 지정된 형식으로 데이터 출력
fgets()	파일로부터 문자열 읽기
fputs()	지정된 파일로 하나의 문자열 출력
fseek()	주어진 위치로 파일 포인터 이동
feof()	파일의 맨 끝인지 판단
ferror()	파일의 오류 발생 여부를 판단
fputc()	파일로 하나의 문자를 출력

11.1.1 파일의 선언, 열기 및 닫기 기능

파일을 사용하기 위해서는 파일의 선언, 생성, 열기 및 닫기 기능을 우선 학습하여야 한다.

▸ **파일의 선언**

파일을 접근하거나 생성하기 위해서는 우선 파일 포인터 FILE을 선언하여야 한다. FILE 포인터의 선언 방법은 다음과 같다.

파일 포인터의 선언 방법

```
#include <stdio.h>
        :
FILE *파일포인터명;
```

파일 포인터명은 이후 파일의 생성, 열기, 읽기, 쓰기, 닫기 등의 동작을 처리하기 위한 파일에 대한 포인터로 변수명을 만들듯이 프로그래머가 이름을 부여할 수 있다. 또한 파일에 대한 처리 기능을 코딩하기 위해서는 <stdio.h> 헤더파일을 포함시켜야 한다.

▸ **파일 열기: fopen()**

파일을 읽거나 처리하기 위해서는 파일을 열어야 한다. 파일이 존재하는 경우에는 해당 파일을 열고, 존재하지 않는 경우에는 새롭게 생성하여야 한다. fopen() 함수는 파일을 열기 위한 함수로 그 사용 방법은 다음과 같다.

fopen() 함수의 사용 방법

```
FILE  *파일포인터명;
        :
파일포인터명 = fopen("파일명", "접근모드");
```

fopen() 함수에는 2개의 인수가 있는데, 파일명은 열고자 하는 파일의 경로 및 이름을 의미하며, 접근모드는 파일을 열 때의 방법을 의미한다. 다음의 표는 fopen() 함수에서 사용할 수 있는 접근모드를 설명한 것이다.

fopen() 함수에서 사용 가능한 접근 모드

접근모드	의 미
"r"	지정된 파일을 읽기 전용으로 연다. 지정한 파일이 존재하지 않는 경우에는 오류 발생.
"w"	지정된 파일을 쓰기 동작이 가능하도록 연다. 이때 지정된 파일이 존재하지 않는 경우에는 새롭게 파일 생성 함. 파일이 존재하면 기존의 내용은 지워짐.
"a"	파일의 끝 부분에 내용을 추가할 수 있도록 연다. 기존 파일이 존재하지 않으면 새롭게 생성한다.
"b"	binary 모드로 열기, 텍스트 형태가 아닌 경우에는 이 모드로 파일을 열어야 함.
"r+"	파일의 맨 앞에서 읽기와 쓰기를 함께 하도록 연다. 지정한 파일이 존재하지 않으면 새롭게 파일 생성함.
"w+"	파일의 맨 앞에서 읽기와 쓰기를 함께 하도록 연다. 지정한 파일이 존재하지 않으면 새롭게 파일 생성함. 파일이 존재하면 기존의 내용은 지워짐.
"a+"	파일의 끝 부분에 내용을 추가할 수 있도록 연다. 기존 파일이 존재하지 않으면 새롭게 생성한다.
"r+b"	binary 모드로 "r+" 모드 열기
"w+b"	binary 모드로 "w+" 모드 열기
"a+b"	binary 모드로 "a+" 모드 열기

fopen() 함수를 이용하여 지정된 파일(C:\cdata\test)을 열기 위한 방법은 다음과 같다.

fopen() 함수를 이용한 파일 열기

```
#include <stdio.h>
        :
FILE   *fp;
        :

fp = fopen("c:\\cdata\\test", "r");
if(fp == NULL)
{
       :
}
```

fopen() 함수의 실행 결과는 파일 포인터에 저장하여 사용한다. 파일 포인터 fp가 NULL인 경우에는 오류가 발생한 것이다. 오류가 발생하는 경우는 지정된 파일이 존재하지 않거나, 읽기 권한이 없는 경우에 발생할 수 있다.

▸ **파일 닫기: fclose()**

처리가 완료된 파일은 반드시 fclose() 함수를 이용하여 닫기(Close) 동작을 수행하여야 한다. fclose() 함수의 사용 방법은 다음과 같다.

fclose() 함수의 사용 방법

```
FILE *파일 포인터명;
        :
파일 포인터명 = fopen();
        :
fclose(파일 포인터명);
```

fclose() 함수는 기존에 fopen() 함수를 이용하여 사용하던 파일 포인터를 인수로 필요로 한다. 파일 처리 작업이 끝나면 fopen() 함수에 의하여 개방된 파일을 닫고 입출력 버퍼를 비우고 파일 포인터를 해제한다. fclose() 함수를 파일을 닫는 일반적인 방법은 다음과 같다.

fclose() 함수를 이용한 파일 닫기

```
#include <stdio.h>
void main()
{
FILE   *fp;
        :
fp = fopen("c:\\cdata\\test", "r");
       :
fclose(fp);
       :
}
```

11.1.2 파일에 대한 문자 및 문자열 입출력 함수

파일 포인터를 선언하고 파일을 생성하거나 열기 기능을 수행한 후에는 파일에 문자, 혹은 문자열을 입력하거나 출력하는 기능을 학습하여야 한다.

▸ 한 개의 문자 읽기: getc(), fgetc()

파일로부터 한 개의 문자를 읽어 들이는 기능을 수행하는 함수로 getc()와 fgetc() 함수가 있다. getc()와 fgetc() 함수의 사용 방법은 다음과 같다.

getc()와 fgetc() 함수의 사용 방법

```
FILE *fp;
int ch;
        :
fp = fopen();
        :
ch = getc(fp);
ch = fgetc(fp);
```

getc() 함수와 fgetc() 함수는 지정된 파일로부터 한 개의 문자를 입력받아 그 결과를 반환해준다. 한 개의 문자를 입력 받은 후 파일의 위치는 1 증가시킨다. 읽어 들인 문자에 대한 결과 값은 정수형이며 입력 중 오류가 발생하거나 파일의 끝이면 EOF(End Of File) 값인 -1이 반환된다.

getc()와 fgetc() 함수의 인수로 사용되는 파일 포인터는 fopen() 함수를 이용하여 개방된 특정 파일일 수도 있으며, stdin 으로 지정하면 표준 입력파일을 의미하며 키보드로부터의 입력을 뜻한다. 다음의 예제는 지정된 파일, test1.txt 파일을 읽어 화면에 출력하는 프로그램이다. 이 프로그램을 실행하기 전에 우선 test1.txt라는 파일을 다음과 같이 작성하여 source 홀더에 복사하여야 한다.

test1.txt 파일의 내용

```
이 파일은 fgetc() 함수를 시험하기 위한 파일입니다.
화면에 출력 되었나요 ?
```

프로그램 11-1

```
#include <stdio.h>
void main()
{
        FILE *fp;
        char ch;

        if ((fp = fopen("test1.txt", "r")) != NULL)
        {
                while((ch = fgetc(fp)) != EOF)
                        printf("%c", ch);
        }
        fclose(fp);
}
```

실행 결과

```
이 파일은 fgetc() 함수를 시험하기 위한 파일입니다.
화면에 출력 되었나요 ?
```

getc()함수와 fgetc() 함수는 동일한 기능을 수행하며 그 사용 방법도 동일하므로 이 2 가지 함수 중 어느 것을 사용하여도 무방하다.

▸ **한 개의 문자 쓰기: putc(), fputc()**

파일로 한 개의 문자를 출력하는 기능을 수행하는 함수로 putc()와 fputc() 함수가 있다. putc()와 fputc() 함수의 사용 방법은 다음과 같다.

putc()와 fputc() 함수의 사용 방법

```
FILE *fp;
int ch;
        :
fp = fopen();
        :
putc(ch, fp);
fputc(ch, fp);
```

putc() 함수와 fputc() 함수는 한 개의 문자를 지정된 파일로 출력하는 기능을 수행한다. 파일에 한 문자를 출력한 후 파일의 위치를 1 증가시키고 이 함수의 실행 결과는 반환한다.

반환 값은 출력된 문자의 값이며, 출력 중 오류가 발생하거나 파일의 끝이면 EOF(End Of File) 값인 -1이 반환된다.

다음의 예제는 지정된 파일, test1.txt 파일을 fgetc() 함수를 이용하여 한 문자씩 읽어 fputc() 함수를 이용하여 test2.txt 파일에 출력하는 프로그램이다.

프로그램 11-2

```
#include <stdio.h>
#include <stdlib.h>

void main()
{
        FILE *ifp;
        FILE *ofp;
        char ch;

        ifp = fopen("test1.txt", "r");
        if (ifp == NULL)
        {
                printf("입력 파일을 열 수 없습니다\n");
                exit(1);
        }
```

```
    ofp = fopen("test2.txt", "w");
    if (ofp == NULL)
    {
            printf("출력 파일을 열 수 없습니다\n");
            exit(1);
    }

    while((ch = fgetc(ifp)) != EOF)
            fputc(ch, ofp);

    fclose(ifp);
    fclose(ofp);
}
```

위의 프로그램을 실행하면 우선 입력 파일로 source 홀더에 있는 test1.txt 파일을 개방한다. 다음으로 출력 파일로 source 홀더에서 test2.txt 파일을 개방하는 데, 이 파일은 현재 존재하지 않으므로 새롭게 생성한다. 다음으로 test1.txt 파일에서 한 문자씩 읽어 들여 test2.txt 파일로 출력하게 된다. 즉, test1.txt 파일을 test2.txt 파일로 복사하는 것과 동일한 기능을 수행한다.

▸ **문자열 읽기: fgets()**

fgets() 함수는 파일로부터 문자열을 읽어 들이는 기능을 수행한다. fgets() 함수의 사용 방법은 다음과 같다.

fgets() 함수의 사용 방법

```
FILE *fp;
int n;
char *ptr;
        :
fp = fopen();
        :
fgets(ptr, n, fp);
```

fgets() 함수는 3개의 인수를 갖는다. 우선 세 번째 인수인 fp는 읽어 들일 파일에 대한 파일 포인터이다. 두 번째 인수인 n은 읽어 들일 문자열의 최대 문자수를 의미한다. 따라서 읽어 들일 문자열의 수보다 최소한 1이 큰 수가 지정되어야 한다. 읽어 들인 문자열을 저장할 메모리 주소로 ptr에서 지정된 곳에 저장한다. fgets() 함수는 문자열을 입력 받는데, '\n' 문자를 기준으로 읽어 들인다. 즉 한 줄씩 읽어 들이는 기능을 수행한다. 다음의 예제는 test3.txt 파일을 한 줄씩 읽어 화면에 출력하는 프로그램이다.

test3.txt 파일의 내용

```
fgets() 함수를 시험하기 위한 파일입니다.
첫 번째 줄의 내용입니다.
두 번째 줄의 내용입니다.
세 번째 줄의 내용입니다.
마지막 줄의 내용입니다.
```

프로그램 11-3

```
#include <stdio.h>
#include <stdlib.h>

void main()
{
	FILE *ifp;
	char buff[256];

	ifp = fopen("test3.txt", "r");

	if (ifp == NULL)
	{
		printf("입력 파일을 열 수 없습니다\n");
		exit(1);
	}

	while(fgets(buff, 256, ifp) != NULL)
		printf("%s", buff);
}
```

실행 결과

```
fgets() 함수를 시험하기 위한 파일입니다.
첫 번째 줄의 내용입니다.
두 번째 줄의 내용입니다.
세 번째 줄의 내용입니다.
마지막 줄의 내용입니다.
```

▸ 문자열 출력: fputs()

fputs() 함수는 지정한 파일로 문자열을 출력하는 기능을 수행한다. fputs() 함수의 사용 방법은 다음과 같다.

fputs() 함수의 사용 방법

```
FILE *fp;
int n;
char *ptr;
        :
fp = fopen();
        :
fputs(ptr, fp);
```

fputs() 함수는 인수 fp에서 지정된 파일로 ptr에 저장되어 있는 문자열을 출력한다. 문자열을 출력한 후에는 파일의 위치를 출력한 문자의 개수만큼 이동한다.

▸ 파일의 경로 지정

fopen() 함수를 이용하여 특정 파일을 열거나 지정할 때 파일이 위치하고 있는 홀더를 지정할 수 있다. 홀더를 지정하기 위해서는 '\' 문자를 사용하여야 하는데, C 언어에서 '\' 문자는 제어 문자를 사용하기 위하여 특수하게 사용되므로 홀더를 지정할 때에는 '\\'과 같이 두 번 연속으로 사용하여야 한다. 다음의 예제는 d:\cdata\test1.txt 파일을 읽어 들여 같은 내용으로 d:\cdata\test2.out 파일로 복사하는 예제이다. 앞에서 코딩했던 fgetc() 함수와 fputc() 함수를 이용한 프로그램 11-2를 이용하였다.

프로그램 11-4

```
#include <stdio.h>
#include <stdlib.h>

void main()
{
        FILE *ifp;
        FILE *ofp;
        char ch;

        ifp = fopen("d:\\cdata\\test1.txt", "r");
        if (ifp == NULL)
        {
                printf("입력 파일을 열 수 없습니다\n");
                exit(1);
        }

        ofp = fopen("d:\\cdata\\test2.out", "w");
        if (ofp == NULL)
        {
                printf("출력 파일을 열 수 없습니다\n");
                exit(1);
        }

        while((ch = fgetc(ifp)) != EOF)
                fputc(ch, ofp);

        fclose(ifp);
        fclose(ofp);
}
```

11.2 랜덤 파일 함수

랜덤 파일이란 파일은 순차적으로 읽거나 쓰는 것이 아니라 임의로 일정한 데이터의 크기, 즉 블록, 혹은 레코드 단위로 읽거나 쓰는 파일을 말한다. 랜덤 파일의 특징으로는 우선 한 파일의 레코드 길이는 모드 같아야 한다는 것이 있다. 두 번째로 임의로 데이터를 읽기와 쓰기가 가능하다는 장점이 있다. 세 번째로 각 레코드의 내용 변경이 용이하다는 장점이 있다. 그러나 메모리의 낭비가 발생할 수 있다는 단점이 있다.

▸ **파일의 위치 이동: fseek()**

fseek() 함수는 파일 내에서의 현재 포인터의 위치를 사용자가 원하는 지점으로 이동하는 함수로 파일내의 원하는 지점에 포인터를 이동시킨 후 그 지점에 수록된 내용을 읽거나 처리할 수 있도록 하는 함수이다. fseek() 함수의 사용 방법은 다음과 같다.

fseek() 함수의 사용 방법

```
#include <stdio.h>
        :
FILE  *fp;                  //파일 포인터
long int  offset;           //이동하기 위한 바이트 수
int  mode;                  //이동 위치 모드
        :
int fseek(fp, offset, mode);
```

파일 포인터의 위치를 offset의 시작점으로부터 offset 바이트만큼 떨어진 곳으로 이동시킨다. 포인터의 이동이 정상적으로 수행되면 0을, 그렇지 않으면 -1을 반환한다.

offset는 파일 포인터가 가리키는 위치로부터 원하는 지점으로 이동하기 위한 바이트 수를 말하며 양수의 값을 가지면 순방향으로 이동하고, 음수의 값이면 역방향으로 위치가 이동된다. mode는 현재 파일 포인터가 가리키고 있는 시작점을 나타내며 다음의 3가지 값 중 하나를 사용할 수 있다.

fseek() 함수의 동작 mode

```
int fseek(fp, offset, mode);

mode = 0: 파일의 최초 시작 위치
mode = 1: 파일 내의 현재 위치
mode = 2: 파일의 끝 위치
```

fseek() 함수의 사용 예

```
fseek(fp, 0L, 0);      파일 포인터(fp)를 파일의 처음으로 이동
fseek(fp, 20L, 1);     파일 포인터를 현재의 위치에서 20바이트 뒤로 이동
fseek(fp, -10L, 2);    파일의 끝에서 10바이트 앞으로 이동
fseek(fp, 0L, 2);      파일의 끝으로 이동
fseek(fp, 10L, 2);     fp 를 끝에서 10번째 바이트로 이동
```

▸ **현재의 위치 알기: ftell()**

ftell() 함수는 파일의 현재 위치를 구하여 알려준다. 이때 파일의 현재 위치는 파일의 시작점에서의 바이트 수로 나타낸다. 다음은 ftell() 함수의 사용 방법이다.

ftell() 함수의 사용 방법

```
#include <stdio.h>
        :
FILE  *fp;             //파일 포인터
        :
long ftell(fp);
```

처음 fopen() 함수를 사용하여 파일을 열게 되면 처음의 파일 위치는 0이 된다. ftell() 함수의 반환 값은 파일 포인터의 현재 위치를 의미하며, 오류가 발생하면 -1을 반환한다.

▸ 파일의 위치를 처음으로 되돌리기: rewind()

rewind() 함수는 파일 포인터 fp가 가리키는 파일의 현재 위치를 그 파일의 처음으로 되돌린다. 다음은 rewind() 함수의 사용 방법이다.

rewind() 함수의 사용 방법

```
#include <stdio.h>
         :
FILE  *fp;            //파일 포인터
         :
rewind(fp);
```

rewind() 함수를 호출하면 현재의 파일 위치를 처음으로 이동시키는 동작을 수행하며 EOF와 오류 표시를 모두 지운다는 점 이외에는 fseek(fp, 0L, 0)과 동일한 동작을 수행한다.

▸ 파일의 끝인지 확인하기: feof()

feof() 함수는 파일의 위치가 맨 끝인지를 확인하여 파일의 끝이면 0이 아닌 값을 반환하고, 끝이 아닌 경우에는 0을 반환한다. 다음은 feof() 함수의 사용 방법이다.

feof() 함수의 사용 방법

```
#include <stdio.h>
         :
FILE  *fp;            //파일 포인터
         :
int  feof(fp);
```

▸ 버퍼 지우기: fflush()

fflush() 함수는 파일 포인터 fp가 가리키는 파일에 대한 버퍼를 모두 비운다. 이는 표준 입력 파일, 즉 키보드로부터 데이터를 입력 받는 경우, 이전에 입력된 키보드에 대기하고 있는 데이터를 취소하거나 파일에 대한 출력을 확실히 하고자 하는 경우에 사용한다. 다음은 fflush() 함수의 사용 방법이다.

fflush() 함수의 사용 방법

```
#include <stdio.h>
         :
FILE  *fp;            //파일 포인터
         :
int  fflush(fp);
```

fflush() 함수는 버퍼의 내용을 비우게 하지만 파일을 닫게 하지는 않는다. fflush() 함수가 성공적으로 수행되면 0을 반환하고, 오류가 발생하면 -1을 반환한다.

11.3 기타 파일 입출력 함수

이번 절에서는 파일에 데이터를 저장하고 관리하기 위하여 많이 사용되는 함수 중 fprintf()와 fscanf(), fread(), fwrite() 함수에 대하여 설명한다.

▸ 파일에 형식에 맞게 출력하기: fprintf()

fprintf() 함수는 형식 지정 문자를 이용하여 프로그래머가 원하는 형태의 문자열을 파일에 출력해주는 기능을 수행한다. 다음은 fprintf() 함수의 사용 방법이다.

fprintf() 함수의 사용 방법

```
#include <stdio.h>
        :
FILE  *fp;           //파일 포인터
fp = fopen("파일명", "w");
        :
fprintf(fp, format, 인수,...);
```

fprintf() 함수는 문자열의 출력을 화면이 아니라 지정된 파일로 수행한다는 점 이외에는 printf() 함수와 그 사용 방법이 동일하다. 따라서 printf() 함수를 사용하는 것과 동일하게 편리하게 메시지를 작성하여 파일로 출력할 수 있다. 다음의 예제는 5명의 이름과 나이 주소를 입력받아 지정된 파일, d:\cdata\addr.out 파일에 저장하는 프로그램이다.

프로그램 11-5

```
#include <stdio.h>
#include <stdlib.h>

void main()
{
        FILE *fp;
        char name[20];
        int age;
        char addr[30];
        int n;

        fp = fopen("d:\\cdata\\addr.out", "w");
        if (fp == NULL)
        {
                printf("파일을 열 수 없습니다\n");
                exit(1);
        }

        fprintf(fp, "이름   나이   주소\n");
        fprintf(fp, "==================================\n");
```

```
        for(n = 0; n < 5; n++)
        {
            printf("%d 번째 학생의 이름을 입력하세요: ", n+1);
            scanf("%s", name);
            printf("%d 번째 학생의 나이를 입력하세요: ", n+1);
            scanf("%d", &age);
            printf("%d 번째 학생의 주소를 입력하세요: ", n+1);
            scanf("%s", addr);

            fprintf(fp, "%s  %d  %s\n", name, age, addr);
        }
        fclose(fp);
}
```

실행 결과

```
1 번째 학생의 이름을 입력하세요: 홍길동 Enter↵
1 번째 학생의 나이를 입력하세요: 20 Enter↵
1 번째 학생의 주소를 입력하세요: 서울시동작구 Enter↵
2 번째 학생의 이름을 입력하세요: 임꺽정 Enter↵
2 번째 학생의 나이를 입력하세요: 19 Enter↵
2 번째 학생의 주소를 입력하세요: 경기도이천시 Enter↵
3 번째 학생의 이름을 입력하세요: 이순신 Enter↵
3 번째 학생의 나이를 입력하세요: 20 Enter↵
3 번째 학생의 주소를 입력하세요: 서울시강남구 Enter↵
4 번째 학생의 이름을 입력하세요: 김연아 Enter↵
4 번째 학생의 나이를 입력하세요: 19 Enter↵
4 번째 학생의 주소를 입력하세요: 경기도군포시 Enter↵
5 번째 학생의 이름을 입력하세요: 박지성 Enter↵
5 번째 학생의 나이를 입력하세요: 25 Enter↵
5 번째 학생의 주소를 입력하세요: 서울시서초구 Enter↵
```

위의 프로그램을 실행하면 학생들의 이름과 나이, 주소를 입력받는 기능들이 수행된다. 그러나 입력한 정보의 출력은 화면으로 하는 것이 아니라 fprintf() 함수를 통하여 d:\cdata\addr.out 파일에 저장되었으므로 해당 파일의 내용을 보아야 한다. 파일의 내용을 읽기 위한 명령어는 "type"이므로 이를 이용하여 다음과 같이 실행하여 보자

실행 결과 보기

```
C:\>
C:\>type d:\cdata\addr.out
이름   나이   주소
===================================
홍길동  20  서울시동작구
임꺽정  19  경기도이천시
이순신  20  서울시강남구
김연아  19  경기도군포시
박지성  25  서울시서초구

C:\>
```

앞에서 입력한 데이터들이 지정된 형식에 따라 파일에 저장되어 있음을 알 수 있다.

▸ 파일로부터 형식에 맞게 입력하기: fscanf()

fscanf() 함수는 형식 지정 문자를 이용하여 프로그래머가 원하는 형태의 문자열을 파일로부터 입력받아 지정된 인수에 저장하는 기능을 수행한다. 다음은 fscanf() 함수의 사용 방법이다.

fscanf() 함수의 사용 방법

```
#include <stdio.h>
         :
FILE  *fp;           //파일 포인터
fp = fopen("파일명", "r");
         :
fscanf(fp, format, 인수,...);
```

fscanf() 함수는 문자열의 입력이 키보드가 아니라 지정된 파일로부터 입력받는다는 점 이외에는 scanf() 함수와 그 사용 방법이 동일하다. 따라서 scanf() 함수를 사용하는 것과 동일하게 편리하게 데이터를 입력받을 수 있다.

▸ 블록 단위로 데이터 읽기: fread()

fread() 함수는 파일로부터 데이터를 입력 받을 때 지정된 크기의 블록 단위로 데이터를 읽어 들일 수 있다. 블록의 크기 및 읽어 들일 블록의 개수, 또한 읽어 들인 데이터를 저장할 메모리의 주소 등이 인수로 필요하다. 다음은 fread() 함수의 사용 방법이다.

fread() 함수의 사용 방법

```
#include <stdio.h>
         :
char  *buff;     //읽은 데이터를 저장할 메모리
int    size;     //블록의 크기(바이트 수)
int    n;        //읽어 들일 블록의 개수
FILE  *fp;       //파일 포인터

fp = fopen("파일명", "r");
         :
int   fread(buff, size, n, fp);
```

fread() 함수는 파일 포인터 fp로 지정된 파일로부터 크기가 size 바이트인 데이터 블록을 n개 만큼 읽어 들여 buff가 가리키는 메모리에 기억시킨다. 이때 메모리는 size*n 바이트만큼 확보되어 있어야 한다.

fread() 함수는 정상적으로 입력된 블록의 수를 반환 값으로 알려준다. 파일의 끝까지 남아 있는 데이터가 size 바이트 미만이면 그 블록은 읽혀지지 않는다. 그러나 size 바이트 이상이면 블록을 n 개 만큼 읽어 들이지 못하였을 경우 실제 읽어 들인 블록 수를 반환한다. 따라서 바이트 단위의 텍스트 파일을 읽을 때 size를 1로 하여 읽으면 파일의 끝 근처의 데이터를 모두 읽을 수 있다.

▸ **블록 단위로 데이터 쓰기: fwrite()**

fwrite() 함수는 파일로 데이터를 출력할 때 지정된 크기의 블록 단위로 데이터를 쓸 수 있다. 블록의 크기 및 출력할 블록의 개수, 또한 출력할 데이터가 저장되어 있는 메모리의 주소 등이 인수로 필요하다. 다음은 fwrite() 함수의 사용 방법이다.

fwrite() 함수의 사용 방법

```
#include <stdio.h>
        :
char    *buff;    //출력할 데이터가 저장되어 있는 메모리
int      size;    //블록의 크기(바이트 수)
int      n;       //출력할 블록의 개수
FILE    *fp;      //파일 포인터

fp = fopen("파일명", "r");
        :
int    fwrite(buff, size, n, fp);
```

fwrite() 함수는 대부분 이진 파일에 데이터를 블록 단위로 기록하고자 할 경우에 사용된다. buff에 저장되어 있는 블록 수만큼의 데이터를 지정된 파일 fp로 기록한다. 이때 정상적으로 파일에 기록이 되면 기록된 블록 수를 반환하며, 만일 지정한 블록 수와 반환되는 블록 수가 차이가 생기면 오류로 간주하여 0을 반환한다.

11.4 파일을 이용한 데이터 저장

프로그램에서 데이터의 양이 많거나 개수가 많은 경우에는 데이터를 파일에 저장하는 것이 유리하다. 특히 입력된 데이터가 파일에 저장되면 프로그램이 종료되거나 전원이 꺼져도 프로그램을 다시 실행하면 기존의 데이터를 불러들여 사용할 수 있으므로 대부분의 상용 프로그램에서는 파일을 이용한다. 이번 절에서는 성적 관리 프로그램을 파일을 이용하여 데이터의 저장 기능을 제공하도록 구성해보자. 우선 다음의 [실습 11-1]과 같이 성적을 관리하는 프로그램을 작성해보자.

실습 11-1

```
성적관리 프로그램입니다.
1. 성적 입력
2. 성적 출력
3. 학번순 정렬(오름차순)
4. 총점순 정렬(내림차순)
5. 작업 저장
6. 작업 복귀
7. 프로그램 종료
메뉴를 선택하세요:
```

```
(①번 메뉴 선택 시)
이름을 입력하세요: ♡♡♡ [Enter↵]
학번을 입력하세요: ◆◆◆ [Enter↵]                  ('.' 입력 시 입력 종료)
국어점수를 입력하세요: □ [Enter↵]
영어점수를 입력하세요: □ [Enter↵]
수학점수를 입력하세요: □ [Enter↵]                 (최대 10개의 정보 입력)

(②번 메뉴 선택 시)
학번   이름   국어  영어  수학  총점  평균
=================================
◆◆◆  ♡♡♡   □    □    □    ★    ★       (입력받은 모든 정보 출력)
                :
                :
(③번 메뉴 선택 시)
► 학번을 기준으로 오름차순 정렬을 한 후 성적 출력(②번 기능 수행)

(④번 메뉴 선택 시)
► 총점을 기준으로 내림차순 정렬을 한 후 성적 출력(②번 기능 수행)

(⑤번 메뉴 선택 시)
현재까지의 데이터를 d:\cdata\sung.dat 파일에 저장

(⑥번 메뉴 선택 시)
d:\cdata\sung.dat 파일을 읽어 들임
읽어 들인 데이터는 프로그램의 메모리에 복귀시킴

(⑦번 메뉴 선택 시)
프로그램의 종료
```

성적과 관련된 데이터는 학생의 이름과 학번, 국어, 영어, 수학 성적 등이고, 학번이나 총점을 기준으로 하여 정렬 기능을 제공한다. 앞서 코딩한 구조체와 포인터 배열을 이용한 프로그램을 기준으로 하며, [작업 저장] 메뉴를 선택하면 그동안 입력되어 작업된 메모리에 저장되어 있는 성적 데이터를 d:\cdata\sung.out 파일에 저장한다. [작업 복귀] 메뉴를 선택하면 해당 파일에서 데이터를 읽어 메모리에 복귀시키는 작업을 수행한다.

Tip 실습문제 해결을 위한 팁

- 성적을 저장하기 위한 구조체 및 이를 관리하기 위한 포인터의 코딩은 9장에서의 [프로그램 9-10]을 기준으로 하여 작성한다.
- 메인 메뉴에 [작업 저장] 메뉴와 [작업 복귀] 메뉴를 추가한다.
- 성적 데이터를 파일로 저장하고, 파일에 저장된 성적 데이터를 메모리로 복귀하기 위하여 앞에서 학습한 fopen() 함수와 fclose() 함수, 그리고 데이터를 블록 단위로 입출력하기 위하여 fread() 함수와 fwrite() 함수를 사용한다.
- 성적 데이터를 파일로 저장하는 기능을 수행하는 함수로 save_data() 함수를 작성한다.
- save_data() 함수에서는 우선 성적 데이터의 개수를 먼저 저장한 후 각 성적 데이터를 한 블록씩

fwrite() 함수를 이용하여 저장한다. 이때 성적 데이터를 나타내는 구조체 sungjuk 이 한 블록의 단위가 된다.

- 성적 데이터를 파일로부터 복귀하는 기능을 수행하는 함수로 load_data() 함수를 작성한다.
- load_data() 함수에서는 우선 성적 데이터의 개수를 먼저 복귀한 후 해당 성적의 개수 만큼 성적 데이터를 복귀한다. 성적 데이터의 복귀는 fread() 함수를 이용하며, 이때 사용되는 블록의 단위는 구조체 sungjuk 이 된다.
- 프로그램 작성 후 메뉴를 통하여 성적 데이터를 입력한다. 성적 데이터를 처리한 후 [작업 저장] 메뉴를 이용하여 데이터를 파일에 저장한다.
- 프로그램을 종료 후 다시 실행하여 [작업 복귀] 메뉴를 이용하여 기존에 저장한 데이터를 복귀한 후 확인 해본다.

이를 구현한 프로그램은 다음과 같다.

프로그램 11-6

```
#include <stdio.h>
#include <stdlib.h>

#define FILE_NAME "D:\\cdata\\sung.out"
#define MAX_SUNG 10

struct sungjuk {
       char  name[10];
       int    haknum;
       int    kor;
       int    eng;
       int    math;
       int    total;
       double    avg;
};

struct sungjuk sung[MAX_SUNG];
struct sungjuk *c_ptr;        // 현재까지 입력받은 구조체의 포인터
int num = 0;                    // 입력받은 정보의 개수

void sung_input()
{
       int n;

       for(n = num; n < MAX_SUNG; n++, c_ptr++)
       {
       printf("\n이름을 입력하세요: ");
       scanf("%s", c_ptr->name);

       if (c_ptr->name[0] == '.')    //이름에 '.' 입력시 종료
               break;
```

```
        printf("학번을 입력하세요: ");
        scanf("%d", &c_ptr->haknum);
        printf("국어점수를 입력하세요: ");
        scanf("%d", &c_ptr->kor);
        printf("영어점수를 입력하세요: ");
        scanf("%d", &c_ptr->eng);
        printf("수학점수를 입력하세요: ");
        scanf("%d", &c_ptr->math);
        c_ptr->total = c_ptr->kor+c_ptr->eng+c_ptr->math;
        c_ptr->avg = (double)c_ptr->total/3;
        }
        num = n;
}

/* 파일로 부터 성적 데이터 복귀 */
void load_data()
{
        FILE *fp;
        int n;
        struct sungjuk *ptr;

        fp = fopen(FILE_NAME, "r");
        if (fp == NULL)
        {
                printf("파일을 열 수 없습니다\n");
                exit(1);
        }

        //성적 데이터의 갯수 복귀
        if(fread(&num, sizeof(int), 1, fp) == 0)
        {
                printf("파일 읽기 오류: 성적 개수\n");
                exit(1);
        }

        ptr = sung;
        //성적 데이터 복귀
        for(n = 0; n < num; n++, ptr++)
        {
                if(fread((char*)ptr, sizeof(struct sungjuk), 1, fp) == 0)
                {
                        printf("파일 읽기 오류: %d 번째 성적\n", n+1);
                        exit(1);
                }
        }
        fclose(fp);
}
void sung_print()
{
        int n;
        struct sungjuk *ptr;

        ptr = sung;
```

```
    printf("\n학번        이름   국어  영어  수학  총점  평균\n");
    printf("================================================\n");

    for(n = 0; n < num; n++, ptr++)
    {
    printf("%d   %s   %d    %d    %d    %d  %2.2f\n",
            ptr->haknum,ptr->name,ptr->kor,ptr->eng,
            ptr->math,ptr->total,ptr->avg);
    }
}


/* 성적 데이터를 파일로 저장 */
void save_data()
{
    FILE *fp;
    int n;
    struct sungjuk *ptr;

    fp = fopen(FILE_NAME, "w");
    if (fp == NULL)
    {
            printf("파일을 열 수 없습니다\n");
            exit(1);
    }

    //성적 데이터의 갯수 저장
    if(fwrite(&num, sizeof(int), 1, fp) == 0)
    {
            printf("파일 쓰기 오류: 성적 개수\n");
            exit(1);
    }
    ptr = sung;
    //성적 데이터 저장
    for(n = 0; n < num; n++, ptr++)
    {
            if(fwrite((char*)ptr, sizeof(struct sungjuk), 1, fp) == 0)
            {
                    printf("파일 쓰기 오류: %d 번째 성적\n", n+1);
                    exit(1);
            }
    }
    fclose(fp);
}

void sort_haknum()    //학번을 기준으로 오름차순 정렬
{
    int   i, j;
    struct sungjuk temp;

    for(i = 0; i < num-1; i++)
    {
            for(j = num-1; j > i; j--)
            {
```

```
                        if (sung[j].haknum < sung[j-1].haknum)
                        {
                                temp = sung[j];
                                sung[j] = sung[j-1];
                                sung[j-1] = temp;
                        }
                }
        }
}

void sort_total()    //총점을 기준으로 내림차순 정렬
{
        int   i, j;
        struct sungjuk temp;

        for(i = 0; i < num-1; i++)
        {
                for(j = num-1; j > i; j--)
                {
                        if (sung[j].total > sung[j-1].total)
                        {
                                temp = sung[j];
                                sung[j] = sung[j-1];
                                sung[j-1] = temp;
                        }
                }
        }
}
void jong()
{
        printf("프로그램을 종료합니다.\n");
        exit(1);
}

void main()
{
        int sel;

        c_ptr = sung;   //구조체 배열에 대한 주소를 포인터로 설정

        while(1)
        {
                printf("\n성적관리 프로그램입니다.\n");
                printf("1. 성적 입력\n");
                printf("2. 성적 출력\n");
                printf("3. 학번순 정렬(오름차순)\n");
                printf("4. 총점순 정렬(내림차순)\n");
                printf("5. 작업 저장\n");
                printf("6. 작업 복귀\n");
                printf("7. 프로그램 종료\n");
                printf("메뉴를 선택하세요: ");
                scanf("%d", &sel);
```

```
        switch(sel)
        {
        case 1:
                sung_input();
                break;
        case 2:
                sung_print();
                break;
        case 3:
                sort_haknum();
                sung_print();
                break;
        case 4:
                sort_total();
                sung_print();
                break;
        case 5:
                save_data();
                break;
        case 6:
                load_data();
                break;
        case 7:
                jong();
                break;
        default:
                printf("잘못 입력하였습니다\n");
                break;
        }
    }
}
```

실행 결과

```
성적관리 프로그램입니다.
1. 성적 입력
2. 성적 출력
3. 학번순 정렬(오름차순)
4. 총점순 정렬(내림차순)
5. 작업 저장
6. 작업 복귀
7. 프로그램 종료
메뉴를 선택하세요: 2

학번         이름   국어  영어  수학  총점  평균
==================================================

성적관리 프로그램입니다.
1. 성적 입력
2. 성적 출력
3. 학번순 정렬(오름차순)
4. 총점순 정렬(내림차순)
5. 작업 저장
```

```
6. 작업 복귀
7. 프로그램 종료

메뉴를 선택하세요: 1
이름을 입력하세요: 이순신
학번을 입력하세요: 20190001
국어점수를 입력하세요: 80
영어점수를 입력하세요: 95
수학점수를 입력하세요: 70

이름을 입력하세요: 홍길동
학번을 입력하세요: 20190002
국어점수를 입력하세요: 90
영어점수를 입력하세요: 56
수학점수를 입력하세요: 80

이름을 입력하세요: 채현석
학번을 입력하세요: 20190003
국어점수를 입력하세요: 95
영어점수를 입력하세요: 90
수학점수를 입력하세요: 97

이름을 입력하세요: 임꺽정
학번을 입력하세요: 20190004
국어점수를 입력하세요: 70
영어점수를 입력하세요: 85
수학점수를 입력하세요: 60

이름을 입력하세요: 김연아
학번을 입력하세요: 20190005
국어점수를 입력하세요: 80
영어점수를 입력하세요: 75
수학점수를 입력하세요: 95

이름을 입력하세요: 고주몽
학번을 입력하세요: 20190006
국어점수를 입력하세요: 99
영어점수를 입력하세요: 30
수학점수를 입력하세요: 75

이름을 입력하세요: .         ==> 총 6명의 성적 입력 후 종료

성적관리 프로그램입니다.
1. 성적 입력
2. 성적 출력
3. 학번순 정렬(오름차순)
4. 총점순 정렬(내림차순)
5. 작업 저장
6. 작업 복귀
7. 프로그램 종료
메뉴를 선택하세요: 2    ==> 성적 데이터 확인
```

```
학번        이름   국어  영어  수학  총점  평균
==================================================
20190001   이순신   80    95    70    245  81.67
20190002   홍길동   90    56    80    226  75.33
20190003   채현석   95    90    97    282  94.00
20190004   임꺽정   70    85    60    215  71.67
20190005   김연아   80    75    95    250  83.33
20190006   고주몽   99    30    75    204  68.00

성적관리 프로그램입니다.
1. 성적 입력
2. 성적 출력
3. 학번순 정렬(오름차순)
4. 총점순 정렬(내림차순)
5. 작업 저장
6. 작업 복귀
7. 프로그램 종료
메뉴를 선택하세요: 4

학번        이름   국어  영어  수학  총점  평균
==================================================
20190003   채현석   95    90    97    282  94.00
20190005   김연아   80    75    95    250  83.33
20190001   이순신   80    95    70    245  81.67
20190002   홍길동   90    56    80    226  75.33
20190004   임꺽정   70    85    60    215  71.67
20190006   고주몽   99    30    75    204  68.00

성적관리 프로그램입니다.
1. 성적 입력
2. 성적 출력
3. 학번순 정렬(오름차순)
4. 총점순 정렬(내림차순)
5. 작업 저장
6. 작업 복귀
7. 프로그램 종료
메뉴를 선택하세요: 3

학번        이름   국어  영어  수학  총점  평균
==================================================
20190001   이순신   80    95    70    245  81.67
20190002   홍길동   90    56    80    226  75.33
20190003   채현석   95    90    97    282  94.00
20190004   임꺽정   70    85    60    215  71.67
20190005   김연아   80    75    95    250  83.33
20190006   고주몽   99    30    75    204  68.00

성적관리 프로그램입니다.
1. 성적 입력
2. 성적 출력
3. 학번순 정렬(오름차순)
4. 총점순 정렬(내림차순)
5. 작업 저장
6. 작업 복귀
```

```
7. 프로그램 종료
메뉴를 선택하세요: 5      ==> 성적 데이터를 파일로 저장

성적관리 프로그램입니다.
1. 성적 입력
2. 성적 출력
3. 학번순 정렬(오름차순)
4. 총점순 정렬(내림차순)
5. 작업 저장
6. 작업 복귀
7. 프로그램 종료
메뉴를 선택하세요: 7
프로그램을 종료합니다.
```

위의 예제에서 총 6명의 성적을 입력한 후 정렬 기능을 수행해본 후에 [작업 저장] 메뉴를 이용하여 현재까지의 데이터를 저장하였다. 프로그램을 종료한 후 다시 프로그램을 실행하여 저장된 데이터를 확인해 보자.

실행 결과

```
성적관리 프로그램입니다.
1. 성적 입력
2. 성적 출력
3. 학번순 정렬(오름차순)
4. 총점순 정렬(내림차순)
5. 작업 저장
6. 작업 복귀
7. 프로그램 종료
메뉴를 선택하세요: 2   ==> 기존의 내용 확인

학번        이름   국어  영어  수학  총점  평균
==================================================

성적관리 프로그램입니다.
1. 성적 입력
2. 성적 출력
3. 학번순 정렬(오름차순)
4. 총점순 정렬(내림차순)
5. 작업 저장
6. 작업 복귀
7. 프로그램 종료
메뉴를 선택하세요: 6   ==> 파일로부터 성적 데이터 복귀

성적관리 프로그램입니다.
1. 성적 입력
2. 성적 출력
3. 학번순 정렬(오름차순)
4. 총점순 정렬(내림차순)
5. 작업 저장
6. 작업 복귀
7. 프로그램 종료
메뉴를 선택하세요: 2    ==> 복귀된 데이터 확인
```

```
학번         이름   국어  영어  수학  총점  평균
=================================================
20190001   이순신   80    95    70    245  81.67
20190002   홍길동   90    56    80    226  75.33
20190003   채현석   95    90    97    282  94.00
20190004   임꺽정   70    85    60    215  71.67
20190005   김연아   80    75    95    250  83.33
20190006   고주몽   99    30    75    204  68.00
```

프로그램을 종료 후에 다시 시작하면 기존에 작업했던 내용은 메모리에서 모두 지워진다. [성적 출력] 메뉴로 확인해본 결과 기존의 내용이 모두 지워진 것을 알 수 있다. 기존에 작업한 내용이 파일에 저장되어 있으므로 [작업 복귀] 메뉴를 실행한 후 다시 [성적 출력] 메뉴를 선택하면 기존에 작업했던 데이터가 모두 복귀된 것을 확인할 수 있다.

제12장 기본 자료구조

자료구조란 컴퓨터에서 사용되는 다양한 형태의 데이터를 관리하는 방법을 말하는 것으로 전산 관련 분야에서는 매우 중요한 비중을 차지한다. 프로그램의 기능이 복잡해질수록 다루어야 하는 데이터의 종류 및 기능도 다양해지는데, 데이터를 구성하고 검색이나 정렬, 데이터의 추가 및 삭제와 같은 데이터의 관리 기능은 프로그램의 안정적인 동작에 있어 가장 중요한 기능에 속한다. 이를 위하여 자료구조라는 독립적인 분야가 발전해 왔으며, 따로 학습하여야 하는 중요한 분야이다. 이번 장에서는 그 동안 학습한 C 언어의 문법을 이용하여 데이터의 구성, 검색, 정렬, 추가, 삭제 등의 자료구조의 기본 기능을 이해하고 구현해보도록 한다.

12.1 자료 검색

자료의 검색이란 많은 양의 데이터 중에서 원하는 데이터를 찾는 기능을 말한다. 자료의 검색 기능은 데이터의 양이 많을수록 그 수행 시간이 길어지게 되는데, 검색하는 알고리즘에 따라 그 수행 시간이 많은 차이가 발생할 수 있다.

이러한 자료 검색의 중요성에 따라 규모가 큰 시스템에서는 데이터베이스라는 별도의 프로그램을 사용하는 것이 일반적이나, 시스템이 무거워지고, 운영비용도 증가하게 된다.

따라서 일반적으로 사용되는 많은 응용프로그램에서는 자료의 검색 기능을 별도로 구현하여 포함하고 있는 경우가 많이 있다.

자료를 검색하는 방법은 자료의 형태나 용도에 따라 여러 가지 알고리즘이 존재한다. 이번 절에서는 자료 검색의 방법 중 가장 간단한 방법인 선형검색과 이분검색에 대하여 설명한다.

12.1.1 선형 검색

선형 검색은 가장 단순한 형태의 검색 알고리즘으로 찾고자 하는 데이터를 자료의 맨 처음부터 차례대로 비교하여 검색하는 방법이다. 선형 검색은 가장 코딩하기 쉬운 형태의 검색 방법이나, 자료의 수가 많을수록 검색 시간이 길어지는 단점이 있다.

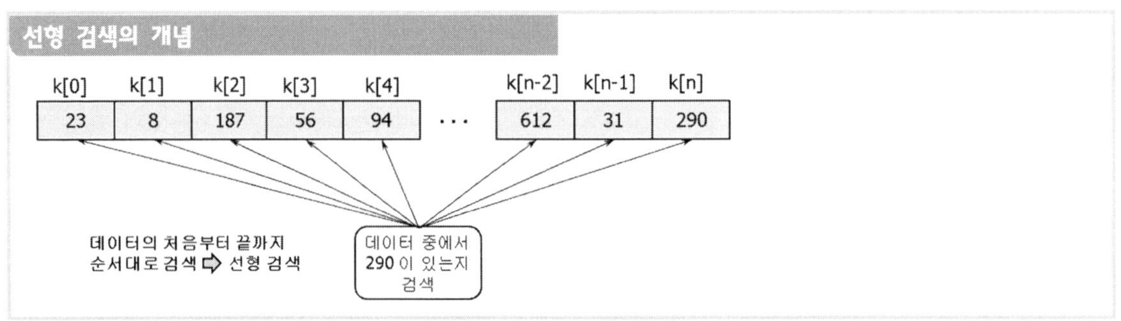

위의 그림에서 배열에 저장되어 있는 데이터 중에서 290의 값을 갖는 데이터를 검색하기 위하여 배열의 맨 처음부터 끝까지 비교하여 검색하게 되며, 이를 선형 검색이라 한다.

선형 검색에서는 비교하여야 할 데이터의 수가 많을수록 검색 시간이 길어지며, 데이터의 저장 위치에 따라서도 검색 시간이 영향을 받는다.

다음의 예제는 배열에 저장되어 있는 데이터 중에서 입력받은 수가 존재하는 지를 선형 검색으로 검색하는 프로그램이다.

프로그램 12-1

```
#include <stdio.h>
#define SIZE 10
void main()
{
	int data[SIZE] = {12, 128, 78, 23, 81, 90, 316, 4, 58, 45};
	int i, in;

	printf("저장되어 있는 데이터는\n");
	for(i = 0; i < SIZE; i++)
		printf("%d ", data[i]);

	printf("입니다\n");

	while(1)
	{
	  printf("\n검색할 데이터를 입력하세요: ");
	  scanf("%d", &in);

	  if (in == 0)   //입력한 데이터가 0 이면 종료
	    break;

	  for(i = 0; i < SIZE; i++)
		if (in == data[i])
			break;

	  if (i >= SIZE)
	    printf("데이터 %d 를 검색하지 못했습니다\n", in);
	  else
	    printf("데이터 %d 이 %d 번째에서 검색되었습니다.\n",
							in, i+1);
	}
}
```

실행 결과

```
저장되어 있는 데이터는
12 128 78 23 81 90 316 4 58 45 입니다

검색할 데이터를 입력하세요: 67 Enter
데이터 67 를 검색하지 못했습니다

검색할 데이터를 입력하세요: 81 Enter
데이터 81 이 5 번째에서 검색되었습니다.

검색할 데이터를 입력하세요: 58 Enter
데이터 58 이 9 번째에서 검색되었습니다.

검색할 데이터를 입력하세요: 0 Enter
```

12.1.2 이분 검색

선형 검색은 알고리즘이 간단하여 구현이 용이하지만 검색 속도가 느리므로 효율적이지 못하다. 이번에는 선형 검색보다 빠른 검색 방법인 이분 검색에 대하여 알아보자. 이분검색은 크기 순서대로 정렬되어 있는 형태의 데이터에 대하여 검색을 할 수 있는데, 검색 하고자 하는 데이터를 중간 크기의 데이터와 비교함으로써 찾아가는 방식이다. 다음의 그림은 크기 순서대로 정렬되어 있는 데이터 중에서 특정 데이터 84를 이분검색을 이용하여 찾는 방법을 설명한 것이다.

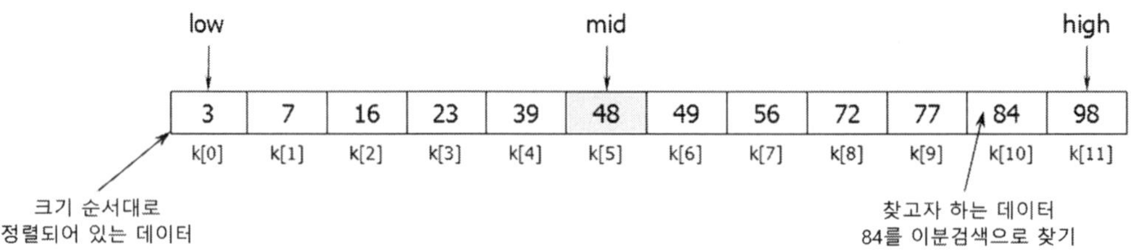

위의 그림에서 [low]는 데이터 중 가장 작은 데이터를, [mid]는 중간 크기의 데이터를, [high]는 가장 큰 데이터를 가리킨다. 찾고자 하는 데이터인 84와 [mid] 값을 비교하여 찾고자 하는 데이터가 중간 크기의 데이터보다 크면 오른쪽 구간을, 작으면 왼쪽 구간을 선택하여 검색을 진행한다. 위의 그림에서는 84가 [mid] 보다 크므로 오른쪽 구간을 선택한다. 오른쪽 구간을 선택하게 되면 [low]의 값을 [mid] + 1로 설정한 후 [mid] 값을 다시 구한다(왼쪽 구간을 선택하게 되면 [high]의 값을 [mid] - 1로 설정한 후 [mid] 값을 다시 구한다.).

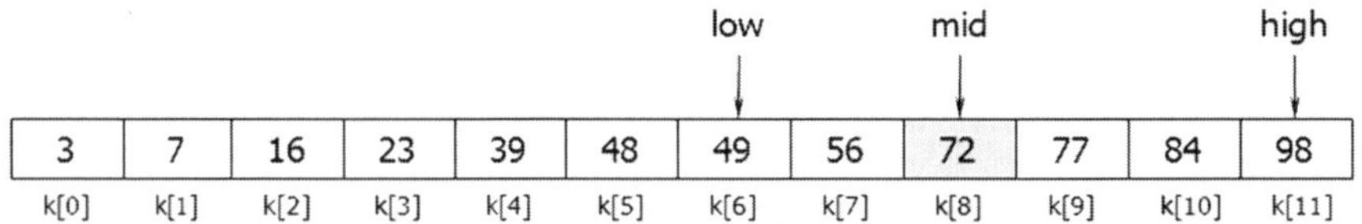

이렇게 선택된 오른쪽 구간에서 다시 계산된 [mid] 값인 72 보다 84가 더 크므로 다시 오른쪽 구간을 선택한다.

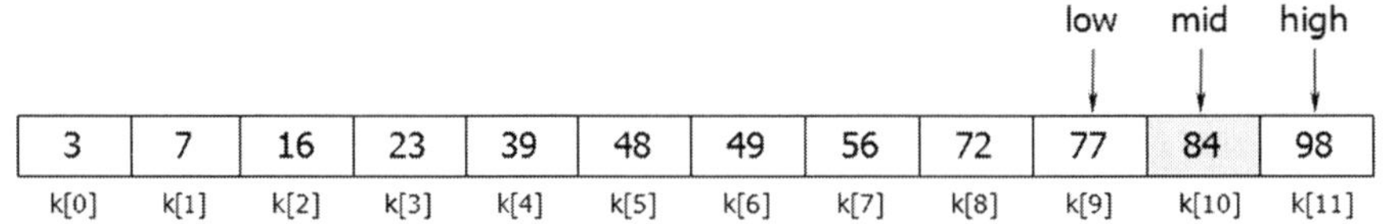

위의 그림에서 새롭게 계산된 [mid] 값이 찾고자 하는 값과 같아지면 검색을 종료한다.

만일 찾고자 하는 데이터가 데이터 배열에 존재하지 않는 경우에는 [low]의 값이 [high]의 값보다 커지게 된다. 이럴 경우 검색이 실패한 상태로 검색을 종료한다. 다음의 그림은 크기 순서대로 정렬되어 있는 데이터 중에서 존재하지 않는 데이터 21을 이분검색을 이용하여 찾아 검색이 실패하는 과정을 설명한 것이다.

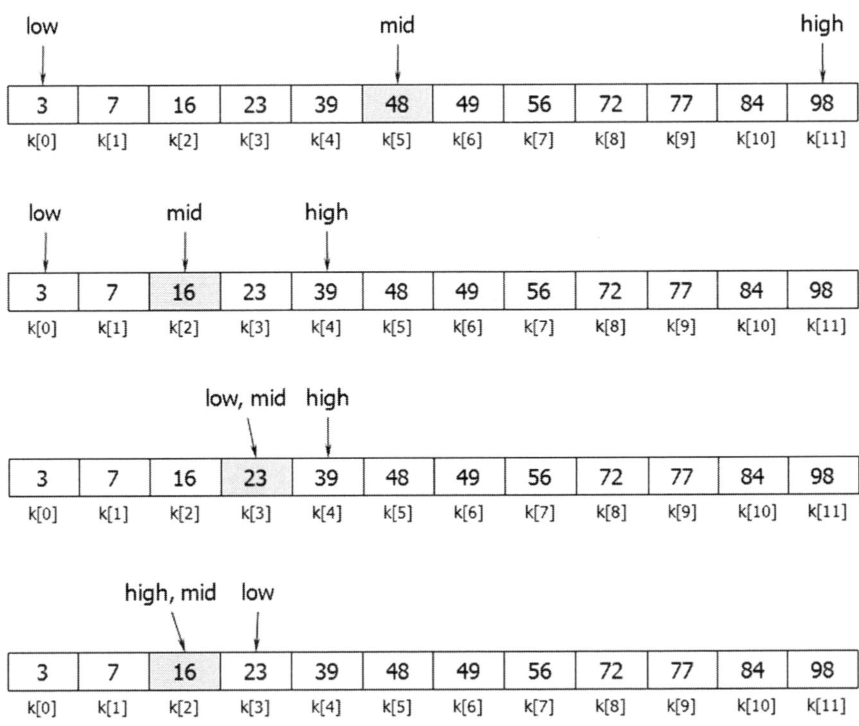

[low]의 값이 [high] 보다 커지면 검색이 종료되고, 이렇게 종료되면 배열에서 찾고자 하는 데이터가 없는 경우가 된다. 다음의 예제는 크기 순서대로 저장되어 있는 데이터 중에서 입력받은 수가 존재하는 지를 이분 검색을 이용하여 검색하는 프로그램이다.

프로그램 12-2

```
#include <stdio.h>
#define SIZE 12

void main()
{
        // 크기 순서대로 정렬되어 있는 데이터 배열
        int data[SIZE] = {3, 7, 16, 23, 39, 48, 49, 56, 72, 77, 84, 98};
        int in, low ,high, mid, i;

        printf("저장되어 있는 데이터는\n");
        for(i = 0; i < SIZE; i++)
                printf("%d ", data[i]);
        printf("입니다\n");

        while(1)
        {
           int po = -1;
```

```
        printf("\n검색할 데이터를 입력하세요: ");
        scanf("%d", &in);

        if (in == 0)  // 입력한 값이 0 이면 종료
              break;

      for ( low = 0, high = SIZE-1; high >= low; )
      {
        mid = ( low + high ) / 2;

        if ( data[mid] == in ) {
              po = mid;
              break;
        }

      // 왼쪽 구간 선택
      if ( data[mid] > in )
              high = mid - 1;

      // 오른쪽 구간 선택
      else
              low = mid + 1;
      }

    if ( po < 0 )
      printf("데이터 %d를 검색하지 못했습니다.\n", in);
    else
      printf("데이터 %d가 %d 번째에서 검색되었습니다.\n", in, po+1);

  }
}
```

실행 결과

```
저장되어 있는 데이터는
3 7 16 23 39 48 49 56 72 77 84 98 입니다

검색할 데이터를 입력하세요: 84 [Enter]
데이터 84가 11 번째에서 검색되었습니다.

검색할 데이터를 입력하세요: 39 [Enter]
데이터 39가 5 번째에서 검색되었습니다.

검색할 데이터를 입력하세요: 21 [Enter]
데이터 21를 검색하지 못했습니다.

검색할 데이터를 입력하세요: 0 [Enter]
```

12.2 정렬

자료의 정렬이란 순서 없이 나열된 많은 데이터를 그 크기를 기준으로 일정한 순서대로 재배열 하는 것을 말한다. 검색 기능과 마찬가지로 자료의 정렬 기능 역시 데이터의 양이 많을수록 그 수행 시간이 길어지게 되는데, 정렬하는 알고리즘에 따라 그 수행 시간이 많은 차이가 발생할 수 있다.

자료를 정렬하는 방법은 자료의 형태나 용도에 따라 여러 가지 알고리즘이 존재한다. 가장 간단한 정렬 알고리즘으로는 앞에서 설명한 버블정렬이 있는데, 코딩하기에는 가장 쉬우나 실행시간은 가장 많이 걸리는 단점이 있다. 이번 절에서는 자료 정렬의 방법 중 선택정렬과 퀵 정렬, 그리고 삽입정렬에 대하여 설명한다.

12.2.1 선택 정렬

선택 정렬은 버블 정렬을 개선하여 만들어진 정렬 알고리즘으로 배열에 저장되어 있는 가장 작은 값을 찾아 첫 번째 방에 위치시키고, 다음으로 작은 값을 찾아 두 번째 방에 놓는 방식의 작업을 반복한다.

이를 위하여 [base] 변수를 처음에는 배열의 맨 첫 번째 방으로 놓고 [min] 변수는 배열 중 가장 작은 수를 찾아 지정한다. [base]와 [min]을 비교하여 [min]의 값이 더 작으면 [base]와 [min]의 값을 서로 교환한다. 이러한 방식으로 [base]를 증가시키면서 반복하여 나가면 정렬이 된다.

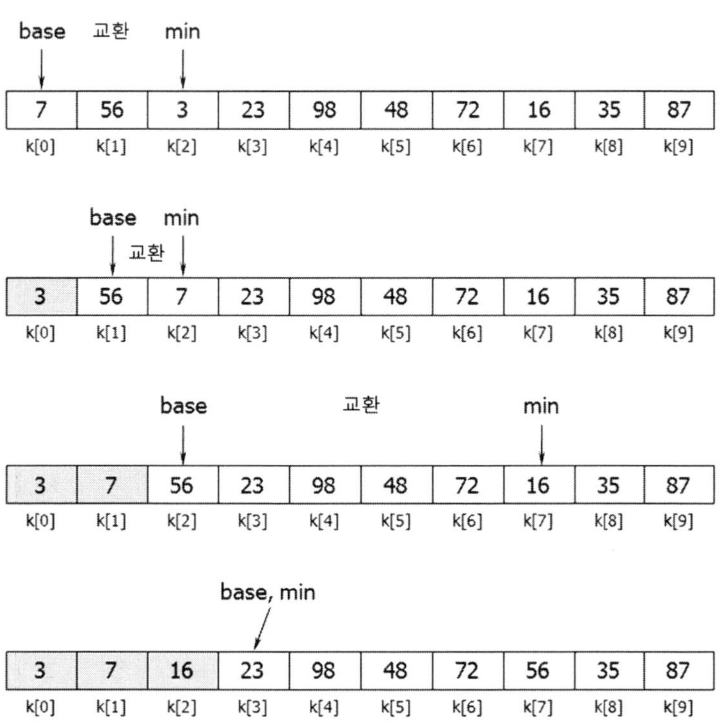

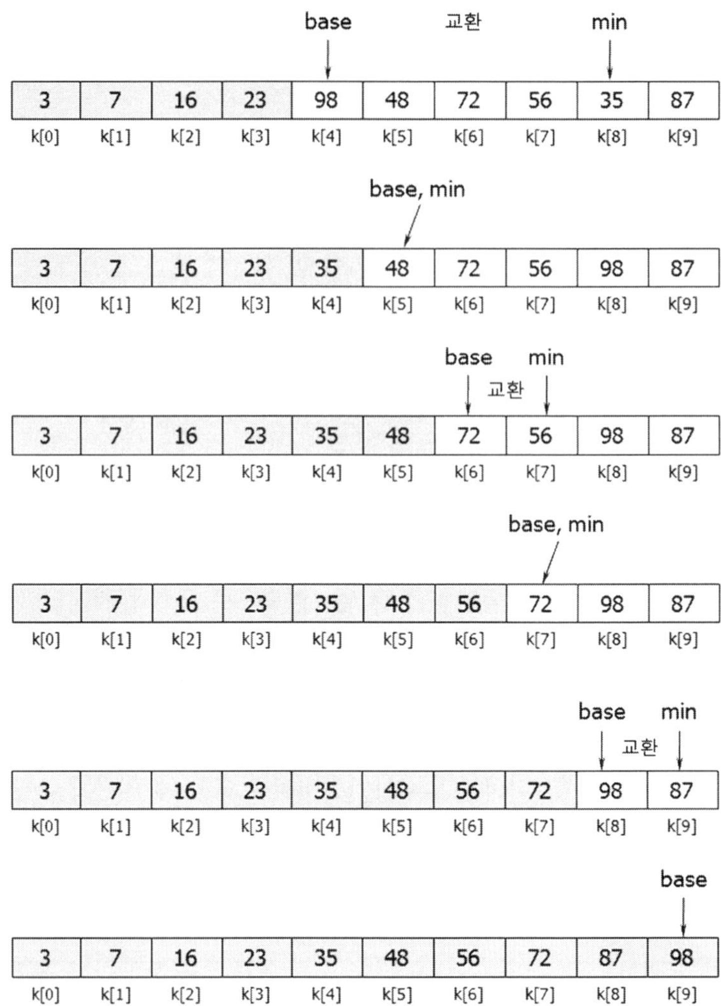

위의 그림의 경우에는 선택 정렬 알고리즘을 이용하여 오름차순으로 정렬한 것이며, 내림차순으로 정렬하기 위해서는 [min] 대신에 [max] 변수에 데이터 중 가장 큰 수를 찾아 저장한 후 [base] 보다 크면 교환하는 방식으로 진행하면 된다. 다음의 예제는 선택정렬 알고리즘을 이용하여 데이터를 크기 순서대로 오름차순으로 정렬을 해주는 프로그램이다.

프로그램 12-3

```
#include <stdio.h>
#define SIZE 10

void select_sort(int data[])
{
        int min; //최소값을 저장할 변수
        int min_index;
        int base;
```

```
	int i;

	for(base = 0; base < SIZE; base++)
	{
		min_index = base;
		min = data[base];
		for(i = base+1; i < SIZE; i++)
		{
			if (min > data[i])
			{
				min = data[i];
				min_index = i;
			}
		}
		data[min_index] = data[base];
		data[base] = min;
	}
}

void main()
{
	int data[SIZE] = {7, 56, 3, 23, 98, 48, 72, 16, 35, 87};
	int	i;

	printf("저장되어 있는 데이터는\n");
	for(i = 0; i < SIZE; i++)
		printf("%d ", data[i]);
	printf("입니다\n");

	select_sort(data);

	printf("\n선택 정렬을 이용하여 정렬된 데이터는\n");
	for(i = 0; i < SIZE; i++)
		printf("%d ", data[i]);
	printf("입니다\n");
}
```

실행 결과

```
저장되어 있는 데이터는
7 56 3 23 98 48 72 16 35 87 입니다

선택 정렬을 이용하여 정렬된 데이터는
3 7 16 23 35 48 56 72 87 98 입니다
```

12.2.2 퀵 정렬

퀵 정렬은 버블 정렬이나 선택 정렬 방법에 비하여 빠른 속도로 정렬을 수행한다고 알려져 있다. 퀵 정렬은 축(Pivot) 값을 기준으로 하여 왼쪽은 이 Pivot 값 보다 작은 값으로, 오른쪽은 이 Pivot 값 보다 큰 값으로 재 배치한다. 퀵 정렬을 위해서는 pivot과 left, right의 세 개의 변수를 사용하는데,

이를 이용하여 Pivot 보다 작은 수는 왼쪽으로, 큰 수는 오른쪽으로 배치하는 방식을 반복하여 순서대로 배치한다.

다음의 그림을 예를 들어 설명해보자.

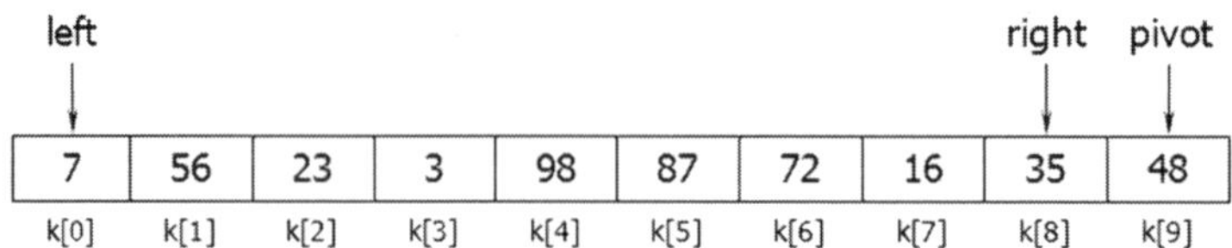

pivot 값은 데이터의 가장 우측의 값인 48로 정하고, left 값은 맨 첫 번째 값으로, right 값은 pivot 앞 쪽의 값으로 정한다. left를 증가하면서 pivot 보다 큰 값을 있는지 검사하고, right 값은 감소하면서 pivot 보다 작은 값이 있는지를 검사한다.

처음으로 검색된 값은 left 값으로 45와 right 값으로 35이다. 이 두 개의 값을 서로 교환한다.

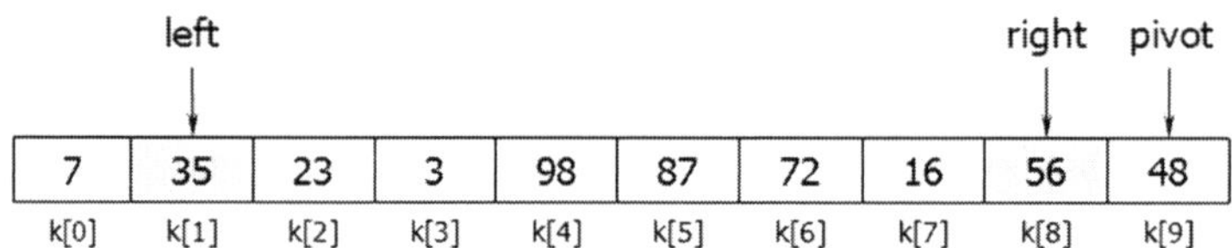

다시 left를 증가하면서 pivot 보다 큰 값을 있는지 검사하고, right 값은 감소하면서 pivot 보다 작은 값이 있는지를 검사한다.

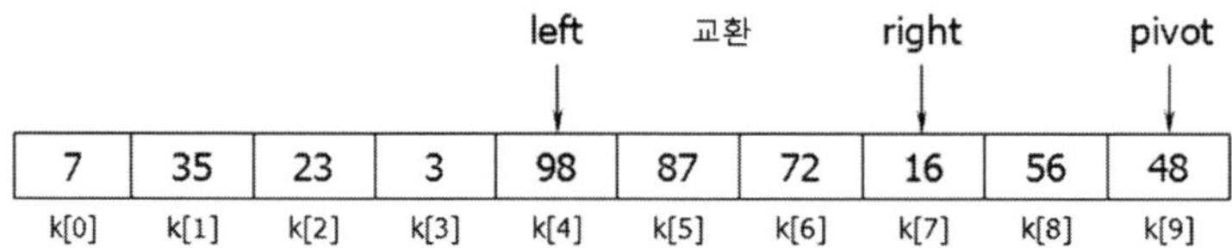

두 번째로 검색된 값은 left 값으로 98과 right 값으로 16이다. 이 두 개의 값을 서로 교환한다.

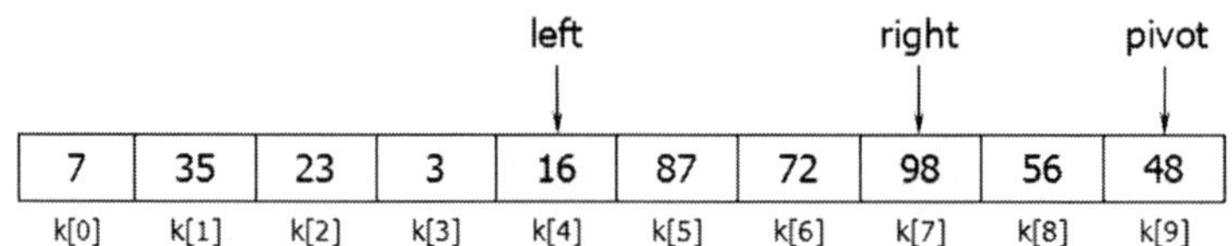

다시 left를 증가하면서 pivot 보다 큰 값을 있는지 검사하고, right 값은 감소하면서 pivot 보다 작

은 값이 있는지를 검사한다.

right left 교환 pivot

7	35	23	3	16	87	72	98	56	48
k[0]	k[1]	k[2]	k[3]	k[4]	k[5]	k[6]	k[7]	k[8]	k[9]

세 번째로 검색된 값은 left 값으로 87과 right 값으로 16이다. 그런데, left가 right의 우측으로 가게 되면 분할이 완료된 것으로 left 값인 87과 pivot 값인 48을 서로 교환함으로써 1차 분할 작업이 완료된다. pivot 값을 48로 하여 분할 작업이 완료 되면 왼쪽 구간에는 48보다 작은 값들이, 우측 구간에는 48보다 큰 값들이 위치하게 된다.

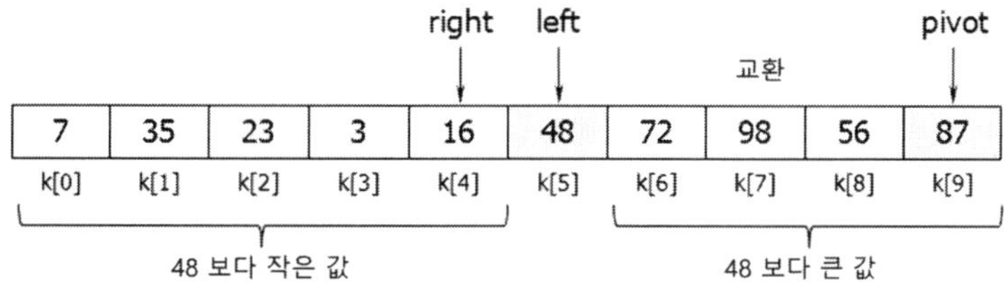

이렇게 분할이 되면 각각의 분할된 구간에서 다시 pivot과 left, right를 정하여 동일한 과정을 반복하게 된다. 왼쪽 구간에서의 과정을 살펴보면 다음과 같다.

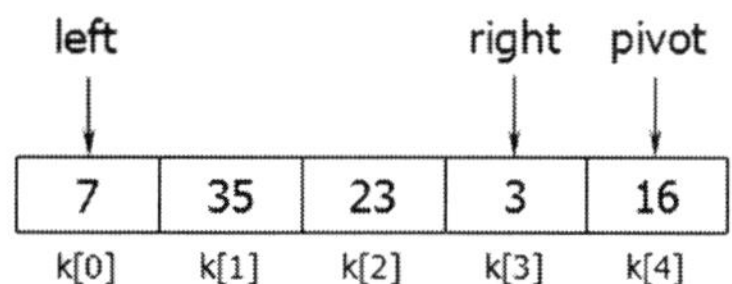

왼쪽 구간에서의 pivot 값은 16이 되며, left는 7, right는 3 값이 초기 값이 된다. 앞에서의 과정과 마찬가지로 left를 증가하면서 pivot 보다 큰 값을 있는지 검사하고, right 값은 감소하면서 pivot 보다 작은 값이 있는지를 검사한다.

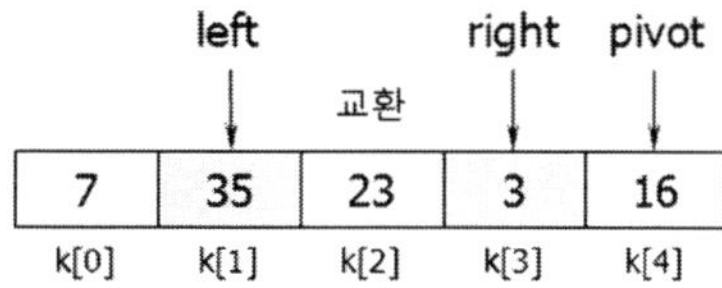

처음으로 검색된 값은 left 값으로 35와 right 값으로 3이다. 이 두 개의 값을 서로 교환한다.

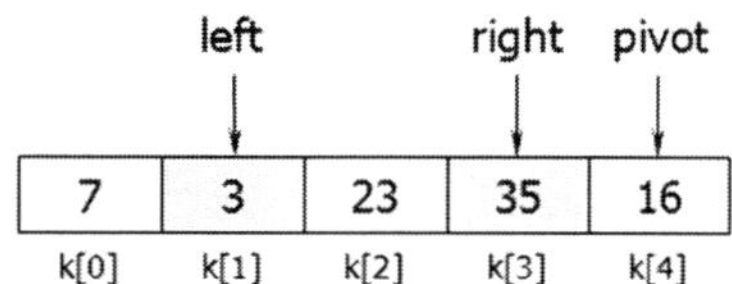

다시 left를 증가하면서 pivot 보다 큰 값을 있는지 검사하고, right 값은 감소하면서 pivot 보다 작은 값이 있는지를 검사한다.

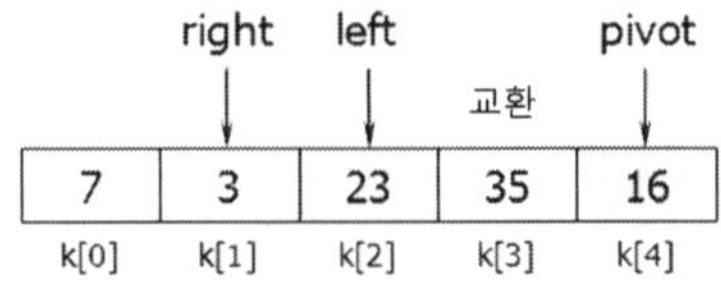

다시 검색된 값은 left 값으로 23과 right 값으로 3이다. 그런데, left가 right의 우측에 위치하므로 왼쪽 구간의 분할 작업이 완료되었다. 이번에는 오른쪽 구간에 대한 과정을 살펴보자.

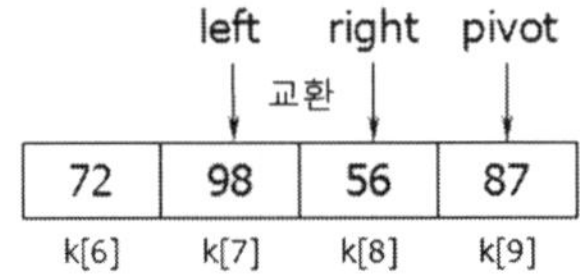

오른쪽 구간에서의 pivot 값을 87 보다 큰 left 값과 right 값을 검색하여 두 개의 값을 교환한다.

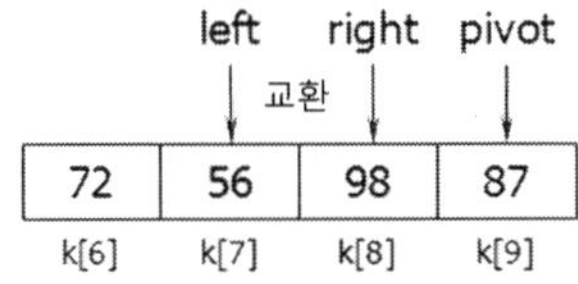

다시 left를 증가하면서 pivot 보다 큰 값을 있는지 검사하고, right 값은 감소하면서 pivot 보다 작은 값이 있는지를 검사한다.

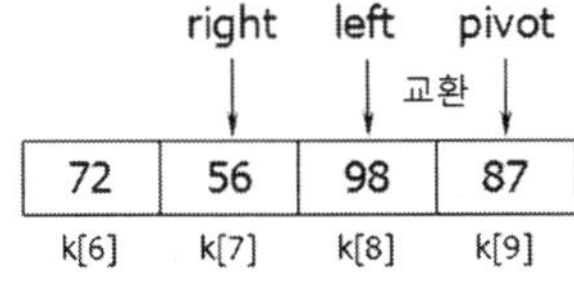

다시 검색된 값은 left 값으로 98과 right 값으로 56이다. 그런데, left가 right의 우측에 위치하므로 오른쪽 구간의 분할 작업이 완료된다. 이러한 방식으로 모든 구간에 대하여 퀵 정렬이 완료되면 전체 데이터에 대한 오름차순 정렬이 완료된다. 다음의 예제는 퀵 정렬 알고리즘을 이용하여 데이터를 크기 순서대로 오름차순으로 정렬을 해주는 프로그램이다.

프로그램 12-4

```
#include <stdio.h>
#define SIZE 10
void quick_sort(int array[], int n)
{
	int left, right, pivot, temp;
```

```
    if(n > 1)
    {
        left = -1;
        right = n-1;
        pivot = array[n-1];
        while(1)        //모두 정렬 때까지 반복
        {
            while(array[++left] < pivot);
            while(array[--right] > pivot);

            if(left>=right)
                break;

            temp = array[left];
            array[left] = array[right];
            array[right] = temp;
        }
        temp = array[left];
        array[left] = array[n-1];
        array[n-1] = temp;

        /* 재귀 호출 */
        quick_sort(array,left);
        quick_sort(array+left+1,n-left-1);
    }
}

void main()
{
    int data[SIZE] = {7, 56, 23, 3, 98, 87, 72, 16, 35, 48};
    int     i;

    printf("저장되어 있는 데이터는\n");
    for(i = 0; i < SIZE; i++)
        printf("%d ", data[i]);
    printf("입니다\n");

    quick_sort(data, SIZE);
    printf("\n퀵 정렬을 이용하여 정렬된 데이터는\n");
    for(i = 0; i < SIZE; i++)
        printf("%d ", data[i]);
    printf("입니다\n");
}
```

실행 결과

```
저장되어 있는 데이터는
7 56 23 3 98 87 72 16 35 48 입니다

퀵 정렬을 이용하여 정렬된 데이터는
3 7 16 23 35 48 56 72 87 98 입니다
```

12.2.3 삽입 정렬

삽입 정렬은 정렬하고자 하는 데이터를 하나씩 빼내어 정렬되어 있는 배열에 순서에 맞게 삽입하는 동작을 반복 수행하는 정렬방법이다. 삽입 정렬 방법은 배열의 첫 번째 데이터부터 정렬이 되어 있다고 보고, 다음 데이터를 temp 변수에 놓고 위치에 맞게 삽입하는 방법으로 정렬을 수행한다. 다음의 그림을 보고 이해해보자.

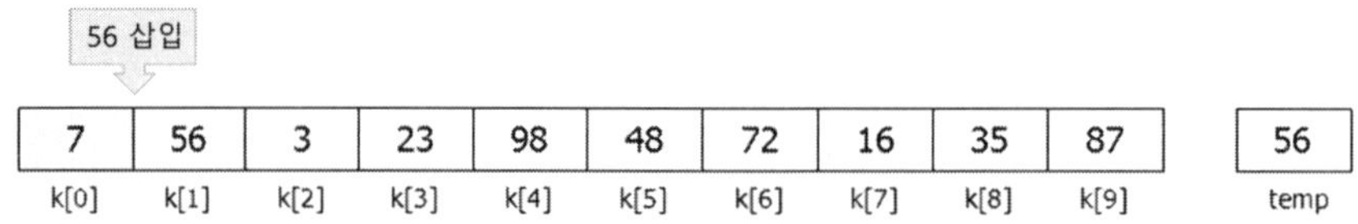

우선 첫 번째 데이터인 7을 정렬이 되어 있다고 보고 다음의 데이터인 56을 temp 변수에 놓는다. 56이 삽입될 위치는 7 다음이므로 7 다음에 삽입하여 정렬한다.

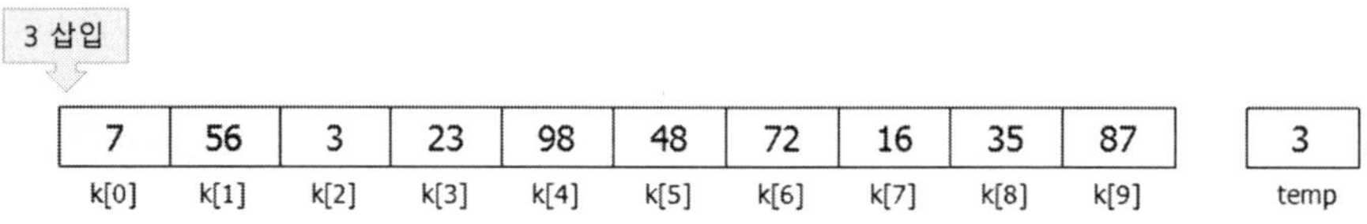

다음 데이터인 3을 변수 temp에 놓는다. temp의 위치는 7보다 작으므로 7 앞에 삽입한다. 삽입된 데이터 뒤의 데이터인 7, 56은 뒤로 이동한다.

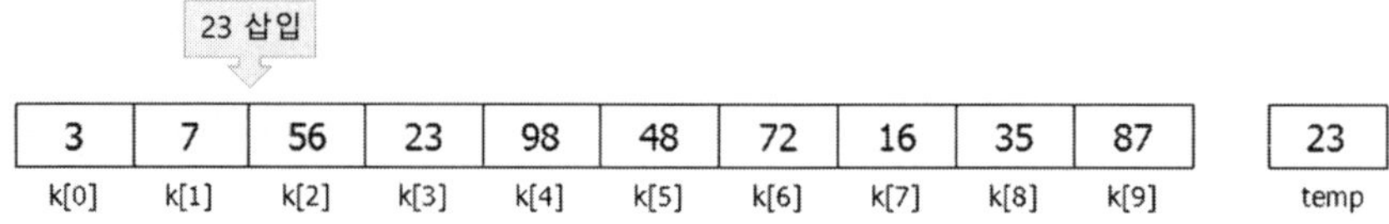

다음 데이터인 23을 변수 temp에 놓는다. temp의 위치는 7보다 크고 56보다는 작으므로 해당 위치에 삽입한다. 삽입된 데이터 뒤의 데이터인 56은 뒤로 이동한다.

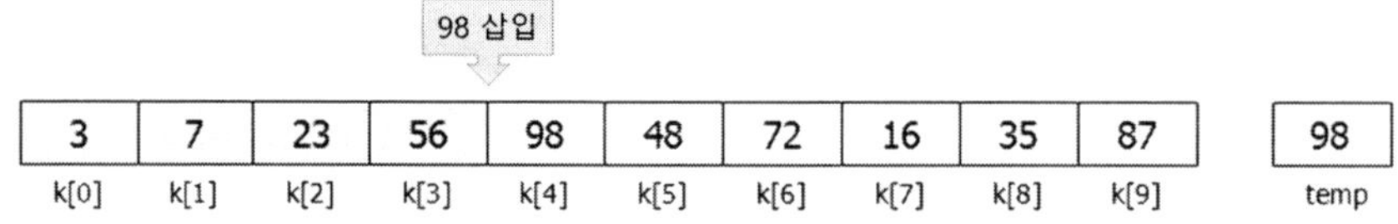

다음 데이터인 98을 변수 temp에 놓는다. temp의 위치는 56보다 크므로 56 뒤에 삽입한다.

48 삽입

3 7 23 56 98 48 72 16 35 87

k[0] k[1] k[2] k[3] k[4] k[5] k[6] k[7] k[8] k[9]

48

temp

다음 데이터인 48을 변수 temp에 놓는다. temp의 위치는 23보다 크고 56보다는 작으므로 해당 위치에 삽입한다. 삽입된 데이터 뒤의 데이터인 56, 98은 뒤로 이동한다.

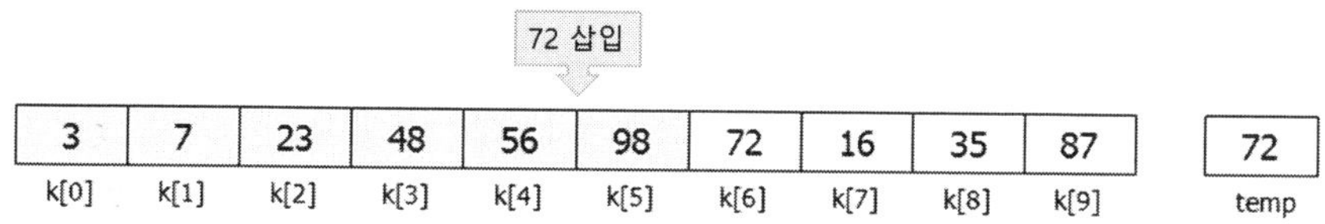

다음 데이터인 72를 변수 temp에 놓는다. temp의 위치는 56보다 크고 98보다는 작으므로 해당 위치에 삽입한다. 삽입된 데이터 뒤의 데이터인 98은 뒤로 이동한다.

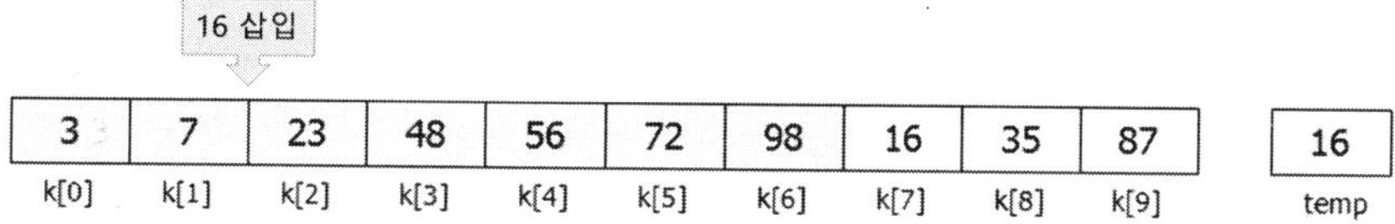

다음 데이터인 16을 변수 temp에 놓는다. temp의 위치는 7보다 크고 23보다는 작으므로 해당 위치에 삽입한다. 삽입된 데이터 뒤의 데이터인 23, 48, 56, 72, 98은 뒤로 이동한다.

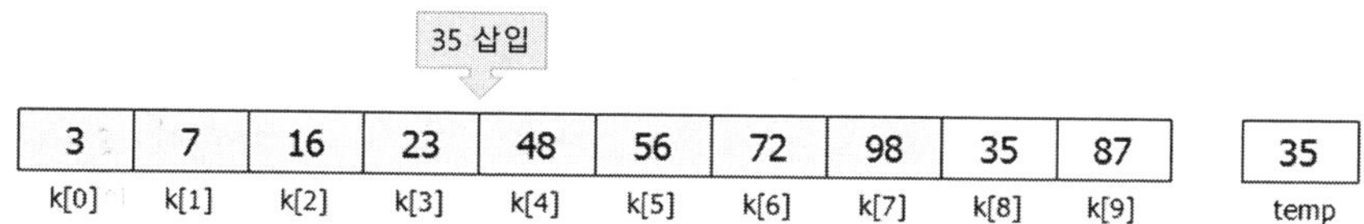

다음 데이터인 35를 변수 temp에 놓는다. temp의 위치는 23보다 크고 48보다는 작으므로 해당 위치에 삽입한다. 삽입된 데이터 뒤의 데이터인 48, 56, 72, 98은 뒤로 이동한다.

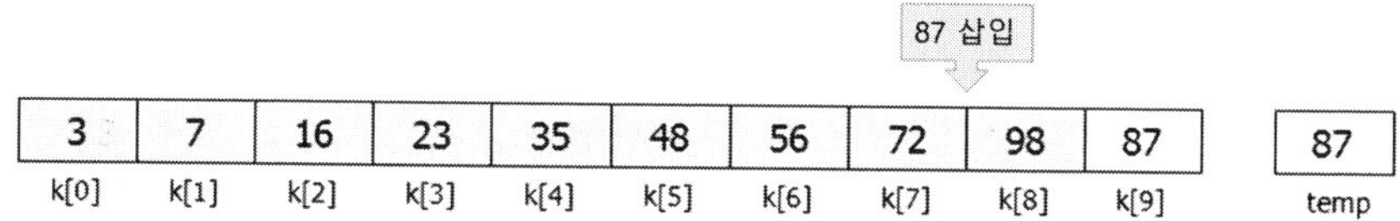

다음 데이터인 87을 변수 temp에 놓는다. temp의 위치는 72보다 크고 98보다는 작으므로 해당 위치에 삽입한다. 삽입된 데이터 뒤의 데이터인 98은 뒤로 이동한다.

3	7	16	23	35	48	56	72	87	98
k[0]	k[1]	k[2]	k[3]	k[4]	k[5]	k[6]	k[7]	k[8]	k[9]

이렇게 삽입 과정이 완료되면 정렬이 완료된다. 다음의 예제는 퀵 정렬 알고리즘을 이용하여 데이터를 크기 순서대로 오름차순으로 정렬을 해주는 프로그램이다.

프로그램 12-5

```
#include<stdio.h>
#define SIZE 10

void insert_sort(int a[])
{
        int i,temp,k;

        temp=k=0;
        for(i=1;i<SIZE;i++)
        {
                temp=a[i];
                k=i-1;

                while(k>=0 && a[k]>temp)
                {
                        a[k+1]=a[k];
                        k--;
                        a[k+1]=temp;
                }
        }
}

void main()
{
        int i;
        int data[SIZE]={7, 56, 3, 23, 98, 48, 72, 16, 35, 87};

        printf("저장되어 있는 데이터는\n");
        for(i = 0; i < SIZE; i++)
                printf("%d ", data[i]);
        printf("입니다\n");

        insert_sort(data);

        printf("\n삽입 정렬을 이용하여 정렬된 데이터는\n");
        for(i = 0; i < SIZE; i++)
                printf("%d ", data[i]);
        printf("입니다\n");
}
```

실행 결과

```
저장되어 있는 데이터는
7 56 3 23 98 48 72 16 35 87 입니다

삽입 정렬을 이용하여 정렬된 데이터는
3 7 16 23 35 48 56 72 87 98 입니다
```

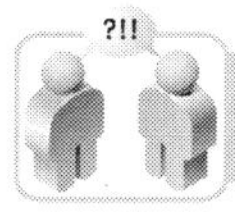

12.3 연결 리스트(Linked List)

많은 양의 데이터를 다룰 때에는 배열을 사용하는 경우가 많이 있다. 배열은 많은 수의 데이터를 쉽게 생성할 수 있으며, 정렬이나 검색 등의 자료구조의 기본 동작을 비교적 수월하게 코딩할 수 있다. 그러나 배열을 사용하면 몇 가지 단점들이 발생할 수 있다. 예를 들어 배열을 선언할 때, 최대로 발생 가능한 개수만큼 배열을 선언해야하므로 메모리의 낭비가 발생한다. 또한 데이터의 이동이나 복사의 동작이 빈번하게 일어날 수 있으며, 이는 프로그램의 성능저하로 나타날 수 있다. 예를 들어 앞에서 설명한 삽입 정렬의 경우 삽입된 데이터 뒤의 데이터들은 한 칸씩 뒤로 이동하여야 하는데, 이때 모든 데이터가 복사되어야 하는 단점이 발생한다.

12.3.1 연결 리스트의 구조

배열은 프로그램을 컴파일할 때에 미리 충분한 양의 메모리를 할당하여 사용하여야 한다. 이러한 단점을 해결하기 위하여 고안된 연결 리스트(Linked List)는 프로그램이 실행되면서 필요한 양만큼의 메모리를 할당하여 사용한다. 이를 위하여 앞의 10장에서 학습한 동적 메모리 할당을 이용하여 필요하면 할당하고, 필요 없으면 해제하는 방식을 사용한다.

동적 메모리 할당은 프로그램 실행 중에 메모리를 할당하기 때문에 연속된 메모리 공간에 할당받지 못한다. 따라서 동적 메모리 할당으로 생성된 요소들을 포인터를 이용하여 연결해주어야 한다. 실제 데이터가 저장되는 요소를 노드(Node)라 하며, 각 노드들을 연결시켜 이를 순차적으로 접근할 수 있도록 포인터로 다음 노드를 링크시켜주는 방식으로 만든 자료구조를 연결 리스트라 한다.

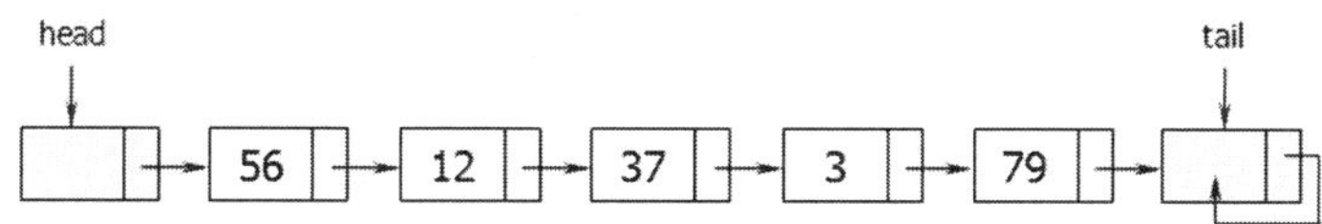

연결 리스트의 구조는 데이터를 저장할 수 있는 공간이 노드와 다음 노드를 가리키는 포인터인 링크로 구성된다. 리스트의 처음을 나타내는 포인터인 헤드(head)와 리스트의 끝을 나타내는 포인터인 테일(tail)을 이용하여 리스트의 처음과 끝을 나타낸다. 노드는 구조체를 이용하여 코딩할 수 있다. 다음은 정수형의 데이터를 저장할 수 있는 노드의 구조체의 코딩 예이다.

리스트를 구성하는 노드

```
struct node
{
    int          data;
    struct node  *next;
};
```

연결 리스트에도 그 구성 방법에 따라 몇 가지 종류의 연결리스트가 존재 하지만, 본 교재에서는 가장 단순한 형태의 연결 리스트에 대하여 소개한다.

12.3.2 연결 리스트의 동작

연결 리스트를 이용하여 데이터를 리스트에 추가 및 삽입하고, 리스트에서 특정 데이터를 검색 및 삭제, 모든 리스트의 삭제, 리스트의 데이터 값 출력 등 다양한 동작을 구현할 수 있다.

▸ 연결 리스트의 초기화

연결 리스트를 사용하기 위해서는 우선 헤드와 테일을 다음의 그림과 같이 초기화를 하여야 한다.

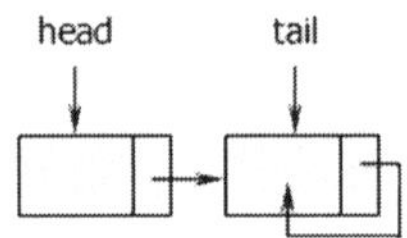

초기에는 연결 리스트에 정보를 담은 노드가 존재하지 않는다. 그러나 연결 리스트의 처음을 알리는 헤드(head)와 끝을 알리는 테일(tail)을 위의 그림과 같이 준비되어야 한다. 이렇게 연결 리스트의 초기화를 해주는 코드는 다음과 같다.

리스트의 초기화 함수: init_list()

```
struct node *head;  // 헤드에 대한 포인터
struct node *tail;  // 테일에 대한 포인터

/* 연결 리스트의 초기화 함수 */
void init_list()
{
        head = (struct node *)malloc(sizeof(struct node));
        tail = (struct node *)malloc(sizeof(struct node));
        head->next = tail;
        tail->next = tail;
}
```

▸ 연결 리스트에 새로운 노드 추가

이번에는 연결 리스트에 새로운 노드를 추가하는 방법에 대하여 알아보자. 기존의 리스트의 맨 끝에 새로운 노드를 추가하기 위해서는 리스트의 맨 끝을 찾아 연결시켜주어야 한다. 예를 들어 다음의 그림과 같이 구성된 리스트에 새로운 데이터 88을 추가하는 경우를 생각해보자.

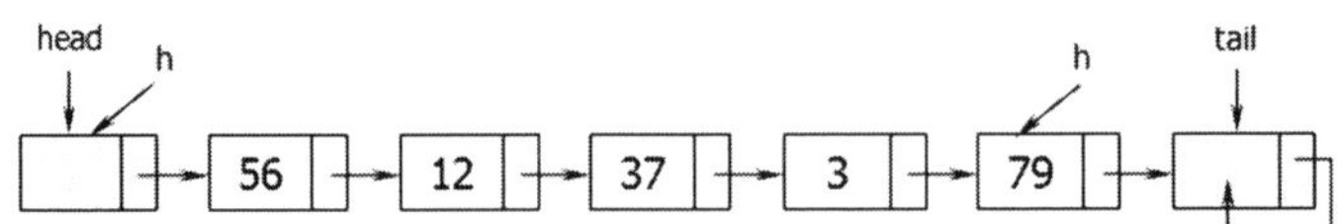

우선 리스트의 끝을 찾기 위하여 변수 h를 head 에서부터 next로 찾아가면서 맨 끝의 노드를 가리키게 만든다.

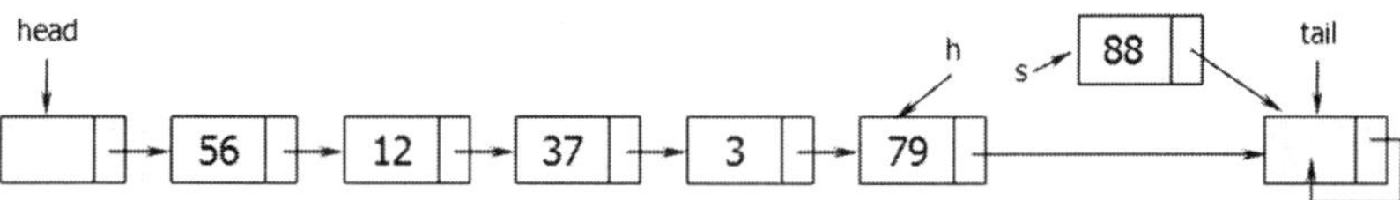

다음으로 데이터 88을 담기위한 노드를 할당한 후 새로 할당한 노드의 next에 tail을 가리키게 한다.

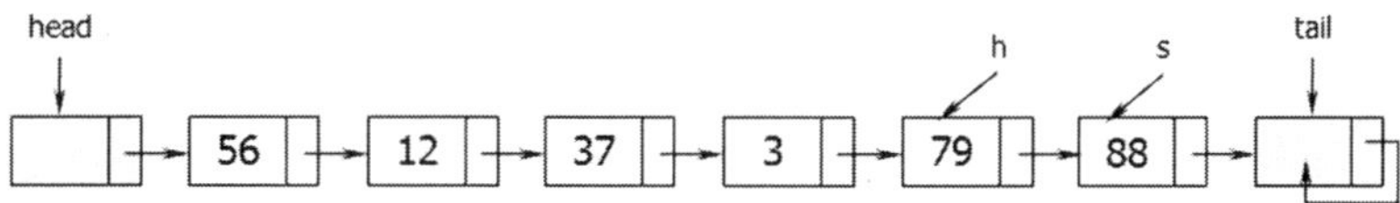

마지막으로 h의 next를 s로 함으로써 새로운 데이터가 추가된 리스트가 완성된다. 새로운 노드를 추가하는 기능을 수행하는 add_list() 함수는 다음과 같다.

노드 추가하기 함수: add_list()

```
void add_list(int data)
{
	struct node *s;
	struct node *h;

	h = head;
	while(h->next != tail)
		h = h->next;

	s = (struct node *)malloc(sizeof(struct node));
	s->data = data;
	s->next = h->next;
	h->next = s;
}
```

▸ 연결 리스트의 모든 데이터 값 출력

이번에는 연결 리스트의 노드에 저장되어 있는 데이터의 값을 출력하는 함수를 살펴보자. head부터 tail까지 모든 노드를 찾아 해당 데이터를 출력하는 기능을 수행하며 그 코드는 다음과 같다.

노드의 값 출력 함수: print_list()

```
void print_list()
{
	struct node *h;
	h = head->next;

	printf("\n리스트의 값을 출력합니다\n");
	while(h != tail)
	{
		printf("%5d", h->data);
		h = h->next;
	}
	printf("\n");
}
```

▸ **연결 리스트에 노드 삽입하기**

연결 리스트의 특정 위치에 노드를 삽입하는 동작은 리스트의 맨 끝에 노드를 추가하는 동작과는 달리 지정된 특정 노드의 뒤에 새로운 노드를 삽입한다.

예를 들어 다음과 같이 구성되어 있는 리스트를 생각해보자.

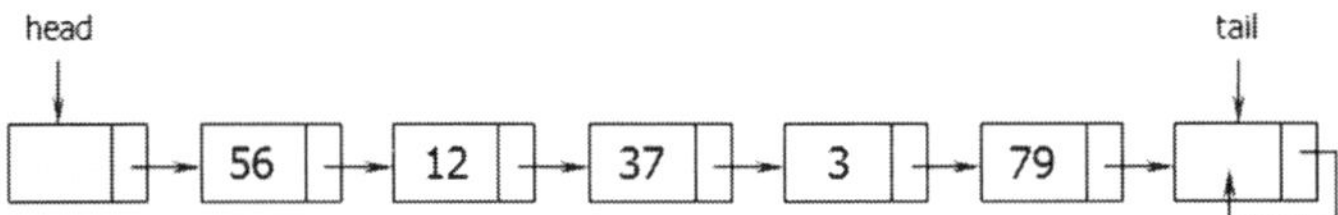

위의 리스트에서 37이 저장되어 있는 노드의 뒤에 88을 삽입하는 과정을 생각해보자.

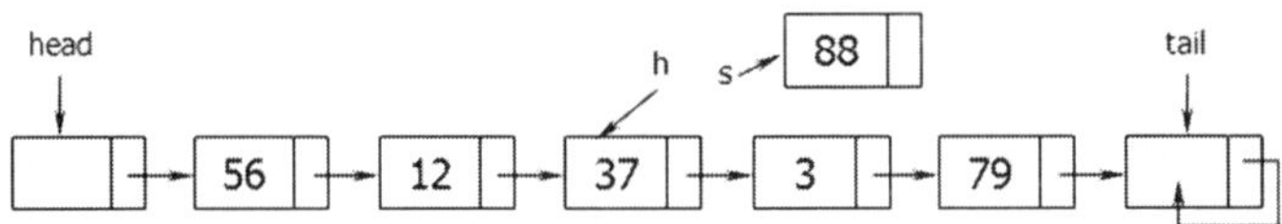

새로운 노드 s를 할당하고 데이터 값에 88을 저장한다.

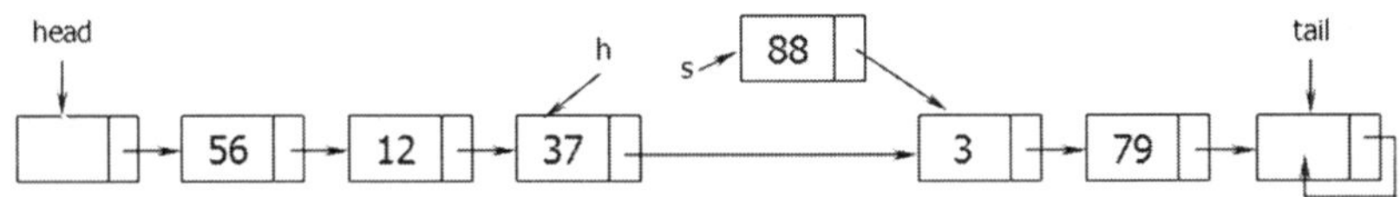

s 노드의 next에 h의 next 링크 값을 대입한다.

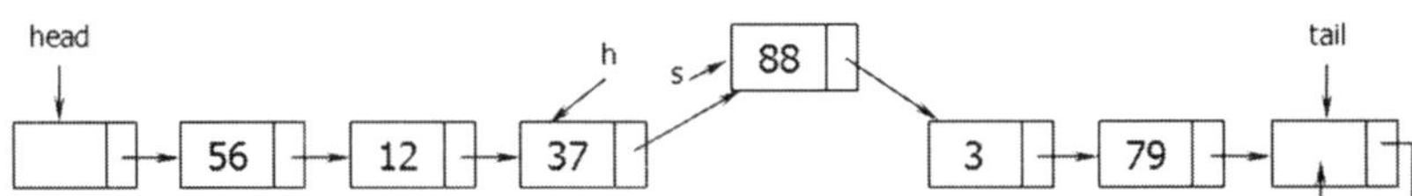

마지막으로 h 노드의 next 필드에 s 노드를 지정하면 새로운 노드의 삽입 동작이 완료된다. 지정된 위치에 노드를 삽입하는 기능을 수행하는 insert_after() 함수는 다음과 같다.

노드 삽입하기 함수: insert_after()

```
void insert_after(int data, struct node *h)
{
	struct node *s;

	s = (struct node *)malloc(sizeof(struct node));
	s->data = data;
	s->next = h->next;
	h->next = s;
}
```

▸ 특정 노드 찾기

연결 리스트에 저장되어 있는 데이터 중 특정 데이터를 갖는 노드를 찾는 함수를 살펴보자. head부터 tail까지 모든 노드를 찾아 특정 노드를 찾아 반환하는 기능을 수행하며 그 코드는 다음과 같다.

노드 찾기 함수: find_node()

```
struct node *find_node(int data)
{
        struct node *s;

        s = head->next;
        while( (s->data != data) && (s != tail) )
                s = s->next;

        return s;
}
```

▸ 특정 노드 삭제하기

연결 리스트의 노드 중 지정된 데이터를 갖고 있는 노드를 삭제하는 기능을 살펴보자. 예를 들어 다음과 같이 구성되어 있는 리스트를 생각해보자.

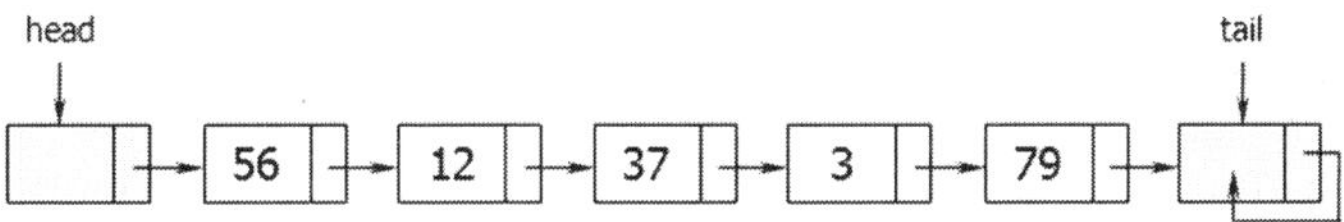

위의 리스트에서 37을 갖고 있는 노드를 삭제하는 과정을 살펴보자.

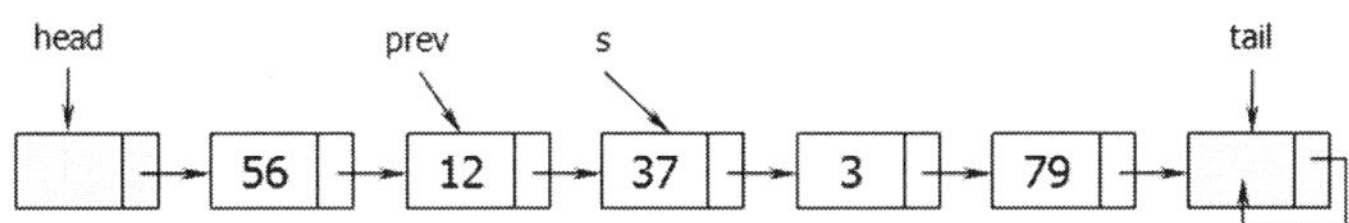

37을 갖고 있는 노드를 s로 하여 찾는다. 이때 37 앞의 노드를 prev 변수에 저장한다.

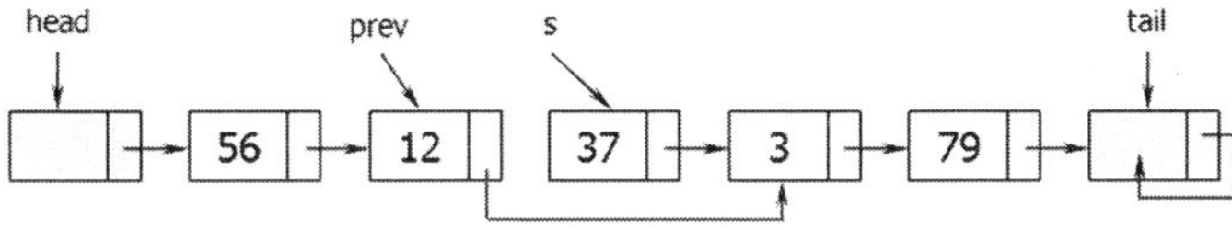

prev 노드의 next 필드를 s 노드의 next로 지정한다.

s 노드를 메모리 해제하면 위의 그림과 같이 s 노드의 삭제 동작이 완료된다. 특정 노드를 삭제하는 기능을 수행하는 delete_node() 함수는 다음과 같다.

노드 삭제하기 함수: delete_node()

```
int delete_node(int data)
{
        struct node *s;
        struct node *prev;

        prev = head;
        s = prev->next;
        while( (s->data != data) && (s != tail) )
        {
                prev = prev->next;
                s = s->next;
        }

        if (s != tail)
        {
                prev->next = s->next;
                free(s);
                return 1;   // 삭제 성공 시 1 반환
        }
        else
                return 0;  // 삭제 실패 시 0 반환
}
```

▸ **모든 노드 삭제하기**

연결 리스트에 저장되어 있는 모든 노드를 삭제하고자 하는 경우에는 head부터 tail까지의 모든 노드를 찾아 메모리 해제를 한다. 모든 노드의 삭제 함수는 다음과 같다.

모든 노드 삭제 함수: delete_all()

```
struct node *delete_all()
{
        struct node *s;
        struct node *h;

        h = head->next;

        while(h != tail)
        {
                s = h;
                h = h->next;
                free(s);
        }

        head->next = tail;
        return head;
}
```

이번에는 다음의 실습 12-1과 같이 연결 리스트를 이용하여 노드의 추가, 삭제, 출력, 검색 등의 동작을 수행하는 프로그램을 메뉴 형태로 구성해보자.

실습 12-1

```
1. 리스트 값 출력
2. 노드 값 추가
3. 노드 값 삭제
4. 모든 리스트 값 삭제
5. 프로그램 종료
메뉴를 입력하세요:        (총 5개의 메뉴 중 하나의 번호 선택)

리스트의 값을 출력합니다                    ('1' 입력 시 출력 메시지)
      :

추가할 데이터 값을 입력하세요: ★ [Enter]          ('2' 입력 시 출력 메시지)
추가할 데이터 값을 입력하세요: ◆ [Enter]
추가할 데이터 값을 입력하세요: ♡ [Enter]    ('0'을 입력시 종료)
   ★ 더하기 ◆는 ♡입니다.

삭제할 데이터 값을 입력하세요: ★ [Enter]          ('3' 입력 시 출력 메시지)
```

위의 실습을 구현한 프로그램은 다음과 같다.

프로그램 12-6

```
#include <stdio.h>
#include <stdlib.h>

struct node
{
       int data;
       struct node *next;
};

struct node *head;  // 헤드에 대한 포인터
struct node *tail;  // 테일에 대한 포인터

/* 연결 리스트의 초기화 함수 */
void init_list()
{
       head = (struct node *)malloc(sizeof(struct node));
       tail = (struct node *)malloc(sizeof(struct node));
       head->next = tail;
       tail->next = tail;
}

/* 노드 추가 함수: 새로운 데이터 추가 */
```

```
void add_list(int data)
{
	struct node *s;
	struct node *h;

	h = head;

	while(h->next != tail)
		h = h->next;

	s = (struct node *)malloc(sizeof(struct node));
	s->data = data;
	s->next = h->next;
	h->next = s;
}

/* 연결 리스트의 데이터 값 출력 */
void print_list()
{
	struct node *h;
	h = head->next;

	printf("\n리스트의 값을 출력합니다\n");
	while(h != tail)
	{
		printf("%5d", h->data);
		h = h->next;
	}
	printf("\n");
}

/* 특정 위치에 노드 삽입 함수 */
void insert_after(int data, struct node *h)
{
	struct node *s;

	s = (struct node *)malloc(sizeof(struct node));
	s->data = data;
	s->next = h->next;
	h->next = s;
}

/* 특정 값을 갖는 노드 찾기 */
struct node *find_node(int data)
{
	struct node *s;

	s = head->next;
	while( (s->data != data) && (s != tail) )
		s = s->next;

	return s;
}
```

```
/* 노드 삭제하기 함수 */
int delete_node(int data)
{
	struct node *s;
	struct node *prev;

	prev = head;
	s = prev->next;
	while( (s->data != data) && (s != tail) )
	{
		prev = prev->next;
		s = s->next;
	}

	if (s != tail)
	{
		prev->next = s->next;
		free(s);
		return 1;   // 삭제 성공 시 1 반환
	}
	else
		return 0;  // 삭제 실패 시 0 반환
}

/* 모든 노드 삭제 함수 */
struct node *delete_all()
{
	struct node *s;
	struct node *h;

	h = head->next;

	while(h != tail)
	{
		s = h;
		h = h->next;
		free(s);
	}

	head->next = tail;
	return head;
}

void main()
{
	int in;
	int data;

	init_list();

	while(1)
	{
		printf("\n1. 리스트 값 출력\n");
```

```
		printf("2. 노드 값 추가\n");
		printf("3. 노드 값 삭제\n");
		printf("4. 모든 리스트 값 삭제\n");
		printf("5. 프로그램 종료\n");
		printf("메뉴를 입력하세요: ");

		scanf("%d", &in);

		switch(in)
		{
		case 1:
			print_list();
			break;
		case 2:
			while(1)
			{
			printf("추가할 데이터 값을 입력하세요: ");
			scanf("%d", &data);
			if (data==0)
				break;
			add_list(data);
			}
			break;
		case 3:
			printf("삭제할 데이터 값을 입력하세요: ");
			scanf("%d", &data);
			if (delete_node(data))
			  printf("데이터 %d 를 삭제하였습니다\n", data);
			else
			  printf("데이터 %d 의 삭제가 실패하였습니다\n", data);
			break;
		case 4:
			delete_all();
			break;
		case 5:
			exit(0);
			break;
		default:
			printf("메뉴 입력이 잘못되었습니다\n");
			break;
		}
		}
}
```

실행 결과

```
1. 리스트 값 출력
2. 노드 값 추가
3. 노드 값 삭제
4. 모든 리스트 값 삭제
5. 프로그램 종료
메뉴를 입력하세요: 2 Enter↵
추가할 데이터 값을 입력하세요: 1 Enter↵
추가할 데이터 값을 입력하세요: 2 Enter↵
추가할 데이터 값을 입력하세요: 3 Enter↵
추가할 데이터 값을 입력하세요: 4 Enter↵
추가할 데이터 값을 입력하세요: 5 Enter↵
추가할 데이터 값을 입력하세요: 0 Enter↵

1. 리스트 값 출력
2. 노드 값 추가
3. 노드 값 삭제
4. 모든 리스트 값 삭제
5. 프로그램 종료
메뉴를 입력하세요: 3 Enter↵
삭제할 데이터 값을 입력하세요: 3 Enter↵
데이터 3 를 삭제하였습니다

1. 리스트 값 출력
2. 노드 값 추가
3. 노드 값 삭제
4. 모든 리스트 값 삭제
5. 프로그램 종료
메뉴를 입력하세요: 1 Enter↵

리스트의 값을 출력합니다
    1    2    4    5

1. 리스트 값 출력
2. 노드 값 추가
3. 노드 값 삭제
4. 모든 리스트 값 삭제
5. 프로그램 종료
메뉴를 입력하세요:
```

C 언어 프로그래밍

지 은 이	채현석 · 김형민 · 이종대
펴 낸 이	김형근
펴 낸 곳	도서출판 기한재
주 소	경기도 파주시 회동길 56 (파주출판도시)
전 화	031)955-0900~2
팩 스	031)955-0100
등 록	1990년 3월 15일 제2-968호
발 행	2022년 3월 10일 1판 3쇄
정 가	19,000원

Published by Kihanjae Co.

ISBN 978-89-7018-792-1

http://www.kihanjae.com

E-mail : kihanjae@hanmail.net